어느 할아버지의 평범한 이야기

한남(漢南) 박 정 기

'35년생. 육사 14기. 군인으로, 경영인으로, 체육인으로, 그리고 작가로도 성공한 사람. 한국중공업과 한국전력 사장 시절 보여준 그의 경영스타일과 리더십은 많은 일화를 남겼다. 특히 한국전력 사장 재임 시 '에너토피아'를 목표로 원자력발전 기술을 자립한 업적은 두고두고 우리 경제발전의 밑거름이 될 것이다.

체육인으로서는 한국 육상이 불가능하다고 믿어온 두 가지 일을 성취한다. 황영조의 올림픽 금메달과 이봉주의 마라톤 은메달이다. 또 2011년에는 세계 3대 스포츠의 하나인 세계육상선수권대회를 육상의 불모지 한국 대구에 유치하였다.

저서로는 지금까지 30여만 부 이상 팔린 이 책 〈어느 할아버지의 평범한 이야기〉와 〈어느 할아버지의 리더십 이야기〉, 〈남북전쟁〉, 〈육상 이야기〉, 〈어느 할아버지의 에너토피아 이야기〉 등 여러 권의 베스트셀러가 있다.

현재 (사)한미친선군민협의회 회장. 국제육상연맹(IAAF) 종신 명예이사.

어느 할아버지의 평범한 이야기

지은이 박정기

개정3판 1쇄 인쇄 2018년 3월 8일
개정3판 1쇄 발행 2018년 3월 14일

발행인 유정희
발행처 (주)지혜의가람

서울시 강서구 공항대로 65 가길25, 202호
전화: (02) 3665-1236 / 팩시밀리: (02) 3665-1238
E-mail: garamwits@naver.com

등록번호 제 315-2012-000053호
등록일자 2012년 5월 17일
ⓒ2018 Jihyeui-Garam Publications

값 14,000원

ISBN 978-89-97860-09-8   03320

이 책을 나의 사랑하는 혜준이와, 효정이
그리고 효성이, 혜연이를 위해 쓴다.

어느 할아버지의 평범한 이야기

한남 박정기 지음

지혜의가람

머리말

이 책이 처음 세상에 나온 지도 30여 년이 되었습니다. 돌이켜 보면 그동안 여러분의 사랑을 많이 받았습니다. 이 자리를 빌려 진심으로 감사를 드립니다. 그러나 지금도 두려운 마음을 금할 길 없는 것은 여러분의 사랑에 비해 저의 글이 너무도 부족하다는 점입니다.

이번 개정판의 출간(出刊)을 한참동안을 망설인 이유도 이런 책을 낸 다는 게 외람스럽기 때문입니다.

이 책은 본래 출판을 위해 쓴 게 아니었습니다. 처음 1년 동안은 집안 식구들과 가까운 친지(親知)들이 돌려보는 작은 책자였습니다. 그러던 것이 주위에서 이 책을 원하는 사람이 넘쳐나면서 어쩔 수 없이 출판사를 통해 세상의 빛을 보게 된 것입니다.

이 책은 오래전에 쓴 책입니다. 시대형편이 개정판을 내는 지금과는 사뭇 다른 세상이었습니다. 따라서 개정판은 지금의 형편에 맞게 고쳐 쓸 곳이 더러 있었으나 초판의 정신을 그대로 따르기로 하였습니다. 이 책은 처음부터 뜻하는 바가 옛것을 상고(詳考)하며 오늘을 반성해 보자는 데 있었기 때문입니다.

그리고 이 책은 어디까지나 할아버지가 자기 손주들에게 들려주는 얘기입니다. 혹 어긋나는 곳이 있더라도 넓은 아량으로 보아주시기 바랍니다.

2018. 정월

한남

차   례

머리말 … 7

제1장 사람의 근본을 생각한다
1. 인생을 찬미하라 … 15
2. 인생이란 무엇인가 … 19
3. 효도 … 24
4. 부부 … 30
5. 우애 … 33

제2장 마음을 닦는다
1. 강자(强者)만이 살아남는다 … 41
2. 미덕(美德)과 악덕(惡德) … 43
3. 신앙을 가져라 … 46

제3장 학문을 익힌다
1. 학문의 길 … 53
2. 책을 싣고 다니는 당나귀 … 57
3. 스승을 모신다 … 62
4. 하루의 아침은 한 번뿐이다 … 64
5. 단 한 권의 책만 읽은 사람을 경계한다 … 68
6. 입학시험에 성공하려면 … 69

제4장 몸을 단련한다
1. 건강이 제일이다 … 79
2. 화가 날 때는 … 83
3. 심신을 단련한다 … 85

4. 좋은 습관을 기른다 … 86

제5장 사회에 봉사한다

1. GNP의 허실 … 91
　● 할아버지 세대의 실수 … 93
2. 무엇 때문에 일을 하는가 … 95
　● 이상과 현실 … 95
　● 직업 … 99
3. 나는 30분 먼저 출근한다 … 101
4. 누가 월계관을 씌워 주는가 … 109
　● 신념과 용기 … 109
　● 비방은 묵살하라 … 110
　● 실패는 스승이다 … 113
　● 실수 … 114
5. 마음가짐과 몸가짐 … 115
　● 매너와 화술 … 117
　● 칭찬 … 120
　● 유머 … 122
　● 말로 상대를 꺽지 말라 … 123
　● 매너는 기상(氣像)이다 … 123
6. 일솜씨를 키워라 … 124
　● 시간활용 … 124
　● 일은 바로 해치운다 … 128
　● 정리 정돈 … 132
7. 발표력 … 133
8. 윗사람 노릇은 어렵다 … 136
　● 상(賞)과 벌(罰) … 138
　● 뚝심 … 142
9. 나의 친구는 누구인가 … 145

제6장 사랑과 결혼
1. 남자와 여자 … 157
2. 소설은 끝나고 역사가 시작되었다 … 159
   ● 배우자 … 159
   ● 천당은 어디인가 … 162
3. 신혼의 위기관리 … 165
   ● 칼로 물 베기 … 167
4. 천국으로 가는 계단 … 169

제7장 아이들 교육
1. 사람의 질(質)과 가정교육 … 175
   ● 태교(胎教) … 177
   ● 유아시절 … 180
   ● 소년시절 … 183
2. 아버지의 고집 … 187
3. 사춘기 … 189
4. 사랑과 모범 … 195

제8장 예절
1. 예(禮)는 정(情)이지 … 201
2. 가정에서의 예절 … 204
   ● 조상경배(祖上敬拜) … 204
   ● 친인척의 호칭 … 208
3. 사회예절 … 209
4. 고전을 통해 본 예절 … 213
   ● 전인교육(全人教育) … 214
   ● 식사예절 … 217
   ● 몸가짐 … 219

● 말의 예절 … 222
● 윗사람과 스승에 대한 예절 … 223

제9장 가정경제
1. 모자라지도 넘치지도 말자 … 231
2. 돈이란 … 234
3. 분수를 아는 사람 … 235
4. 고기 낚는 법부터 배워야 … 238

제10장 인생을 즐겁게 살자
1. 건강이 역시 제일이다 … 243
2. 취미와 기호품 … 246
3. 술은 악마의 사자인가? … 251
4. 지적(知的) 생활 … 257
5. 아름다움의 추구 … 258
6. 이 물건이 어찌 또 왔는고 … 263
● 물소리 … 268
7. 이 말[馬]을 날게 할 수 있는가 … 270
8. 일기일회(一期一會) … 273

▌**부록**
■ 읽어 둘 만한 책 … 277
■ 친인척 관계 … 281
■ 친족의 호칭 … 284

▌**찾아보기** … 287

제1장 사람의 근본을 생각한다

1. 인생을 찬미하라
2. 인생이란 무엇인가
3. 효도
4. 부부
5. 우애

1. 인생을 찬미하라

'한 나그네가 광야에서 사나운 짐승에게 쫓긴다. 맹수가 막 덮치기 직전에 나그네는 겨우 낡은 우물 하나를 발견한다. 허겁지겁 우물 속으로 넝쿨을 타고 내려간다.

한 길도 채 못 내려갔을 때 씨근거리는 맹수의 숨결을 머리 위로 듣는다. 숨을 몰아쉬며 겁에 질려 위를 쳐다본다. 짐승의 시뻘건 입 속으로 빨려드는 것 같은 공포가 덮쳐 온다. 짐승은 으르렁거릴 뿐, 감히 내려오지는 못한다. 그제야 나그네는 눈을 감으며 안도의 숨을 크게 내쉰다.

맹수에게서 좀 더 멀어지겠다고 넝쿨을 타고 조금씩 아래로 내려간다.

바닥이 가까워지면서 무언가 아래에 꿈틀거리는 게 있는 것을 느낀다. 주의깊게 자세히 살핀다.

그런데 이게 웬일인가? 큰 뱀이 우물 바닥에서 위를 쳐다보며 꿈틀거리고 있지 않은가?

가슴이 서늘해진 나그네, 내려가길 멈추고 그 자리에 선다.

위를 쳐다보니 짐승이 아직도 큰 입을 벌리고 있다. 바닥에도 역시 큰 뱀이 번들거리는 눈으로 쳐다보고 있다. 정말 오도가도 못하는 딱한 처지가 되었다.

아연해진 나그네, 흐트러진 생각을 바로 잡는다고 눈을 감으며 크게 숨을 들이쉰다. 그리고 넝쿨을 잡은 손에 힘을 준다. 넝쿨마저 놓쳐서는 큰일이다. 공포와 절망의 시간이 잠시 흐른다.

어디선가 바스락거리는 소리가 들린다.

눈을 떠 쳐다보니, 아! 돌 틈에서 나온 쥐새끼 한 마리가 자기가 매달려 있는 넝쿨을 갉아먹고 있지 않은가? 하늘이 캄캄해진다.

이제 모든 것이 끝장이구나. 눈을 다시 감으면서 입을 굳게 다문다. 세상의 마지막이란 이런 것인가? 끝없는 심연 속으로 빠져드는 절망감.

이때 문득 입술에 와 닿는 게 있다. 살그머니 입술을 핥아본다. 달콤하다. 눈을 떠 보니 넝쿨 잎에 묻은 꿀이다.

나그네는 짐승도, 독사도, 쥐새끼도 잠시 잊은 채 넝쿨 잎의 꿀을 핥아먹는다. 이것이 인생이다.'

우리가 잘 아는 톨스토이의 《인생론》에 나오는 불교 설화이다. 아무려면 우리 인생이 짐승에 쫓기는 우물 속 인생일까? 북구(北歐)의 우울한 슬라브적 인생론이다. 인생 앞길에 어찌 사나운 짐승과 독사뿐이겠느냐? 광야에는 개울도 있고, 양지바른 언덕도 있다. 노루가 뛰노는 푸른 들과 빛나는 태양도 있다.

희랍신화에 보면 제우스가 여자를 최초로 만들었는데 이름을 판도라라고 하였다.

판도라란 모든 선물을 받은 여인이라는 뜻이다. 이 최초의 여자를 만들 때 많은 신들이 도움을 주었기 때문이다. 어느 신은 아름다움을, 또 어느 신은 음악을….

판도라는 우리 인간에게 불을 훔쳐다 준 프로메테우스의 동생 에피메테우스에게 시집을 간다.

에피메테우스는 오래 전부터 상자 한 개를 가지고 있었는데, 그 속에는 인간의 불행을 포함하여 온갖 것들이 꽉 차 있었다.

호기심 많은 판도라는 어느 날 열지 말라는 상자 뚜껑을 열었다. 그러자 인간의 모든 질병과 원한, 복수, 질투 등이 한꺼번에 쏟아져 나와 세상에 퍼지게 된 것이다.

놀란 판도라 재빨리 뚜껑을 닫았으나 이미 속의 것은 다 빠져나가고 마지막으로 '희망'만이 상자 속에 남았다.

이렇게 해서 인간은 온갖 고통과 함께 살아가야 하지만, 마지막으로 희망만은 잘 간직하게 되었다는 것이다.

그렇다. 인생에서 제일 중요한 것은 절망하지 않는 것이다. 희망을 잃지 않는 것이다.

비록 '광야의 우물 속 인생'일지라도 나그네에게는 하나님이 있고 믿음이 있지 않느냐?

온 세상이 고통으로 가득 찼다고 하지만 희망은 언제나 있다.

우리가 할 일은 희망과 더불어 저 위대한 신을 찬양하는 것이다.

혜준아, 효정아,

너희는 대지의 다정한 속삭임을 들어 본 적이 있느냐? 따듯한 봄날 들에 나가 보라. 응달에는 아직 흰 눈이 쌓여 있지만, 멀리는 아지랑이 피어오르고, 온 세상은 생명의 환희를 노래한다. 성급한 들꽃은 잔설 곁에서 꽃을 피운다. 눈 녹은 물은 계곡 사이로 소리 내어 흐른다.

비 오는 여름날, 스카이웨이에 가 보아라.

팔각정에서 삼각산을 돌아본다. 눈앞의 자욱한 안개 속에 희뿌연 장막이 걷히면서 회색의 공간에 문득 우뚝한 산봉우리가 솟아

오른다. 안개가 강물처럼 흐르면서 산허리가 우람한 몸집을 뽐내고, 뒤에 섰던 산봉우리도 교태를 자랑한다. 산허리와 봉우리가 숨바꼭질하듯 저마다 아름다움을 겨눌 때 샘이 난 안개가 온 세상을 다시 덮는다. 이윽고 지친 안개가 조용히 물러가면서 멀고 가까운 산봉우리들이 다투어 내 앞으로 다가온다. 마침내 흐르는 안개가 산허리를 잡고 춤을 추기 시작한다. 덩달아 이웃한 모든 산까지 합세하여 너울거린다.

아! 어찌 저 아름다움을 그림에 비유한단 말인가!

효성아, 혜연아,
가을 단풍은 또 어떻더냐?
그 흔한 고속도로를 어디든 달려 보아라. 황금색 들이 너울거리며 이웃한 단풍과 푸른 솔밭에 손짓한다. 황금색 들판이 붉게 물든 단풍에 취하여 풍성한 수확을 마음껏 노래한다.

자동차가 달리고, 나도 움직이니, 멀리 불타는 단풍이 성큼 눈앞으로 다가온다. 황금색 들이 수줍은 듯 물러서면, 그 자리를 오직 푸르른 소나무가 제 세상처럼 뽐낸다. 저 오묘한 빛살의 명암(明暗)과 아름다운 색조는 신이 우리에게 내린 천상의 선물이다.

눈이 내린다. 함박눈이 소리 없이 내린다. 황금 들판에도, 불탔던 단풍 위로, 자태를 뽐내던 산봉우리에도 눈이 쌓인다. 온 누리는 순백색의 설국으로 변하면서 제각기 뽐내던 삼라만상은 백설 앞에 다소곳이 순종한다. 눈은 온 천지를 다 차지했어도 군림하지 않는다. 오로지 침묵으로, 오로지 순백색의 고운 자태로 승복시킨다. 백설은 제 목소리가 없다. 산같이 쌓여도 소리가 없는 게 눈이다. 완벽한 정숙과 침묵이 거기 있다.

바람이 분다. 가지마다 듬뿍 쌓였던 눈이 연기처럼 흩날린다. 눈덩이도 떨어진다. 마침내 무거운 침묵이 깨어진다. 바람 소리일까. 눈 소리일까?

이윽고 바람이 자면서 세상은 다시 태고의 정적으로 빠져든다. 물소리는 소리가 아니듯, 눈의 침묵은 침묵이 아니다. 비길 데 없는 태고의 침묵에서 할아버지는 우렁찬 천사의 합창을 듣는다.

대지를 찬미하라. 수십억이 살다 간, 또 살아 갈 우리의 어머니이다. 태양을 찬양하라. 뭇 생명의 아버지이니라.

2. 인생이란 무엇인가?

혜준아, 효정아,

사람은 아는 게 너무 많다. 그래서 질문도 많다. 그 중 고약한 질문 하나가 '인생이란 무엇인가?' 라는 게 아닌가 싶다. 수천 년을 두고 수많은 사람들이 따지고 들었지만 아직은 시원한 답을 얻지 못하고 있다.

그것은 마치 '망치로 돌을 칠 때 나는 소리가 망치 소리인가, 돌의 소리인가?' 와 같은 질문이요, 또 소리는 울렸으되 그 소리가 망치 소리인지 돌 소리인지 분간하지 못하는 것과 같은 이치이다.

그래서 공자(孔子)[1] 같은 위대한 스승도 "인생이 무엇인지 모르는데 내 어찌 죽음을 알리요"[2] 라고 고백했던 게 아니겠느냐?

---

1) 공자(孔子, BC 552~479)는 중국 춘추시대의 사상가로 유교의 개조(開祖). 이름은 구 (丘), 자(字)는 중니(仲尼)이다.《시경(詩經)》과 《서경(書經)》을 편찬하였다.

2) 未知生, 焉知死(미지생, 언지사).《논어(論語)》, 선진(先進) 11.

효성아, 혜연아, 너희들은 이 다음에라도 이 질문을 가지고 너무 따지지 않길 바란다.

그러나 따질 일이 꼭 한 가지 있다. '인생이 무엇이냐' 가 아니라 '사람은 어떻게 살아야 하는가' 이다.

망치 소리인지, 돌 소리인지를 따질 게 아니라, 이 망치를 어떻게 써야 하고, 무엇을 위해 써야 하는지를 따져야 한다는 말이다.

인생의 목적은 '자기를 닦고 남을 이롭게' 하는 것이다. '자기를 닦는다' 함은 '학문'을 익히고 '정신'을 높이고 '마음'을 닦는 것이다. 이 세 가지를 익히고 닦는 데 유념해야 할 일은 셋 중 어느 하나에 치우침이 없이 학문과 정신과 마음을 고르게 닦고 키워야 한다는 점이다.

오늘 같은 문명사회가 밝았는데 세상은 여전히 어지럽고, 사람의 비극이 끊이지 않는 것이 모두 이 세 가지를 고르게 닦지 못한 탓이라고 나는 생각한다.

아득한 옛날, 비록 사람들이 몽매(蒙昧)할 때에도, 밤하늘의 별들을 신비한 눈으로 바라보며, 신을 믿고 있을 때는 마음은 평화로웠을 것이다.

그러다가 어떤 연유에서인지 번쩍이는 이성(정신)이 학문을 앞세워 마음(영혼)을 누르기 시작하였다. 깜깜한 어둠과 천둥 번개가 너무도 무서웠던 탓일까?

마침내 이성(정신)과 학문이 코페르니쿠스[3]를 낳고 데카르트[4]

---

3) 폴란드의 천문학자이자 로마 가톨릭교회 성직자인 코페르니쿠스 (Nicolaus Copernicus, 1473~1543)는 지동설(地動說)을 주장하여 당시 종교계와 학계에 큰 파문을 일으켰다.
4) 데카르트(Rene Descartes, 1596~1650)는 프랑스의 철학자, 수학자로 근대 합리주의 철학의 시조이다. 저서에《방법서설》등이 있다.

에 이르러서는 사람들이 과학이 이 우주를 지배한다고 믿기 시작하였다. 그럴 수밖에 없었던 것이 과학은 정말 우리 인간에게 너무도 많은 선물을 안겨주었기 때문이다. 과학은 굶주림을 해결하고 온갖 자연의 재해를 막아주었다. 그러니까 과학이 우리가 믿어온 신보다 훨씬 위대하게 보인 것도 무리는 아니었을 것이다.

계몽주의 시대가 열리면서 우뚝한 정신과 학문은 마음(영혼) 같은 것은 안중에도 없게 되었다. 정신은 신과 천사까지도 공격을 하기 시작하였다. 이때부터 인간의 비극은 시작되었다. 사람들은 위대한 과학자요, 수학자인 파스칼의[5] 말에 좀 더 귀를 기울였어야 옳았다.

"진정한 행복은 마음과 영혼 가운데 있다."

평화와 행복이 머물 곳은 마음인데, 정신과 학문만이 기승(氣勝)한 사람들에게 평화가 깃들 곳이 어디 있겠느냐. 그럼에도 사람들은 아직도 영혼의 중요성을 인정하지 않으려 든다. 답답한 일이다.

그러면 자기를 닦는 일은 어떻게 하는가? 참으로 좋은 가르침이 《탈무드》에[6] 있다.

"다른 사람보다 뛰어난 사람은 정말로 뛰어난 사람이라고 할 수 없다, 이전의 자기보다 점점 나아지는 사람이 정말 뛰어난 사람이다."

자기가 기준이요 자기와의 싸움이다. 그리고 어제의 자기보다

---

5) 파스칼(Blaise Pascal, 1623~1662)은 프랑스의 사상가이자 수학자, 물리학자로, 명저 《팡세》에서 기독교적 변증론을 생각하여 신의 은총을 증명코자 하였다.

6) 《탈무드》는 유대인 율법학자들의 구전(口傳) 해설을 집대성한 책으로 '팔레스티나(이스라엘) 탈무드'와 '바빌로니아 탈무드'가 있는데, 보통 후자를 가리킨다. 《성서(聖書)》 다음 가는 유대인 정신문화의 원천으로 높이 평가되고 있다.

오늘의 자신은 더 나아져야 하고, 오늘의 자기보다는 내일의 자신이 더 발전해야 한다는 말이다.

그래서 우리 동양의 고전 가운데 가장 지혜롭다는《주역(周易)》에서도 '끊임없이 스스로 닦는 일-자강불식(自彊不息)'이[7] 무엇보다 중요한 일이라고 훈계한다.

그러면 무엇을 어떻게 닦는가.

먼저 마음이다. 정직한 마음, 겸손한 마음, 부모를 사랑하는 마음, 하나님을 사랑하는 마음이다.

두 번째는 학문이다. 사람은 배워야 깨우친다. 배우지 않으면 사람 구실을 못 하게 되어 있다.

셋째는 정신이다. 옳고 그른 것은 분간하는 이성이다. 분간하려면 잣대가 있어야한다. 잣대는 천하위공(天下爲公)이다. 좀 어려운 말이지만, 남을 위해 좋은 일, 세상을 위해 좋은 일이 기준이란 말이다.

하나님은 우리가 좋은 세상을 만들고, 남을 이롭게 하라고 우리를 보내신 것이다.

'남을 이롭게 한다'는 것은 선행을 하고 사회에 봉사하고 때로는 나라를 위해 일한다는 뜻이다.

남을 이롭게 한다고 꼭 슈바이처[8]처럼 아프리카에서 일생을 보내라는 뜻은 아니다.

---

7) 君子而自彊不息(군자이자강불식).《주역(周易)》,〈건(乾)·상전(象傳)〉.

8) 슈바이처(Albert Schweitzer, 1875~1965) 박사는 독일의 의사, 사상가, 신학자로 1913년 아프리카로 건너간 이후 평생을 아프리카 의료·선교 사업에 헌신하였다. 1952년 노벨평화상 수상.·

친구에게 건네는 따뜻한 말 한마디부터 어려운 이웃에 도움을 주는 작은 선행까지 모두가 남을 이롭게 하는 일들이다.

막 출발하려는 기차에 간디가 올라탔다. 그 순간 그의 신발 한 짝이 플랫폼 바닥에 떨어졌다. 기차는 이미 움직이고 있어 간디는 떨어진 신발을 주울 수가 없었다. 그 순간 간디는 나머지 신발 한 짝을 얼른 벗어 플랫폼에 던졌다. 누군가가 주울 신발 한 짝은 쓸모가 없기 때문이다.

'삶이란
나 아닌 그 누구에게
기꺼이 연탄 한 장 되는 것'[9]

이라고 어느 시인이 노래했듯이, 꼭 거창한 일만이 남을 이롭게 하는 것은 아니다.
남을 배려하는 마음, 남에게 폐가 되는 일을 삼가는 마음도 모두가 남을 위하는 정신이다.
남을 이롭게 한다는 것은 크고 작고 간에 자기의 희생이 뒤 따르기 때문에 결코 쉬운 일이 아니다.
혜준아, 효정아, 분명히 말해두지만 남을 위하는 일치고 희생이 따르지 않는 것이라곤 이 세상엔 없다. 그래서 어려운 법이요, 그래서 그게 귀한 것이다.
생각해보면 사람들이 이만큼이라도 사람다운 생활을 하게 된 것은 모두 수많은 분들의 희생 덕분이다. 멀리는 예수님으로부터 이순신에 이르기까지 밤하늘의 찬란한 별들처럼 무수히 빛나는

---

9) 안도현(1961~) 시인의 '연탄 한 장' 중에서.

귀한 희생들을 우리는 잊어서는 안 된다.

그러니까 오늘 우리는 이미 많은 빚을 오랜 세월에 걸쳐 수많은 사람에게 지고 있는 셈이다. 그렇다고 남을 이롭게 하자는 게 꼭 빚을 갚자는 말은 아니다.

사람이면 마땅히 해야 할 일로 믿고, 또 처음부터 그런 마음을 닦아야 한다는 말이다.

《주역》에 '적선(積善)한 집안은 훗날 자손들이 번창한다.' 라고 하였다. 그래서인지 예로부터 어른들은 적선, 즉 착한 일을 많이 하라고 권장한다.

너무 속 보이는 충고같이 들리지만 꼭 공리(功利)만을 따져 그런 것은 아닐 것이다.

예외가 없는 것은 아니지만 실제로 조상이 선행을 많이 한 집안이 명문으로 번창한 사례가 동양은 물론 서양에서도 많이 찾아볼 수 있는 게 사실이다.

남을 이롭게 한다고 당장 자기한테 득이 되는 일은 없다. 학문에 보탬이 되는 것도 없다. 외려 힘들고, 시간도 뺏기고, 피곤하고, 때로는 돈도 써야 할 때가 있다. 그러나 피하지 말라. 도울 일이 생기면 서슴지 말고 나서라. 힘닿는 데까지. 자기 능력이 미치는 데까지. 그게 우리가 이 세상을 사는 이유이다.

사람은 어떻게 사는가에 따라서 시궁창을 뒤지는 생쥐같이 될 수도 있고, 저 창공을 자유롭게 나는 독수리처럼 될 수도 있다.

3. 효도

효성아, 혜연아, 사람이 한세상을 살려면, 그리고 좋은 세상을 만들어 가려면 우리가 지키고 따라야 할 근본 기준이 있어야 할 것이다.

근본이라 함은 일생을 통해 지켜 나갈 원리, 다시 말해 어떻게 살 것인가, 무엇을 위해 살 것인가 하는 자신의 일생을 지배할 신념을 말하는 것이다.

기준이란 앞서 말한 근본을 이루기 위해 그것에 비추어 자신의 행동을 조심하고 반성할 수 있는 잣대 같은 것이다.

우리의 옛 성현들은 그 기본을 삼강오륜(三綱五倫)에 두었다.

삼강이란 임금과 신하의 관계, 아버지와 아들의 관계, 그리고 부부 간의 관계를 일컫는 것이고,

오륜이란 임금, 아들, 부부, 웃어른, 친구 사이에 지켜야 할 사람의 도리를 말하는 것이다.

삼강오륜에 대해 여기서는 몇 가지만 얘기를 하겠다.

왜냐하면 이 가르침들은 너무 옛 시대 것이라 제도가 바뀐 지금은 안 맞는 것도 더러 있기 때문이다.

예컨대 자동차 시대인 지금 굳이 마차를 타고 다닐 이유는 없지 않으냐.

그렇다고 옛 가르침의 원리와 정신까지도 따르지 않는다는 뜻은 아니다. 우리의 옛 고전들이야말로 우리 인류가 지구상에 존재하는 동안은 지켜야 할 영원한 진리라고 할아버지는 믿는다.

따라서 여기 효도에 대해서도 우리의 옛 가르침을 그대로 소개할까 한다.

우리 조상들이 어릴 때, 누구나 배워야 하는 《소학(小學)》이라

는[10] 책이 있었다.

이 책은 아주 오랜 중국의 여러 가르침을 송나라 때 주자[11]라는 어른이 정리해서 엮은 것인데, 비록 800여 년이 지난 지금에도 사람의 도리와 행동의 근본을 삼는 데는 더 없이 좋은 가르침이 아닌가 싶다.

요즘 젊은 사람들이 《소학》을 읽으면 '도대체 이치에 맞지 않는 얘기'라고 선뜻 받아들이지 않을 것이다.

네 아빠만 해도 《소학》을 처음 읽고는 말도 안 되는 소리가 태반이라고 불평을 하였다. 그게 고등학교 때였으니까 무리는 아니라고 나는 이해를 한다.

그러나 지금 그 책을 다시 읽는다면, 어릴 때와 전혀 다르게 이를 받아들이리라고 생각한다.

도리(道理)나 인생의 진리는 수학문제를 이해하듯 그렇게 금방 납득하기는 어려운 법이다. 그것은 지식이 아니라 지혜이기 때문이다. 할아버지 나이가 되면 《소학》의 깊은 뜻을 조금은 이해하게 되는 것이지.

《소학》이 쓰여지긴 한 800여 년 전의 일이지만, 그 원리는 벌써 2000여 년 전 동양의 성현들이 가르쳤던 내용들이다.

《소학》을 읽을 때면 새삼스럽게 느끼는 일이지만, 어쩌면 그리도 먼 옛날에 사람의 근본 도리를 그토록 훌륭하게 설파할 수 있

---

10) 《소학(小學)》은 중국 송나라의 유자징(劉子澄)이 주자(朱子)의 가르침을 받아 지은 책으로, 예법과 선행 등을 고금의 책에서 뽑아 편찬했다.

11) 주자는 성리학을 집대성한 남송의 대유학자 주희(朱熹, 1130~1200)를 높여 부르는 이름. 《서전(書傳)》 《소학》등을 지었다.

었던가 하는 점이다.

중국의 고전(古典)만 얘기하는 할아버지가 못마땅할지도 모르겠다. 그러나 인류의 문명은 인도, 그리스와 더불어 고대 중국에서 시작되었다는 것을 알 것이다.

남의 것이라고 내치기만 하는 것은 용렬(庸劣)한 생각이다. 예수님이 유대인이라고 신앙을 버릴 것이냐?

좋은 일, 좋은 것은 그게 어느 시대, 어느 나라의 것이건 배울 것은 배우고 따를 것은 따라야 하느니라.

이제 할아버지는 《소학》의 〈명륜(明倫)편〉에 나오는 효도에 관한 가르침을 몇 가지만 그대로 인용할까 한다. 이토록 훌륭한 가르침을 두고 내가 덧붙여 이래라 저래라 하는 것이 두렵기 때문이다.

〈아들로서 부모를 섬길 때에 겨울에는 방과 의복을 따뜻하게 해드리고, 여름에는 서늘하게 해드려야 하며, 밤에는 이부자리를 깔아 잠자리를 정해드리고, 새벽이면 안부를 여쭈어 편안하신지를 알아보아야 한다. 또 밖에 나갈 때는 반드시 다녀오겠다고 여쭈어야 하고, 밖에서 돌아오면 다녀왔다고 여쭙고 부모의 안색을 살펴야 한다. 그리고 노는 곳을 항상 일정하게 하여야 부모가 근심을 안 하시며, 학업에 힘써 올바르게 자라야 부모가 기뻐하시고, 부모 앞에서는 평소에 자기가 늙었다는 말을 감히 하지 말아야 한다.

부모를 깊이 사랑하는 사람은 항상 얼굴에 온화한 기운이 서려 있다. 온화한 기운이 있으면 자연히 기뻐하는 빛이 나타나고, 기뻐하는 빛이 있으면 태도까지 온순해지기 마련이다. 그러므로 효자는 마치 값진 백옥을 쥐고 있는 것같이, 혹은 물이 가득 담긴 그릇을 받들고 있는 것같이, 한결같이 조심하여 차마 그것을 이기지 못하는 것같이 하고, 그것을 잃지 않을까 조심한다. 그러므로 너무 엄숙하고 위엄 있고 엄정하고 근엄하여 사람들로 하여금 두려움을 느끼게 하는 것은 부모를 섬기는 도리가 아니다.

옛날에는 임금이 잘못하면 신하가 간(諫)하고, 부모가 잘못하면 아들이 간했다. 임금의 경우는 세 번 간하여 듣지 않으면 신하가 떠났지만, 부모의 경우는 세 번 간하여 듣지 않으면 울면서 부모 뜻에 따른다.

부모를 섬기는 사람은 비록 지위가 높다 하여도 교만하지 않고 아랫사람이 되어도 난동하지 아니하며 동료들과도 다투지 않고 화목하게 지낸다.

평소 집에서 하는 행동이 장중(莊重)하지 못하면 불효를 저지르는 것이오, 임금을 충성으로 섬기지 못하면 불효를 저지르는 것이오, 관리가 되어 행동을 신중하게 하지 못하면 불효를 저지르는 것이오, 친구 사이에 신의를 지키지 못하면 불효를 저지르는 것이다.

노래자(老萊子)가[12] 두 어버이를 효성으로 섬겼다. 나이 70이 되었건만 어린애처럼 재롱을 부리며 몸에는 오색의 색동옷을 입곤 하였다.

중국 한(漢)나라 때의 효자로 유명한 한백유(韓伯兪)가 허물이 있어서 그의 어머니가 매로 치니 백유가 울었다. 어머니가 말하기

12) 춘추시대(春秋時代) 말기 초(楚)나라 사람. 은자(隱者)로, 공자(孔子)와 같은 시기의 사람. 난세를 피하여 몽산(蒙山) 기슭에서 농사를 지었다. 초왕이 그가 인재임을 듣고 불렀지만 응하지 않고, 강남(江南)에 머물렀다. 거처하는 곳마다 사람들이 모여들어 부락을 이루기를 그치지 않았다고 한다. 서(書) 15편을 저술하였다.

를 "다른 날에는 매로 쳐도 울지 않던 네가 오늘은 무슨 까닭으로 우느냐?"고 묻자, 백유가 대답하기를 "전에는 어머님의 매질이 언제나 아프더니 오늘은 어머님의 매가 아프지를 않습니다. 그 전보다 못한 어머님의 기력이 소자를 슬프게 합니다."〉

애들아, 좀 답답하였지? 할아버지는 성현의 가르침에 내 의견을 따로 달지 않겠다. 하지만 착한 너희들은 천여 년이 지난 옛 성현의 가르침이 이 시대에도 따를 만한 것이라고 느꼈을 것이다.

그런데 할아버지는 사람의 근본을 얘기하면서 왜 효도를 맨 먼저 내세웠을까?

학문도 있고, 나라도 있고, 하나님도 있는데 왜 부모를 맨 먼저 내세우는 것일까?

사람은 누군가를 진심으로 사랑하고 있어야 하기 때문이다. 사람이 사람을 사랑할 때 참되고 진실하며, 조심하고 희생도 할 수 있다.

이 세상 모든 어머니가 위대한 까닭이 어디 있겠느냐? 어머니의 사랑 때문이다. 이 세상 어디에 어머니 사랑 같은 가없는 사랑이 또 있겠느냐? 그래서 어머니는 참되고 진실하며 언제든지 자기희생을 서슴지 않는 것이다.

마찬가지로 사람이 태어나서 부모를 진심으로 사랑한다면 '행동이 장중해지고, 나라에 충성하며, 친구 사이에도 신의를 지키는 게' 아니겠느냐.

참다운 사랑을 통해서만 사람은 사람다울 수 있다는 것이요. 그 사랑의 대상으로 이 세상에서 누구보다 가까운 부모를 사랑한다는 것은 너무도 자연스럽고 당연한 도리가 아니겠느냐.

나는 《소학》의 효도편을 읽을 때마다 성경의 고린도전서를 연상한다.

13장에 '사랑은 오래 참고 사랑은 온유하며 시기하지 아니하며 사랑은 자랑하지 아니하며 교만하지 아니하며 무례히 행하지 아니하며' - 라고 말씀하신다.

한편 《소학》의 명륜편은 '효도하는 사람은 교만하지 않고, 다투지 않고, 신의를 지키고, 행동이 장중하고, 나라에 충성하고' - 너무도 닮지 않았느냐.

결국 예수께서는 사랑을 통해, 옛 성현은 효행을 통해 올바른 사람의 길을 제시하신 것이다. 진리는 동서가 다르지 않음을 새삼 느끼는구나.

우리의 선조들이 효행을 그토록 권장했던 까닭을 할아버지도 이제야 깨닫고, 두려운 마음으로 옛 가르침을 다시 상고(詳考)하는 것이다.

효정아, 엄마 아빠를 '임금님'보다 더 사랑해 보아라. 혜준아, '매질하는 부모님의 기력이 약해진' 것까지 가슴아파할 정도로 엄마 아빠를 사랑해 보아라.

4. 부부

중국의 가장 훌륭했던 임금을 얘기할 때 요(堯)와 순(舜)을[13] 드는 것은 누구나 다 아는 일이다.

요임금은 천하를 물려줄 때 흔히 하듯 자기 아들에게 주지 않

---

13) 요(堯)와 순(舜)은 중국 태고의 성제(聖帝)로서 이상적인 성덕을 가진 군주로 되어 있으나 실제 인물이라기보다 전설적 인물이다.

고 순에게 주었다. 그러나 자기 딸을 먼저 주어, 부인 다스리는 솜씨를 본 다음에야 임금 자리를 물려주었다.

그것은 부부가 꾸려가는 가정이 천하와 맞먹는다는 뜻이요, 또 화목한 가정을 이루는 게 나라를 다스리는 것 못지않게 중요하다는 뜻이 아니겠느냐.

그래서 임어당(林語當)[14] 같은 이도 가정이란 '사람의 온갖 집단 가운데서 가장 소중하고, 생물학적으로도 진실하며, 또 뜻이 충만한 생활 단위' 라면서 어떤 인간의 조직이나 집단도 이를 대신할 수 없다고 하였다.

굳이 고사나 유명한 사람들의 말을 빌리지 않더라도 가정은 우리가 태어난 곳이요, 먹고 자라고 그리고 배운 곳이다. 뿐만 아니라 온갖 시름을 모두 녹이고 엄마의 끝없는 사랑이 깃들어 있는 곳, 평화와 하나님의 뜻이 가득한 곳, 그곳이 바로 가정이 아니겠느냐.

나는 늘 천당이 따로 없다고 생각하는 사람이다. 또 없어도 별로 서운할 것이 없다고 믿는 사람이다. 왜냐구? 가정이 천당이니까.

그런데 명심할 일은 가정이라고 해서 모두가 천당이 되는 것은 아니다. 천당이 되려면 가정을 이루는 두 기둥인 부부가 정말 잘 해야 한다.

어떻게 하는 것이 잘 하는 것일까?

예로부터 많은 선조들이 수없이 좋은 가르침을 주셨지만 그 원리는 하나라고 생각한다. 하나뿐인 그 원리는 무엇인가? 사랑이다. 진실한 사랑이다.

사랑, 사랑 하지만, 실은 그 '사랑'이라는 게 쉽지 않다. 왜? 참

---

14) 임어당(林語堂, 1895~1976)은 중국의 평론가이며 작가, 저서로《유머잡담》《생활의 발견》등이 있다.

사랑이란 흔히 말하는 사랑과는 사뭇 다른 것이기 때문이다.

사랑이란 오로지 주기만 할 뿐, 바라는 게 없어야 진짜 사랑이다. 그게 가능할까?

안 되지. 어림도 없는 소리지. 더구나 진실한 사랑이 무엇인지 알지 못하는 사람끼리 그게 가능할 리가 없지.

생각이 다르고, 감정이 다르고, 기분이 수시로 변하는 게 사람이다. 더구나 남녀 간의 사랑은 흔히 말하는 사랑이다.

불길과 같고, 유리그릇과 같은 것. 언젠가는 꺼지기 마련이고, 깨어지게 되어 있다.

참사랑을 이해 못하는 부부도 예외가 될 수 없다. 그러니까 오늘날 결혼한 세 쌍 중 한 쌍은 헤어지는 소동이 일어나게 되는 것이다.

그럼 어떻게 해야지?

할아버지도 모르겠다. 큰일 났다고? 큰일 난 건 할아버지도 마찬가지다. 그러나 걱정할 것 없다. 할아버지가 모르면 옛 성현께 물어 보면 된다.

'사랑은 모든 것을 참으며 모든 것을 믿으며 모든 것을 바라며 모든 것을 견디느니라.'[15]

이것이 참사랑이다. 얼마나 훌륭한 가르침이냐. 예수님의 말씀이다.

이런 사랑이 아니고는 가정을 천당으로 만들 수가 없다. 그러나 쉽지 않지. 보통 노력으로는 어림도 없는 일이지.

---

15) 믿음의 조상 야곱은 사랑하는 라헬을 얻기 위하여 14년 간을 참고 머슴살이를 했다. 성경 '고전 13-7'에 나온다.

그럼 어떻게 하면 참고 믿으며 바라고 견딜까?

혜준이나 효정이는 좀 섭섭하게 들리겠지만 첫째, 부인이 남편한테 순종하는 것이다.

할아버지는 고모한테 이담에 시집가면 남편을 하늘같이 모시라고 일렀다. 남편이 잘나서가 아니다. 남자라서 그런 것도 아니다. 남편이기 때문이다. 가정을 지키기 위해서다. 천당을 만들기 위해서다.

남편이 못나도 관계없다. 낙랑공주와 온달 장군의 교훈에서 보듯, 부부가 사랑하면 바보 온달도 명장이 안 되더냐.

여기서는 긴 설명을 않겠다. 힘들어도 할아버지 말대로 해 보아라. 그 길만이 가정을 천당으로 만드는 길이다. 세월이 지나면서 깨우치게 될 것이다.

부질없는 걱정이겠지만 훗날 우리 집 남자들을 위해 이 말은 해두어야겠다. 아내에게 조건 없는 순종을 받으려면 아내를 집안의 기둥으로 알고 으뜸으로 위해 주라.

'집안이 어려우면 알뜰한 아내를 생각하고, 나라가 어지러우면 어진 재상을 생각한다.'《사기(史記)》에[16] 있는 말이다.

'여성의 직관은 남성의 오만한 지식을 능가한다.' 간디의 말이다.

가정의 버팀 기둥은 아내라는 걸 우리 집 사내들은 깊이 명심할지어다.

5. 우애

나의 어머님은 여든여섯이 되시던 1984년에 돌아가셨다. 생전

---

16)《사기》는 중국 한나라 사마천(司馬遷)이 황제(黃帝)부터 한나라 무제(武帝)까지 역대왕조의 사적을 기전체(紀傳體)로 적은 역사책이다.

에는 늘 속담과 비유를 즐겨 말씀하셨지.

즐겨 하시던 말씀 가운데 우애에 대한 일화는 음미해 볼 만한 얘기가 아닌가 싶다.

옛날 어느 고을에 형제가 살았는데 하루는 동생 되는 사람이 돼지 한 마리를 잡아 피가 뚝뚝 흐르는 것을 가마니에 둘둘 말아 짊어지고는 자기가 가장 믿는 친구를 찾아갔다.

"여보게, 내가 잠깐 실수로 살인을 하였는데 어떻게 도와 줄 수 없겠는가?"

그러자 그 친구는 금방 안색이 변하면서 문을 덜컥 닫아 버렸겠다. 하는 수 없이 발길을 돌린 동생, 친한 다른 친구를 찾아가 같은 얘기를 했겠다. 그 친구도 두말 않고 등을 떠밀다시피 내쫓았다.

그 길로 동생은 형을 찾아가 같은 사정을 말했다. 깜짝 놀란 형은 얼른 팔을 잡아끌며,

"얘야, 어쩌다가 그런 끔찍한 일을 저질렀느냐? 어떻든 내 집에 몸을 숨겨라. 그리고 다음 일을 차근차근 생각해서 처리해 보자꾸나."

이 일화는 친구를 믿지 말라는 얘기는 아닐 것이다. 인간관계에서 친구가 할 수 있는 일의 한계와, 형제가 할 수 있는 일의 깊이를 두고 한 교훈이 아닌가 싶다.

다시 말해 친구는 아무리 좋은 친구라 하더라도 한계가 있는 법이니 그 정도를 알아서 교우하면 되는 것이요, 형제란 아무리 끔찍한 일도 용서하고 모두를 받아들이는 정말 특별한 관계라는 가르침이 아니겠느냐?

《소학》에 이런 말이 있다.

형제란 한 부모에게서 형체(形體)를 나누어 받고, 기운이 연결된 사람이다. 어릴 때에는 부모가 좌우로 그들의 손을 이끌고, 앞뒤 아이의 옷깃을 잡고 당기면서 함께 데리고 다녔다. 그들은 밥먹을 때는 밥상을 같이 하고, 옷을 돌려가며 입었다. 배울 때는 학업을 함께 하고 놀 때는 장소를 같이 하였으니, 비록 인정과 도리에 어긋나는 행동을 하는 사람일지라도 형제만은 서로 사랑하지않을 수 없을 것이다.

이게 형제라는 것이다. 이 세상에는 수십억의 사람이 살고 있지만, 그 중에서도 같은 피를 나눈 사람이 형제 말고 또 어디에 있겠느냐. 생각해 보면 정말 예사로운 관계가 아니다.

나눌 것이 있으면 형제와 먼저 나누어야 하고, 즐거운 일이 있으면 누구보다 앞서 형제와 나누어야 할 것이며, 당연히 슬픈 일이나 어려운 일이 있으면 함께 나누어 슬픔을 덜고, 어려운 일은 힘을 합쳐 해결해 나가야 하지 않겠느냐? 특히 어려운 일, 슬픈 일을 당할수록 형제 외에는 없다는 것을 명심하여야 한다.

세상을 살아가자면 좋은 일만 있는 것이 아니고 궂은 일, 슬픈 일도 있게 마련이다. 어려운 일을 당하여 앞과 뒤를 살펴보면 새삼스레 도움을 청할 손이 적은 데 놀랄 것이다.

본래 사람은 자기가 우선이요 다음이 가족이요, 그리고 남을 생각하도록 되어 있다. 그게 인지상정(人之常情)이다. 그래서 서양에는 '이웃 영감님 죽음보다 내 두통이 더 중요하다'는 매정한 얘기가 있지만, 세상 인심을 에누리 없이 표현한 정확한 관찰이다.

뿐만 아니라 경우에 따라서는 남의 불행을 즐기는 사람조차 있다. 그것은 놀랄 일이 아니다. 인심이란 원래 그런 것이다.

그래서 할아버지는 우리부터라도 남을 배려하는 생활을 주장하는 것이다. 밝은 세상, 따듯한 사회를 만들기 위해서다.

비록 피를 나눈 형제라 하더라도 평소에 나무를 가꾸듯 우애를 키워 두지 않으면 안 된다.

나무를 키우려면 꾸준히 물을 주고 비료를 주고 약을 뿌리듯, 그렇게 보살펴야 한다는 말이다.

어떻게 키우는가. 그것은 '작은 마음 씀씀이'이다. 말 한마디, 전화 한 통화, 넥타이 하나 같은 작은 마음 씀씀이다.

'그까짓 대수롭지 않은 일들이 무슨 효용이…' 하는 생각이 들겠지. 그러나 해보면 다 알게 될 일이지만, 사실은 그게 더 어려운 법이다. 외려 큰일이 더 쉽다. 왜냐하면 큰일은 단 한 번의 희생이나 인심으로 족하지만, 작은 마음 씀씀이는 정성 없이는 안 되기 때문이다.

그러니까 말 한 마디, 넥타이 하나가 문제가 아니라 정성이 중요한 것이다.

작은 마음 씀이 더 어려운 까닭은 늘 마음을 써야하고, 시기와 방법이 오묘하여 보통 정성으로는 안 되기 때문이다.

인정의 나무는 정성 없이 자라지 않는 법, 늘 배려하는 마음이 없으면 우애가 생겨날 수가 없다.

얘들아, 할아버지가 얘기는 이렇게 하지만 속으로는 부끄러움을 감출 수가 없구나.

생각해 보면 어머님의 생전 가르침만큼 나는 행하질 못하였다. 이 나이가 되어서야 인심의 기미(機微)를 깨닫게 되었으니 우애를 강조하는 할아버지가 부끄럽다.

아니나 다를까 《소학》은 진즉에 이런 걱정을 하였다.

'그들이 장성(長成)하면 제각기 아내와 제 자녀를 갖게 되니, 그때부터 형제 사이에는 나의 것, 남의 것이라는 구별이 생기게 된다.'

정말 놀라운 지적이다. 좋던 우애도 시집, 장가를 가면서 금이 가기 시작한다는 말이다. 그러니까 이런 세상의 이치를 미리 알고 형제관계를 깊이 생각해야 한다는 훈계다.

대개 형제간의 문제는 형편이나 처지가 너무 차이가 날 때 생기는 법이다.

학문에 차이가 나거나 건강이 나빠지면 중년 이후에 가서 소원해 질 수밖에 없다.

공부가 모자라는 형제는 사회에 진출해서도 자연히 뒤처지기 십상이다. 그렇게 되면 활동 범위와 계층이 달라지고, 교우하는 상대도 달라 우선 대화부터 안 통하게 된다.

그러니까 자랄 때부터 최소한 교육의 혜택은 고르게 갖도록 부모도 유념하고 본인들도 노력을 하지 않으면 안 된다.

교육을 잘 시키고, 전공 분야에 관계없이 자기의 길을 20년만 열심히 걸어가면, 대개는 사회적으로 정상급에 도달하게 되어 있다. 이것이 현대 사회의 구조이다.

형이 명예를 떨치면 아우는 돈으로 성공을 할 테고, 언니의 학문이 빛나면 동생은 좋은 집안으로 시집가서 모두의 처지와 형편이 고르게 된다.

모든 게 다 교육에서 비롯되는 것이니, 교육이라는 것이 여러

면에서 큰 뜻을 갖고 있다는 것을 두루 명심하자.

어쩌다가 서로의 처지에 너무 차이가 나면 어떻게 해야지?
그때는 뜻을 갖고 정성을 다하는 도리밖에 없다. 아버지를 생각하고 어머니를 생각하면서, 함께 즐기고 슬펐던 때를 상기하며, 상대를 이해하고, 도울 일이 있으면 아낌없이 돕고, 형편이 되면 최대로 나누어 갖도록 하자.
나누어 갖는다는 것은 마음과 물질만이 아니다. 시간도 나누어 갖는다.
어떻게 시간을 나누어 갖는가. 시간을 함께 보내는 것이다. 산책도 같이 하고, 형편이 허락해서 여행을 같이 하면 더 좋고, 더 쉽게는 때때로 식사를 함께 한다. 이렇게 시간을 나누어 갖는 것이 우애를 유지하는 최선의 길이다.

사람의 근본은 인륜(人倫)에 있는 것이 아니겠느냐. 자기의 태어남이 여기서 비롯한 것이요. 사람의 도리도 부자, 부부, 형제, 친구 간의 인륜을 다하면 되는 것이니 지금까지 얘기한 것이 모두 사람의 근본을 두고 한 말이 아니겠느냐.
근본이라 함은 다른 일에 앞서 으뜸으로 삼아야 한다는 것이며, 어느 것보다 앞서서 행해야 한다는 뜻이다. 나아가 근본이라 함은 자기 뜻에 맞고 안 맞고를 떠나 그대로 행하여야 한다는 뜻도 있는 것이니, 누구도 이 근본만은 어김이 없도록 하여라.

제2장 마음을 닦는다

1. 강자(强者)만이 살아남는다
2. 미덕(美德)과 악덕(惡德)
3. 신앙을 가져라

1. 강자(强者)만이 살아남는다

세상은 강자만이 살아남는다. 자연의 법칙은 강한 것이 미덕(美德)이고 약한 것은 악덕(惡德)이다.

힘이 세거나 날개가 있거나, 하다못해 날랜 발이라도 있어야 살아남는 것이 자연의 법칙이다.

우리도 살아남자면 강해야 한다. 살아남기만 해서야 되겠느냐. 남보다는 잘하고 남보다는 앞서야 남을 돕고 이롭게 할 수 있는 게 아니냐.

그럼, 강자의 조건은 무엇인가?

마음이 강해야 한다. 완력이 뛰어나고, 학문이 출중해도 나쁘지는 않으나, 사람은 무엇보다 마음이 강해야만 정말 강하다고 할 수 있다.

강자가 되려면 마음부터 닦는 것이 순서요, 이것 없이는 진정한 강자라 할 수 없다.

그러면 무엇을 두고 마음이라 하는가?

신을 사랑하는 마음, 사람의 근본을 중히 여기는 마음, 예의를 아는 마음, 아름다움을 느끼는 마음, 용기 있는 행동, 그리고 필요할 때 희생도 감수할 수 있는 마음, 그런 마음을 두고 하는 말이다.

그런데, 마음을 닦는 근본 중의 근본은 무엇일까?

정직이다. 바른 마음이다. 자기도 남도 속이지 않는 바른 마음이다.

정직한 마음 없이는 사랑도, 희생도, 용기도 모두가 가식이다.

마음이 바르지 않은 곳에 어찌 참이 있겠느냐. 정직하면 언제나 떳떳하다. 어디서나 자신이 있다. 누구 앞에서나 당당하다.

언제 어디서나 떳떳하고, 자신 있고, 당당한 사람보다 강한 사람이 어디 있겠느냐.

재주와 꾀가 득세하는 세상이라 정직하면 바보 취급하는 경향이 없지 않다.

내 얘기가 손해 보기 꼭 좋은 소리로 들릴지 모르겠다. 그러나 세상을 좀 살아보면 할아버지 얘기가 백번 옳다는 걸 알게 될 것이다.

대학 때 공부 잘했던 사람, 또 뛰어난 재주로 외국 TV에까지 소개되었던 사람도 그 학문, 그 재주에 비하면 세상에 큰 보탬이 안 되더라. 보탬은커녕 뛰어난 그 학문, 그 재주로 더 큰 손해를 끼치는 사람도 적잖이 보았다.

모두가 참되지 않기 때문이다.

나이 들면서 사람의 참된 가치나 질은 재주나 완력, 학문에 있는 게 아니라 어디서나 떳떳하고, 자신 있고, 당당한 마음, 곧 정직에 있다는 것을 알았다.

돈이나 힘 앞에 사람들이 모이는 것은 사실이다. 그러나 아름다운 꽃도 열흘이면 지고, 기승(氣勝)한 힘도 십년을 못 넘긴다고 하였다.

정직은 다르다. 그 앞에는 사람들이 많이 모인다. 왜? 거짓 아닌 참이기 때문이다. 참에는 믿음이 따른다. 거짓은 금방 망가지지만 참은 변하지 않는 것, 곧 오래 가는 것이 생명이요 특징이다.

정직한 사람한테서는 빛이 난다. '마음의 빛'이다. '마음의 향기'다.

사람에게서 무슨 빛이 날까?

빛이 나오고말고. 정직하면 환한 빛이 나오고말고. 떳떳하고, 자신 있고, 당당하면 빛이 나오고말고.

그런 사람한테서는 훈훈(薰薰)한 향기가 나고, 환한 빛이 나오게 마련이다.

선조들은 이 빛을 인격 혹은 덕(德)이라고 하였다. 덕이 있어야 사람이 따르고 모이는 법이다. 또 덕이야말로 정말 강한 자가 되는 조건이고, 덕을 가진 사람은 절대로 무너지는 법이 없다.

예수는 힘이 장사라서 위대했더냐? 공자는 학문만으로 저렇게 이름을 떨쳤을까?

할아버지는 많은 것을 주문하지는 않겠다. 마음이 강하려면 정직하자. 정직은 사람의 미덕 중 최고의 가치이다.

2. 미덕(美德)과 악덕(惡德)

〈승자는 몸을 바치고 패자는 혀를 바친다. 승자는 행동으로 말을 증명하고 패자는 말로 행위를 변명한다. 승자는 책임지는 태도로 살며, 패자는 약속을 남발한다. 승자는 벌을 각오로 살다가 상을 받고, 패자는 상을 위하여 꾀를 부리다가 벌을 받는다. 승자는 인간을 섬기다가 감투를 쓰며, 패자는 감투를 섬기다가 바가지를 쓴다. 승자는 실수했을 때 '내가 잘못했다'고 말하는데, 패자는 '너 때문'이라고 원망한다. 승자는 입에 솔직함이 가득하고, 패자는 핑계가 가득하다. 승자는 '예'와 '아니오'를 확실히 말하고, 패자는 적당히 말한다. 승자는 하루가 25시간이고, 패자는 하루가 23시간이다. 승자는 열심히 일하고 열심히 놀고 열심히 쉰다. 패자는 허겁지겁 일하고 빈둥빈둥 놀고 흐지부지 쉰다. 승자는 시간을 관리하며 살고, 패자는 시간에 쫓겨서 산다. 승자는 지는 것도 두려워하지 않으나, 패자는 이기는 것도 은근히 염려한다. 승자는 과정을 위해 살고, 패자는 결과를 위해 산다. 승자는 구름 위의 태양을 보고, 패자는 구름 속의 비를 본다.

승자는 넘어지면 일어서는 쾌감을 알며, 패자는 넘어지면 재수를 한탄한다. 승자는 눈을 밟아 길을 만들고, 패자는 눈 녹기를 기다린다. 승자는 무대 위로 올라가고, 패자는 관객석으로 내려간다. 승자는 실패를 거울로 삼으며, 패자는 성공도 휴지로 버린다. 승자는 바람을 보면 돛을 올리고, 패자는 바람을 보고 돛을 내린다. 승자는 돈을 다스리고, 패자는 돈에 지배된다. 승자의 주머니 속에는 꿈이 있고, 패자의 주머니 속에는 욕심이 꽉 차 있다. 승자는 '다시 한 번 해보자'를 즐겨 쓰고, 패자는 '해보아야 별 수 없다'를 자주 쓴다. 승자는 차라리 '용감한 죄인'이 되고, 패자는 '비겁한 선인(善人)'이 된다. 승자는 땀을 믿고, 패자는 요행을 믿는다. 승자는 새벽을 깨우고, 패자는 새벽을 기다린다. 승자는 일곱 번 쓰러져도 여덟 번 일어서고, 패자는 쓰러진 일곱 번을 낱낱이 후회한다. 승자는 달려가며 계산하고, 패자는 출발하기도 전에 계산부터 한다. 승자는 지긋이 듣지만, 패자는 자기 말할 차례만 기다린다. 승자는 부드럽고 자연스러우나, 패자는 허세를 부리고 자기를 억지로 내세우려든다. 승자는 다른 길이 있을 것이라고 생각하나. 패자는 길은 하나뿐이라고 생각한다. 승자는 자기보다 우월한 자를 만나면 존경하고 배울 점부터 찾는데 패자는 질투하고 그 사람 갑옷의 구멍만 찾으려 든다. 승자는 자기보다 못한 자를 만나도 친구가 될 수 있는데, 패자는 자기보다 못한 자를 보면 즉시 보스가 되려고 한다. 승자는 순위나 상(賞)과는 관계없이 달리나, 패자는 눈으로 줄곧 상만 보고 달린다. 승자는 꼬리가 되어도 의미를 찾으나, 패자는 1등을 차지했을 때만 의미를 느낀다. 승자는 달리는 도중에 이미 행복하다. 패자는 경주가 끝나 보아야 행복이 결정된다.〉

디아스포라 유대경전(經典)[17] 에 나오는 말이다.

마음을 닦는 길은 미덕을 배우고, 악덕을 알아두는 일부터가 시작이다.

배운다는 것은 새겨서 제것으로 만든다는 것이다. 또 배운 일은 행해야 뜻이 있듯, 미덕은 행하지 않으면 아무 의미가 없다.

행동은 아는 것만으로 되는 것이 아니다. 의지와 신념이 뒷받침 되어야 행할 수 있다.

옛날 스토아학파(Stoicism)나[18] 청교도들이[19] 엄격하게 규칙을 지켜간 것처럼 평소 자신에게 엄격하고, 또 자신을 무섭게 단련시

17) '디아스포라(Diaspora)'는 팔레스타인을 떠나 세계 각지에 흩어져 살면서 유대교의 규범과 생활 관습을 유지하는 유대인을 지칭한다. 후에 그 의미가 확장되어 본토를 떠나 타지에서 자신들의 규범과 관습을 유지하며 살아가는 민족 집단 또는 그 거주지를 가리키는 용어로도 사용된다.

18) 그리스의 제논이 창시한 철학의 한 학파. 금욕주의 , 극기 등 욕망을 억제하고 자연의 법도를 따를 것을 주장하였다.

19) 청교도(淸敎徒)는 16세기 후반, 영국 교회에 반항하여 일어난 프로테스탄트의 종단(宗團)으로, 모든 오락은 죄악이라 하여 청정한 생활을 할 것을 주의로 한다.

켜야 될 일이다.

얘들아, 그리고 보니 행하여 할 미덕이 너무나 많구나. 그렇다면 미덕이건 악덕이건 모두 알아만 두는 것으로 해두자.

그 중에서 다른 것은 몰라도 이 한 가지만은 달리 생각해야한다. 바로 '책임감'이다. 이것만은 몸에 익히고 행할 수 있어야한다.

학생으로서의 책임, 딸로서의 책임, 아버지로서의 책임, 부하로서의 책임, 윗사람으로서의 책임, 일에 대한 책임, 나아가 생명을 받은 한 사람으로서의 책임….

'책임감' 만은 깊이 깨우치고 행할 수 있도록 늘 자신을 일깨워야 한다. 각자가 자기소임만 다 한다면 이 세상에 잘못 될 일이 없다.

세상이 시끄럽고 어지러운 게 다 자기 책임은 다 하지도 않으면서 남의 탓하기에만 바쁘기 때문이다.

공자는 일찌기 '君君臣臣父父子子(군군신신부부자자) 라고 하였다. 즉 임금은 임금답고 신하는 신하답고, 아버지는 아버지답고, 아들은 아들다워야 한다는 뜻이다.[20]

3. 신앙을 가져라

효정아, 세상에서 답답한 사람이 '신이 있느냐 없느냐'를 따지는 사람이다. 그것은 '내 아버지가 있는가, 없는가'를 따지는 것과 같은 얘기다. 아버지 없이 어찌 우리가 세상에 나왔겠느냐.

네 자신이 곧 아버지의 존재를 증명하듯, 이 세상 삼라만상과

20)《논어》, 〈안연(顔淵)〉 편.

어김없는 대우주의 운행이 바로 신의 존재를 증명하는 것이다.

우리의 삶에서 중요한 것은 신이 있으니까 믿고, 천당에 가려고 믿는 게 아니라 신이 있고 없고 관계없이 믿음을 갖는 태도라고 생각한다. 왜냐하면 지금 우리가 사는 이승이 중요하고, 뜻있게 사는 게 의미 있는 일이지 신에게 무엇을 바라서, 천당에 가겠다고 믿는다면 너무 속 뵈는 일이 아니겠느냐.

신앙은 맹목적이어야 한다. 맹목이 아니라 사람다운 성실함이다. 나보다 위대한 존재 앞에 겸허하고 두려운 마음으로 경의를 표하는 - 우리에게 생명을 주신 저 위대한 창조주, 그 뜻에 감사하고, 값지게 살아보겠다는 겸허한 마음, 그게 신앙이다.

나는 인간의 미덕 가운데 중요한 것의 하나가 겸허한 마음이라고 생각한다. 겸허한 사람이라면 누구나 자연스럽게 신을 사랑하게 되어 있다.

아우구스티누스 같은 이도[21] '믿기 위해서 알려고 하는 것이 아니라 알기 위해서 믿는다'고 했던 것이 아니겠느냐.

혜준아, 젊은 사람들은 이성(理性)이 기승(氣勝)해서 으레 납득이 안 가는 일은 좀체 믿으려 들지 않는다. 나부터도 그랬으니까.

할아버지와 할머니가 한창 사랑할 때 나는 새파란 육군 소위였다. 막 육군사관학교를 졸업한 후라 강원도 아주 산골 12사단에서 근무하게 되었지.

---

21) 아우구스티누스(Augustinus, 354~430)는 초대 그리스도교회가 낳은 위대한 철학자이자 사상가. 교부철학(敎父哲學)의 대성자. 주요 저서로 《고백록》등이 있다.

일선 근무는 원래 외출이라는 게 없다. 그래서 할머니를 만나려고 별별 이유를 다 붙여 서너 달에 한 번쯤 외출할 수 있는 기회를 얻었다. 그것도 단 하루 동안이다. 그러니 서울 외출 시간이 얼마나 귀했겠느냐.

그런데 어느 날인가 그 귀한 하룻밤을 '미친놈' 이라는 친구와 밤이 새도록 '신이 있다, 없다'로 싸운 적이 있었다,

그 친구를 미친놈이라고 부르는 것은 정말 미쳐서가 아니라 사관학교 4학년 때 〈미친놈〉이라는 훌륭한 단편을 쓰는 바람에 얻은 별명이지. 그 친구는 할아버지 대(代)부터 신앙이 깊은 집안이었고.

그날 미친놈은 애 많이 먹었을 것이다. 막무가내 할아버지 무신론을 도저히 당할 수가 없었을 테니까. 원래 무식한 사람이 용감하고 옹고집만 부리는 법이지. 지금 생각해도 하나는 알고 둘을 몰랐던 할아버지가 부끄럽구나.

사실 무신론은 어떤 점에선 더 없이 강한 유신론이다.

신이 없다면 굳이 부정할 필요가 어디 있느냐. 더구나 있지도 않는 신이 어떻게 죽느냐 말이다.

할아버지가 하나님을 믿기 시작한 것은 할머니 덕분이다. 이대에 다니신 할머니는 일찍이 세례를 받으셨지.

대구 촌놈 할아버지는 신앙에 대해 정말 깜깜하였다. 그러나 할머니와 친하려고 1960년 미국 오클라호마 주 Ft. Sill[22] 육군포병학교 감리교회에서 Hamilton 이란 목사님의 세례를 받았지.

---

22) 오클라호마 주에 있는 역사적 군사 보호지역(Fort Sill Military Reservation). 1869년, 필립 H. 셰리던 소장이 이 요새를 세웠다. 원래는 캠프 위치토라 불렸는데, 셰리던이 작전 수행 중에 사망한 자신의 친구 조슈어 W. 실 준장을 기리는 뜻에서 실 요새라는 이름을 붙였다. 지금은 미육군포병학교가 있다.

사실은 할아버지의 사랑고백도 무엄하게 신을 팔아서 했다.

할아버지는 용감하게 "당신을 사랑합니다."라고 대놓고 말 못하고 어정쩡하게 "숙, 바우가 신을 사랑한다면 당신을 통해서입니다."라고 했단다.

할아버지도 그런 때가 있었다. 웃겼지.

얘들아, '인생이 무엇인가' 를 따져서 안 되듯이 '신이 있다 없다' 를 따져서도 안 된다. 신앙은 이해하는 대상이 아니라 믿는 대상이다. 신앙은 인간이 마지막 진리에 도달하는 길이며, 광활한 우주의 실체와 결합하는 길이다.

신앙은 이 우주에서 가장 위대한 존재 앞에 고개 숙이는 겸허한 인간의 모습이며, 한 인간의 책임을 다하려는 정신이기도 하다.

겸허를 모르는 사람을 나는 인정하지 않는다. 그렇다면 신앙이 없는 사람은 우리 식구에 넣어 줄 수가 없겠지

제3장 학문을 익힌다

1. 학문의 길
2. 책을 싣고 다니는 당나귀
3. 스승을 모신다
4. 하루의 아침은 한 번뿐이다
5. 단 한 권의 책만 읽은 사람을 경계한다
6. 입학시험에 성공하려면

1. 학문의 길

공자는 학문을 해야 마음을 닦는 길을 터득하고, 학문을 통하지 않고는 도(道)를 알지 못하며, 도를 모르면 하늘 또한 알 길이 없다고 하였다. 사람이 사람답기 위해서나 우주의 근본을 깨우치기 위해서는 학문이 그 시작이라고 하였다. 두말할 것 없이 학문이 인간에게 없었다면 그것은 '암흑(暗黑)'이었을 것이다. 사람에게서 학문을 빼고 나면 동물과 다를 게 뭬 있겠느냐.

우리가 잘 아는 '인도(印度)의 늑대 소년'은 비록 사람이라 할지라도 배우지 않고는 끝내 사람이 될 수 없다는 교훈을 남긴 슬픈 얘기이다.

예로부터 사람이 만물의 영장이라고들 말하지만, 학문이 없었다면 금수(禽獸)에서 벗어날 수 없었을 것이다.

소나 돼지와 같이 역사가 없는 금수의 생활, 그것이 바로 암흑이다.

샛별보다 더 반짝이는 인간의 지성이나, 지나칠 정도로 우주의 비밀을 캐내는 과학이나, 넘치는 부의 향유(享有)도 따지고 보면 모두 학문의 덕택이 아니겠느냐. 그래서 사람은 갓 나서 손바닥을 쥐는 '잼잼'부터 시작하여, 오랜 학교 공부를 거쳐 죽는 날까지 배움의 길을 걷는 것이다.

문제는 사람들이 공부하기를 즐겨하지 않는다는 점이다. 할아버지도 어릴 적에는 얼마나 학교 가기가 싫었던지 걸핏하면 안 가겠다고 심술을 부리곤 하였다. 핑계가 없을 때는 괜히 학교 시간이 늦었다고 울면서 발버둥을 쳤다. 우리 어머니가 "아직 여덟 시도 안 되었는데 무슨 소리냐"고 꾸짖으시면 "해가 저렇게 높이 떴는데… 높이 떴는데…" 하고 마구 악을 쓰곤 하였다.

돌아가시기 얼마 전까지도 여러 사람 앞에서 "해만 뜨면 학교 안 간다고 떼쓰는 심술쟁이"라고 놀리시던 모습이 눈에 선하구나.

'아무리 총명하더라도 배우지 않으면 깨닫지 못한다'[23]
맹자(孟子)의 말이다. 사람이 사람답기 위해서는 학문을 해야 한다는 – 아무리 좋은 옥구슬도 옥돌을 잘 갈아야 된다는 말씀이 아니겠느냐.

《소학》을 쓴 주자는,

'소년은 늙기 쉽고
학문은 이루기가 어렵다.
한 치의 짧은 시간이라도
가볍게 여기지 말라.
연못가의 봄풀은
꿈에서 아직 깨어나지 못하였는데

---

23) 事雖小 不作不成, 子雖賢 不敎不明-(사수소 부작불성, 자수현 불교불명). 맹자(孟子, BC 372~289)는 중국 전국시대의 철인으로 공자의 '인(仁)'의 사상을 발전시켜서 인의예지(仁義禮智)의 네 가지 덕이 인간의 본성이라 하여 성선설을 주창하였다.

섬돌 앞의 오동잎은 어느덧 가을소리를 전하는구나.'[24]

　　라는 유명한 시(詩)로 부지런히 공부하기를 권하였고, 공자는
'학문을 아는 자는 이를 좋아하는 사람만 못하고, 학문을 좋아하
는 자는 이를 즐기는 사람만 못하다'고[25] 훈계한다.
　　셰익스피어까지[26] '지식은 우리가 하늘로 나는 날개다. 지식이
없는 자는 언제나 땅을 기어다녀야 한다'고 겁을 주는가 하면, 괴
테는[27] '큰 기쁨은 큰 공부를 통해서만 얻어진다'라고 거든다.

　　그런데 답답한 일은 이처럼 공부하라는 말씀은 많은데, 공부가
좋아지는 방법에 대해서는 별다른 말씀이 없다는 점이다.
　　그럼 어떻게 하면 공부가 즐거워질까?
　　마음을 닦는 길밖에 없다.

　　제갈공명은 아들에게 훈계하기를 '고요한 마음으로 몸을 수양
하고 검소한 것으로 덕성을 기른다. 검소하지 않으면 욕망이 많
아 뜻을 밝게 할 수 없으며, 편안하고 고요한 마음이 아니면 먼 경

---

24) 少年易老學難成 一寸光陰不可經 未學池塘春草夢 階前梧葉已秋聲-(소
년이로학난성 일촌광음불가경 미학지당춘초몽 계전오엽기추성).
　　25) 知之者 不如好之者, 好之者 不如樂之者-(지지자 불여호지자, 호지자
불여락지자). 《논어》, 雍也篇(옹야편).
　　26) 셰익스피어(William Shakespeare, 1564~1616): 영국이 낳은 세계
최고 극작가로, 희·비극을 포함한 38편의 희곡과 여러 권의 시집 및 소네트
집이 있다. 《햄릿》《리어왕》《맥베드》《오셀로》등.
　　27) 괴테(Johann Wolfgang von Goethe, 1749~1832)는 독일의 시인·
극작가·정치가·과학자. 세계적인 문학가이며 자연연구가. 대표작으로 《젊
은 베르테르의 슬픔》(1774), 《빌헬름 마이스터》(1829), 《파우스트》(1832)
등이 있다.

지에 생각이 이르지 못할 것이다. 그러니 학문은 모름지기 마음이 편안하고 고요하여야 할 수 있다'고 마음부터 닦기를 권한다.

그럼 어떻게 마음을 닦는다?

공명의 훈계처럼 '고요한 마음으로 몸을 수양하고, 검소한 것으로 덕성을 삼는다?' 훌륭한 말씀이나 웬만한 수양이 없으면 어려운 얘기다.

그럼? 우선 우리가 즐거울 때가 언제인가를 생각해보자. 힘들어도 결과가 좋을 때, 성공했을 때가 아니더냐.

우리가 그 힘든 등산을 자주 가는 이유는 높은 산에 올라 정상에서 맛보는 성취감과 경치 때문이다.

등산하는 사람이면 누구나 경험하는 일이지만, 가파른 언덕을 오를 때, 숨이 차서 곧 호흡이 멈출 것만 같은 고통을 느낄 때, 다시는 안 오르겠다고 다짐까지 한다.

그러나 며칠이 안 가 언제 그랬냐는 듯, 다시 등산화를 신는다.

왜? 정상에서 맛본 그 쾌감, 그 성취감, 눈 아래 펼쳐지는 오묘한 조감도, 이런 만족감은 다른 어떤 곳에서도 맛볼 수가 없기 때문이다.

공부도 마찬가지가 아니겠느냐. 공부도 힘들고 까다롭다. 그러니까 하기 싫은 것이다.

그런데 공부는 등산과는 다른 게 노력의 결과가 등산처럼 바로 나오지 않는다. 입학시험이나 취직시험이라도 임박했으면 모르거니와.

그렇다면?

사람의 마음은 참으로 미묘한 것이어서 마음먹기에 따르는 법이다. 선뜻 이해가 안 가겠지만, 할아버지가 시키는 대로 한번 해보아라.

하루 일과가 모두 끝나 침대에 누우면 조용히 눈을 감고 숨을 크게 세 번 쉰 뒤 이렇게 소리내어 외운다.

'나는 하나님을 사랑하고 아빠 엄마를 사랑하고 선생님과 내 친구를 사랑한다. 나는 내가 사랑하는 모든 사람들을 위하여 일하고 싶다. 그러기 위하여 나는 항상 건강하고 예쁘고 또 열심히 공부한다.'

눈을 감은 채 다시 숨을 세 번 천천히 쉰 후, 머릿속에 공부하는 자기 모습을 그려본다. 그리고 '나는 공부가 즐겁다. 나는 공부하는 것이 즐겁다. 나는 공부하는 것이 제일 즐겁다.'라고 나직이 소리 내어 왼다. 진심을 다하여, 마음속 깊은 곳의 자기 자신을 향하여 절실하게 타이른다.

할아버지의 가르침은 따지는 법이 아니다. 오직 따르고 해볼 뿐이다.

2. 책을 싣고 다니는 당나귀

미국 동부지방의 어느 노인이 교외 농촌지역에서 핫도그 가게를 경영하고 있었다. 노인의 핫도그는 그 맛 때문에 근처 수십 마일 사방까지 알려져 있었다.

가게 지붕에는 '미국에서 제일 맛있는 집'이라는 큰 간판이 걸렸다.

사람들은 전국 제일의 핫도그를 한번 맛이나 보자고 몰려들었다. 노인은 출입문 앞에서 밝은 웃음으로 손님들을 맞는다.

"하나만 들지 마시고 두 개를 드세요. 정말 맛이 좋습니다."

손님들은 이제까지 맛본 적이 없는 막 구운 빵에 아삭거리는 피클, 양파와 겨자가 어우러진 절묘한 풍미와 맛의 조화에 감탄

한다.

웃는 낯으로 부지런히 일하는 아가씨들도 마음에 든다. 손님들은 입술을 핥으며 "핫도그가 이렇게 맛있다니…." 라며 가게 문을 나선다.

노인은 그들을 따라 나와 손을 흔들며 말한다.

"또 오십시오. 나는 장사가 되고, 여기서 일하는 젊은이들은 학비를 벌게 되니까요."

손님들은 떼지어 다시 찾아온다.

어느 날 하버드 대학에서 경제학 박사학위를 딴 노인의 아들이 돌아온다. 아들은 아버지의 운영방식을 보자마자,

"아버지, 지금 같은 불경기 시대에 어쩌려고 이러십니까? 먼저 코스트부터 다운시켜야죠. 우선 직원 여섯 명을 두 명으로 줄이고, 아버님도 손님 배웅 같은 건 그만두시고 그 시간에 조리를 맡으세요. 거래하는 가게에는 값이 싼 빵이나 소시지를 보내라고 이르세요. 겨자와 피클도 싼 것으로 바꾸고 양파는 아예 빼 버리죠. 아시겠지요?"

아버지는 아들이 대견했다. 고마웠다.

"역시 박사 아들은 다르구나." 하고 아들의 말을 한 치도 의심치 않았다.

광고판은 내려지고, 아버지는 조리실에 들어앉아 싼 재료만 사용하고, 웨이트리스도 한 명만 남겨 심부름만 시켰다.

석 달이 지난 어느 날 아들이 다시 돌아왔다.

"아버지, 장사는 어떠세요?"

어깨가 축 처진 아버지는 텅 빈 가게, 인기척 없는 주차장을

가리켰다. 그렇게도 붐비던 주차장은 바람에 먼지만 날리고 있었다.

"네 말대로 정말 엄청난 불경기다."

우연히 읽은 미국의 실화다.

《탈무드》에 이런 말이 있다.

"학자도 당나귀와 비슷한 자가 있다. 그들은 다만 책을 나르고 있을 뿐이다." 참 무서운 말이다.

그래서 《논어(論語)》에서는[28] '배우되 생각하지 않으면 어둡고, 사색하며 배우지 않으면 위태롭다'고[29] 한 것이요, 맹자(孟子)도 '책만 믿는다면 책은 없는 것과 같다'고 경고를 한 것이 아니겠느냐.

핫도그 가게의 교훈에서 보듯 학문에는 이런 함정이 있다는 것을 명심하여야 한다. 배운다는 것은 남이 체계화해 놓은 것을 익히고 따른다는 뜻이다. 그러므로 배우기만 해서는 자기 소견이 틀릴 수가 있다.

생각을 하고, 궁리를 해야 배움도 진짜 자기의 지식으로 소화가 되는 것이다.

겸허한 마음 또한 학문에서 귀중한 마음가짐이다. 핫도그 가게 아들이 나온 '하버드 비즈니스 스쿨' 하면 세상이 뜨르르한 명문 중의 명문이 아니더냐.

---

28) 《論語(논어)》는 〈四書(사서)〉의 하나로 공자(孔子) 연구의 유일한 자료로 공자의 이상적 도덕인 '인(仁)'의 뜻과 정치, 교육에 대한 의견 등이 7권 20편으로 씌어 있는 대표적인 유교 경전.

29) 學而不思則罔 思而不學則殆-(학이불사즉망 사이불학즉태). 《논어》, 爲政(위정) 17.

사색이 뒷받침되지 않은 학문, 겸허한 마음이 없는 학문은 이렇듯 낭패를 본다는 걸 알자.

《소학》에 보면 송(宋)나라의 정이천(程伊川)이라는[30] 분이 이런 말을 하였다.

'사람에게 세 가지 불행한 일이 있다. 첫째, 소년으로서 높은 과거에 합격하는 일이고 둘째, 부형의 권세에 힘입어 좋은 벼슬에 오른 것이고 셋째, 뛰어난 재주에 문장을 잘 짓는 일이다.'[31] 재주만 믿고 학문에 덤비는 건방진 생각을 경고한 것이다.

또 《논어》에 '아는 것은 안다 하고 모르는 것은 모른다고 하는 것이 아는 것(知)이다.'[32] 라고 하였다. 얼마나 겸허한 마음이냐?

'세 사람이 함께 걸어가면 그 중에 반드시 나의 스승이 있다.'[33] 이 역시 《논어》에 나오는 말이다.

루소도 비슷한 말을 하였지. '스스로 배울 생각이 있는 한 천지만물 중 스승 아닌 것이 하나도 없다. 사람에게 세 가지 스승이 있다. 하나는 대자연이요, 둘째는 사람이요, 셋째는 모든 사물이다.'

얘들아, 학문에서 또 하나 명심해 둘 일이 있다. 학문이 학문으로서 그 가치를 발휘하려면 학문이 열매를 맺도록 하는 일이다.

---

30) 정이천(程伊川)은 북송(北宋) 사람으로, 형제간인 정명도(程明道)와 함께 《대학정본(大學定本)》을 썼다.

31) 人有三不幸 少年登科一不幸 席父兄之勢 爲美官二不幸 有高才能文章三不幸也-(인유삼불행 소년등과일불행 석부형지세 위미관이불행 유고재능문장삼불행야).

32) 知之爲知之 不知爲不知 是知也-(지지위지지 부지위부지 시지야). 《논어》, 爲政(위정) 17.

33) 三人行 必有我師焉-(삼인행 필유아사언). 《논어》, 述而(술이) 21.

어떻게 학문이 열매를 맺는가? 그것은 실천이다. 행동으로 옮겨지지 않는 말만의 학문은 역시 당나귀 등 위의 짐짝이나 마찬가지다.

토머스 헉슬리[34] 같은 사람은 이런 말을 하였다.

'새로운 진리의 목적은 지식이 아니라 행동에 있다. 인생의 위대한 목적 또한 지식이 아니라 행동에 있다.'

그래서 베이컨[35] 같은 위대한 학자도 이렇게 맞장구를 친다.

'배운 것을 실제로 사용하는 사람이 가장 현명한 사람이다. 학문은 그 사용법까지 가르쳐 주지 않는다. 학문을 이용한다는 것은 학문보다 한 단계 높은 지혜이다.'

예수나 공자의 행적을 보아도 그분들은 말씀을 별로 하지 않으셨다. 말씀보다는 주로 행동으로 가르침을 보여 주셨을 뿐. 다만 제자나 후세 사람들이 그 가르침을 말씀으로 정리한 것이다.

풍신(風神)이라는 말이 있다. 좀 어려운 말이지. 원래 풍채(風采)란 뜻인데 몸으로 행한다는 뜻도 있다. 무릇 공자나 예수 같은 성인은 풍신으로 가르침을 보이셨다.

말씀으로 하면 쉬울 일을, 왜 풍신으로 하셨겠느냐.

제(齊)나라 안씨(顔氏)라는 분도 그 가훈에서 '사람이 글을 읽고 학문하는 것은 본래 폐색(閉塞)된 본심을 열고 사물을 관찰하는 안식(眼識)을 길러서 실행에 옮기기 위한 것이다'라고 하였다.

---

34) 헉슬리(Thomas H. Huxley, 1825~1895)는 영국의 동물학자로 C. 다윈의 진화론을 보급하였다. 인간의 원류 기원설을 확립하였고 종교와의 관계에서 불가지론(不可知論)을 창도하였다.

35) 베이컨(Francis Bacon, 1561~1626)은 영국의 정치가이자 철학자로 근대 경험론의 선구자. 《노붐 오르가눔》《뉴 아틀란티스》 등의 저서가 있다.

만고의 고전인 《중용(中庸)》도[36] '널리 배우고, 자세히 묻고, 신중히 생각하고, 분명히 분별하고, 독실(篤實)히 행할 지니라'라고[37] 실천을 강조한다. 실천이 없는 학문은 마치 열매를 맺지 못하는 나무와 같은 것이다.

'학문만 있고 아무것도 행하지 않는 학자는 비를 내리지 않는 구름과 같다.' 동양의 명언이다.

3. 스승을 모신다

예부터 동양에서는 군사부일체(君師父一體)라고 해서 스승을 부모와 같은 격으로 모셔온 것이 전통이다. 심지어 제자는 스승의 그림자조차 밟지 못하는 것이 우리 동양의 미덕이었다.

어쩌다가 근래에는 스승이 제자한테 얻어맞기도 하고, 얼마 전에는 제자가 스승의 머리를 삭발까지 하는 가슴 아픈 일도 있었다.

내가 이 글을 써야겠다고 마음먹은 것도, 요즘 일어나고 있는 이런 끔찍한 일들을 보고 '이래서는 안 되겠구나. 나부터 우리 아이들을 가르쳐야겠다'는 생각에서였다.

자치통감(資治通鑑)이라는 오랜 역사서에[38] '경학(經學)의 스승

---

36) 《중용(中庸)》은 〈사서〉의 하나로 공자의 손자인 자사(子思)가 지었다. 천인합일(天人合一)을 설하고 과불급(過不及)이 없고 불편부당한 중용의 덕과 도를 강조한 유교의 종합적인 해명서이다.

37) 博學之 審問之 愼思之 明辨之 篤行之-(박학지 심문지 신사지 명변지 독행지).

38) 《자치통감》은 중국 북송의 사마광(司馬光)이 저술한 편년체(編年體)의 역사책이다.

은 만나기 쉬우나, 사람의 스승은 만나기 힘들다'는 말이 있듯이, 널리 존경받는 선생님을 만난다는 것은 예나 지금이나 쉽지는 않다. 선생님이 모두 훌륭하면 좋겠지만, 꼭 그렇지 않을 때도 있다.

문제는 '훌륭하면 내 선생님'이요 '훌륭하지 않으면 아니다'가 아니라, '선생님이니까 나는 존경한다'라는 태도가 바람직하다. 그것은 마치 내가 너희 할아버지라는 이유 하나만으로 너희들의 사랑을 받는 것과 같은 이치이다.

사람들이 좋은 세상을 만들어 가자면 '좋으니까 따르고 훌륭하니까 존경한다'가 아니라, 경우에 따라서는 '있으니까 좋아하고 따라야 하니까 존경한다'는 태도도 가질 줄 알아야 한다는 것이다. 그것이 소위 권위를 인정하고 질서를 존중하는 마음이다.

《탈무드》에서는 '아버지와 선생님이 한 배를 타고 가다 물에 빠지면 아들은 선생님부터 구해야 한다'는 가르침이 있다.

우리 동양에서는 그와 반대지만 이토록 유대인들은 선생님을 귀하게 생각하였다. 그 사람들이라고 아버지가 귀하지 않을 리가 있겠느냐? 그러나 그게 그 사람들의 가르침이며, 그 사회를 지탱하기 위한 권위라는 것이요, 질서라는 것이다.

좋은 선생님이 드문 세상이라고는 하지만, 잘 살펴보면 훌륭한 선생님이 적지 않다. 선생님이 중요한 것은 재학시절뿐만이 아니라 학교를 졸업한 이후도 마찬가지다.

학교를 나오면 학교에서처럼 조직적인 학문을 못할 게 아니냐. 이런 때 옛 스승이 필요한 것이다.

사회생활을 할 때도 평소 존경하던 선생님을 가끔 찾아뵙고 학문이나 사회생활에 대해서 지도를 받으면 좋다. 많을 필요는 없을 것이다. 오히려 두세 분 정도가 바람직하다. 선생님한테 배우기보다는 스승과 상의하는 형식이 되기 때문이다.

상의를 했을 때 선생님이 똑 떨어지게 답을 안 해주어도 상관없다. 중요한 것은 선생님을 모신다는 일과 선생님과 상의를 한다는 그 자체이다.

선생님의 조언이 때로는 시원찮을 때가 있을 것이다. 당연한 일이다. 너는 사회생활에서 직접 일을 다루는 사람이다. 정보도 많고 지식도 네가 앞선다. 중요한 것은 아까도 말했듯이 상의를 드리는 그 자체이다.

대개 어려운 일이란 남의 도움으로 해결하는 수도 있으나 결국은 자기가 깨우쳐서 처리하는 경우가 더 많다. 그런데 그 깨달음이 저절로 되는 게 아니라 남과 상의하면서 깨닫는 경우가 많다. 하물며 상대가 존경하는 선생님일 경우에야 더 말할 나위가 없지 않겠느냐.

꼭 상의할 일만으로 스승을 찾아서는 안 되겠지. 찾아뵙는 일 그 자체가 앞서도 말한 권위와 질서를 존중하는 일이요, 사람다운 도리이기 때문이다.

해보면 다 알게 될 일이지만 '스승은 역시 다르시구나' 하고 깨닫게 될 것이다.

4. 하루의 아침은 한 번뿐이다

인도(印度)의 격언 중에 '그날 밤의 꿈이 편안할 수 있도록 하루를 보내라. 그리고 노년이 편안할 수 있도록 젊은 시절을 보내라'

는 게 있다.

모든 것이 그렇지만 특히 학문은 때를 놓치면 두고두고 고생을 하는 법이다. 더구나 요즘은 학제와 과정이 분명해서, 그때그때 과정을 소화하지 못하면 크게 낭패를 볼 것이다.

가령 초등학교 때 수학을 이해 못 하고 중학교에 진학하면 당장에 진도가 막혀 버리고, 그 여파는 수학에서 끝나는 게 아니라 공부가 무서워지고, 서열이 떨어지고 또 공부에 흥미까지 잃게 되어, 학문을 망치게 된다. 그러니까 어떤 경우에도 그때그때 소화하고 넘어가도록 유념하여라. 대개 이과(理科) 계통은 기초와 모두 연결되어 있기 때문에 특히 주의해야 한다.

수학, 영어, 마찬가지다. 그 중에서도 수학은 어떤 일이 있어도 단계별로 소화해야 한다. 학생 9할이 싫어하는 과목이지만 기초부터 이해를 하고 넘어가면 수학처럼 쉽고 재미있는 과목도 없다. 수학 하나만 통달하면 입시 준비 때 이득이 이만저만 큰 게 아니다. 남들이 수학에 매달려 있을 때 너는 다른 과목을 공략하는 여유를 갖는다.

흔히 수학은 사회에 나와서 별 쓸모가 없다고들 하는데 모르는 소리. 수학을 통해 우리는 모르는 사이에 논리적인 사고와 정확성을 몸에 익히게 된다. 뿐만 아니라 문제가 있을 때 수학은 깊은 심미적 감각과 심오한 영감을 주는 신비한 학문이다.

사회생활에서는 뭐니뭐니 해도 외국어가 제일이다. 외국어는 학교 때 두 가지는 공부해 두어야 한다. 사정이 여의치 않으면 영어 하나는 잘해야 한다. 사회에 나와 보면 알겠지만 외국어는 마치 현금만큼이나 큰 힘을 발휘한다는 걸 알리라.

'예습이 중요하냐, 복습이 중요하냐'에 대해서는 여러 의견이 있는데 내 생각에는 과목에 따라 다르다고 생각한다. 대개 이과는 예습해 가는 것이 좋고, 문과 계통은 복습하는 것이 낫다. 외우는 게 아닌 이치를 깨달아야 하는 수학은 꼭 예습하고 가도록 하여라. '꼭'은 지키라는 뜻이다.

　세상 모든 일이 다 그런 것이지만 공부도 결국은 많이 하는 놈이 이기게 돼있다. 아는 수학문제도 많이 풀수록 좋고, 영어 문장도 많이 외우는 사람에게 당할 수가 없다. 학습효과라는 것 때문이다.
　즉, 무슨 일이건 정말 잘 하길 원하면, 다 아는 일도 하고 또 하고, 소위 반복을 해야만 달인(達人)이 된다. 그게 학습효과라는 것이다.

　학습에서 소소한 일이긴 하지만 몇 가지 주의할 일들을 일러두겠다. 공부할 때는 지우개를 쓰지 말라는 것이다. 지울 일이 있으면 그대로 연필로 줄을 쳐서 지워 버려라. 줄을 칠 때는 틀린 곳이 보이게 한 줄만 쳐야 한다. 왜 틀렸는지, 무엇이 틀렸는지 후에라도 알아볼 수 있게 함이다.
　흔히 머리 좋은 학생들이 공책 없이도 공부를 잘 하는 경우가 있는데 너희는 공책을 꼭 쓰도록 하여라.
　왜냐고? 긴 설명이 필요한데 간단히 얘길 해서 지금의 입시나 사회제도 탓이다. 서류를 요령 있게, 그리고 깨끗하게 작성할 수 있는 능력을 공책 정리를 통해 훈련하기 위해서다.
　공책의 글씨는 아무리 바쁘더라도 또박또박 쓰는 습관을 들여야 한다. 이것이 훈련이다. 특히 계산문제는 절대로 갈겨써서는 안 된다. 명심해 두어라.

서양 격언에 '어리석은 자에게 노년(老年)은 겨울이고, 현자(賢者)에게는 황금기이다'라는 게 있다. 예외는 있겠지만 학교생활이 현자와 우자(愚者)의 갈림길이다.

'한창 때의 젊은 시절은 다시 오지 않으며 하루의 아침은 두 번 오지 않는다. 그때그때 열심히 닦아라. 세월은 사람을 기다리지 않는다.' 유명한 도연명(陶淵明)의[39] 시 구절이다.

《삼국지(三國志)》의[40] 제갈량(諸葛亮)이[41] 아들을 훈계한 글에 이런 것이 있다.

'태만하면 학문의 정미(精微)한 것을 깊이 연구할 수 없고, 조급하고 경망하면 자신의 성품을 관리할 수 없다. 자신도 모르는 사이에 나이는 많아지고 때는 가 버리며, 의지는 위축되고 세월은 흘러 가을 고목처럼 고락(枯落)하고, 빈궁(貧窮)한 집안에서 슬피 탄식한들 다시 어떻게 할 수 있겠느냐.'

어떻게 보면 사람의 한평생은 정말 잠깐인지 모른다. 또 중요한 고비도 한두 번밖에 없을 것이다. 잠깐인 인생에 고비는 정말

---

39) 盛年不重來 一日再難晨 及時當勉勵 歲月不待人-(성년부중래 일일재난신 급시당면려 세월부대인). 도연명(陶淵明, 365~427)은 중국 진나라 시인으로 자연미를 노래한 시가 많다.

40) 중국 삼국시대의 역사를 기록한 책으로 진나라의 진수(陳壽)가 수집, 기록했다. 우리가 흔히 알고 있는 나관중의 《삼국지연의》와는 다른 정사(正史)이다.

41) 제갈량(諸葛亮, 181~234)은 중국 삼국시대 촉한의 정치가 겸 전략가. 자는 공명(孔明)이다.

아차 하는 순간이 아니겠느냐.

중요한 고비의 하나가 학업을 닦는 학생 시절이다. 사회에 나와 해야 할 열 번의 노력을 학생 때는 한 번으로 덮을 수 있다. 때를 헛되이 보내지 말라, 특히 학창시절은 학업에 정진하라.

너의 삶이 겨울이 안 되게 하려면 , 노년이 가을 초목처럼 고락(枯落)하지 않으려면, 하루의 새벽을 잘 맞이하고 아침을 잘 보내야 한다.

아침은 하루에 두 번 오지 않는다.

5. 단 한 권의 책만 읽은 사람을 경계한다

사람이 책을 읽어야 한다는 것은 더 말할 필요가 없겠지. 문제는 읽어야 할 책이 너무 많다는 것이다. 그럼 어떤 책을 읽어야 할까?

베버란 사람은[42] '두 번 읽을 가치가 없는 책은 한 번 읽을 가치도 없다'고 하였다. 그렇다면 과연 두 번 읽을 가치가 있는 책이란 어떤 것일까?

'나는 1년이 지나지 않은 책은 읽지 않는다.' 에머슨이[43] 한 말이다. 즉, 오래된 책을 읽어야 한다는 말이다. 그러니까 고전을 읽으면 틀림이 없다.

오래된 책일수록 좋은 것이다. 가령 1,000년을 읽혀 온 책이라

42) 베버(Marx weber, 1864~1920)는 독일의 사회학자이자 경제학자로 경제행위나 종교현상의 사회학적 이론분야를 개척했다. 저서에《경제와 사회》《종교사회학논집》《프로테스탄트 자본주의 정신》 등이 있다.

43) 에머슨(Ralph, Waldo Emerson, 1803~1882)은 미국의 사상가이자 시인으로, 초절주의(超絶主義) 운동에 참가하여 청교도주의 및 독일 이상주의의 정신을 고취했다.

면, 얼마나 훌륭했으면 1,000년이나 읽혔겠느냐.

그런데 문제는 오래된 책도 많고 좋은 책들도 너무 많다는 것이다. 그래서 할아버지는 흔히들 얘기하는 읽어야 할 책들을 골라서 이 책 말미 부록에 넣어 두었다. 몇몇 전문기관의 통계를 정리한 것이니 참고하기 바란다. 우리나라 작가의 책은 신간 소개나 선생님의 추천으로 골라 읽으면 되겠다.

그런데 내 은사께서는 책을 목록으로 작성하여 추천하는 것은 옳지 않다고 하셨다. 그 깊은 뜻을 헤아릴 길 없으나, 이것 아니면 안 된다는 꽉 막힌 고집을 경계하신 게 아닌가 싶다. 내가 제시한 목록은 어디까지나 참고일 뿐, 얽매이는 일은 없도록 하여라.

미국에서 크게 성공한 어느 한 사업가가 '나는 독서 덕분에 일생을 열 번은 산 것 같다'고 아들에게 자랑하는 것을 보았다.

'책을 한 권밖에 읽지 않은 사람을 경계하라'고 디즈레일리는[44] 말했지만, 경계까진 할 것 없고, 교우만 안 하면 될 것이다.

6. 입학시험에 성공하려면

효성아, 혜연아, 입시시험은 사실 학문하고는 별 관계가 없는 것인데, 학생 선발을 위해 어쩔 수 없이 쓰는 제도이다. 그런데 꽃 같은 우리 젊은이들이 시험 때문에 너무들 고생하는 게 가슴 아프구나.

---

44) 디즈레일리(Benjamin Disraeli. 1804~1881)는 영국의 정치가로 두 차례 총리를 역임하면서 영국 보수당을 이끌었다. 제국주의적 대영주의(大英主義)를 주장하여 인도를 직할하기도 했다. 《코닝즈비》 등의 정치소설을 써 소설가로도 알려져 있다.

입시제도에도 문제가 있는 것은 사실이지만, 사실 완전한 제도란 세상에 없다. 그러니까 제도만 원망할 게 아니라 어떻게 대처할 것인가를 두고 고민해야 한다.

어차피 피할 수 없는 시험이다. 힘겨운 고지(高地)지만 장래를 위해 흔쾌히 도전해야 한다.

두려울 것이다. 인생의 첫 대결이니까. 걱정스러울 것이다. 치열한 경쟁이니까.

그러나 피할 수 없는 싸움이다. 피해서도 안 되는 도전이다. 이럴 때는 정면으로 부딪쳐라. 소위 정면돌파다. 마음을 단련한 너희는 능히 난관을 돌파할 수 있다. 문제는 열심히 해서 남보다 실력이 앞서면 될 게 아니냐.

그럼 어떻게 해야 남을 앞설 수 있을까?

문제는 공부하는 방법이다. 시간은 누구에게나 공평하다. 모든 학생이 열심히 한다. 그러니까 웬만큼 해서는 이길 수 없다. 무언가 남과는 달라야 한다.

어떻게? 무엇이?

첫째, 집중이다. 몸과 마음을 한 곳에 모아야 한다는 말이다. 집중력을 키워야 한다는 말이다..

그러면 어떻게 공부에 몸과 마음을 집중할 수 있을까?

무슨 일이든 집중하려면 그 일이 즐거워야 한다. 그런데 공부는 즐겁기만 한 게 아니다.

그럼 어떻게 하지? 쉬운 일은 아니지.

그러나 비법이 하나 있지. 암, 있고말고. 공부가 좋아지도록 하는 방법이 있고말고.

효성아 혜연아! 지금부터 내 말을 정신차려 들으렷다.

공부를 시작하기 전에 책상 앞에 앉아 조용한 마음으로 눈을 감고 세 번 크게 숨을 쉰다. 이때 호흡은 복식호흡이다(복식호흡에 대해서는 다음 장에서 설명하겠다). 그리고 천천히 오른팔을 들어 어깨 높이로 올린다. 그런 다음, ① 주먹을 쥐면서 엄지손가락을 세워 '1등' 신호를 한다. ② 천천히 눈을 뜨고 세운 엄지손가락을 응시한다. 그러면서 엄지손가락을 자기의 모습, 즐거운 마음으로 공부하는 자기를 마음속에 그린다. ③ 그리고 다음과 같이 큰 소리로 세 번 외친다. '나는 공부가 즐겁다. 나는 어떤 시험에도 합격한다.' ④ 눈을 조용히 감으면서 머릿속에는 자기의 공부하는 모습을 다시 그린다. 이때 들고 있는 오른팔이 무겁다고 느낄 것이다. 그러면 천천히, 아주 천천히 팔을 내린다. 내린다는 생각을 하지 말고, 팔이 내려가는 것을 그대로 내버려둔다는 기분으로 천천히 내린다. ⑤ 팔이 무릎까지 내려왔을 때, 머릿속에는 아무 생각도 없을 것이다. 조용한 마음으로 공부를 시작한다.

만일 마음이 편안하지 않거나 잡념이 떠오르면 다시 심호흡을 두세 번 한 다음 눈을 다시 감은 채로 거울같이 맑고 조용한 호수를 머릿속에 떠올린다. 유리알 같은 호수, 때때로 미풍에 잔잔한 파도가 이는 아름다운 호수를. 그러면 틀림없이 마음이 편안해질 것이다. 그대로 있다가 '하나, 둘, 셋!' 하고 소리를 내면서 눈을 뜬다. 그리고 그날의 공부를 시작하는 것이다.

이러한 동작은 모두 5분이면 족하다. 바쁜 시간에 단 5분도 아까울 것이다. 그러나 이 5분은 절대로 아끼지 말라.

한두 달 이런 정신집중을 정성들여 하면 눈을 감고 심호흡만 해도 정신이 집중된다. 집중 동작은 하루도 빠뜨리지 말라. 반드시 효과가 있다.

두 번째, 집중을 하려면 변화가 있어야 한다. 아무리 시험이 중요하고 시간이 아까워도 1년 열두 달 공부만 해서는 안 된다는 말이다. 산책도 하고 테니스도 하고, 그리고 음악도 들어야 한다. 모두들 죽기 살기로 공부하는 판에 무슨 배부른 소린가 싶겠지만 할아버지를 믿고 따라주기 바란다.

왜 공부하는 데 그런 변화가 필요한 것일까?

좀 오래 전 애기지만, 미국 맥킬 대학의 해프라는 교수가 재미있는 실험을 한 적이 있다. 몇 사람을 작은 방 속에 눕혀 놓은 채, 아무것도 보여주지 않고, 또 어떤 소리도 들려주지 않고, 그리고 어떤 물건도 손으로 만지지 못하게 하면서 5일 동안을 관찰해 본 것이다. 반 이상이 이틀을 넘기지 못하였지만 5일을 견디는 사람도 몇이 있었다.

실험이 끝난 후 사람들의 지능 테스트를 해보니까 모두가 지능이 퇴행(退行)하였다. 그뿐만 아니라 직선이 휘어 보이고, 멀고 가까운 거리도 분별 못 하고, 주위가 빙글빙글 도는 것 같은 환각을 일으키더라는 것이다. 이는 사람의 의식이나 집중력이라는 것은 주위의 끊임없는 자극과 변화가 있기 때문에 가능하다는 뜻이다.

그러면 어떻게 '변화'를 줄 수 있을까? 그게 바로 테니스를 치고, 음악도 듣는 일이다.

공부하는 것만으로도 시간에 쫓기는 판에 무슨 놈의 테니스냐 하는 생각도 들 것이다. 언뜻 생각하기에는 그럴 수도 있다. 그러나 인간의 정신력이나 생각은 앞의 실험에서도 보았듯이 자극이 없으면 성과가 오르지 않게 되어 있다. 심리학자들에 의하면 사람의 주의력도 사람에 따라 다르긴 하지만 길어야 3분 정도밖에 지속하지 못 한다고 하였다.

시험공부는 짧게는 1년, 길게는 3년씩 하는 장기전이다. 1년 내내 책만 상대로 똑같은 공부만 할 때 그 사람의 신경과 의지가 얼마나 견딜 것 같으냐. 설사 견딘다고 하더라도 그 성과와 효율이 얼마나 되겠느냐 하는 것이다.

'집중(集中)' 안 하면 1년 내내 책상 앞에 앉아 있어도 아무 소용이 없다. 흔히 머리가 좋다, 기억력이 좋다는 말들을 하는데, 실은 그 사람의 머리가 좋다기보다 '집중'하는 능력이 뛰어난 것이다. 그러니까 공부의 성패는 어떻게 하면 '집중'할 수 있는가에 달려 있다. 그러자면 앞서 실험에서도 보았듯이 변화가 있어야 한다는 것이요, 그 변화의 한 방법으로 산책이 필요하고 테니스가 필요하다는 말이다.

그럼 하루에 테니스를 몇 시간씩 쳐야 하는가? 그건 아니다. 시험을 위해 하는 운동이요, 공부 잘하기 위해 듣는 음악이다. 어디까지나 공부에 집중하기 위한 변화의 수단일 뿐. 그러니까 그곳엔 정말 현명한 요령과 절도가 있어야 한다. 이 점이 중요하다. 그럼 어떤 절도가 필요할까?

자, 혜준이와 효정이는 잘 들으렷다.

우선, 공부를 시작한 후엔 매 30분마다 책상을 떠나서 약 30초 동안 크게 기지개를 켜고 팔과 고개도 흔들어 본다. 두 시간이 넘어가면 일어서서 한 5분 동안 방 안을 왔다 갔다 하며 움직인다. 이때는 것는 것이 중요하다. 그러니까 기지개만이 아니라 몸을 움직이는 것이다. 가벼운 목운동도 하고.

음악을 튼다. 물론 좋아하는 음악을 틀어야지. 음악을 들으며 방 안을 왔다 갔다 하는 것이다. 창밖으로 푸른 하늘을 바라보는 것도 좋다. 이때 심호흡을 곁들이는 것은 물론이고. 그러면 무거웠던 머리가 개운해지고, 몸도 가벼워질 것이다.

주말에는 1시간 정도를 운동에 할애해야 한다. 이때 테니스를 하는 것이다. 사정이 여의치 않으면 산책도 좋다. 테니스와 산책을 권장하는 것은 두뇌활동과 깊은 연관이 있기 때문이다.

운동이나 산책을 할 상대는 응당 아빠가 되어야 한다.

집안 남자들은 명심할지어다. 주말 골프보다 아이들과 함께하는 운동이 우선한다는 것을!

아버지와 같이 운동을 해야 하는 이유가 다 있는 것이지만 여기서는 간단하게 실화 하나만 들겠다.

몇 년 전 내가 아끼던 간부의 아들이 서울대학에 수석으로 합격하였다. 그는 주말이면 아들과 함께 꼭 한 시간씩 테니스를 쳤고, 일요일이면 교회를 함께 다녔다.

일주일에 족히 3시간을 테니스와 교회 가는 일에 빼앗겼을 것이다. 그러나 그의 아들은 수석으로, 그것도 서울대학에 합격했다. 거듭 말하지만 공부의 능률은 책상머리에 오래 앉아 있다고 되는 게 아니라 얼마나 '집중'할 수 있는가에 달렸다.

또 하나 변화를 주는 방법이 있다. 한 주일에 한 번 정도 뜻이 맞는 친구와 함께 공부를 하는 것이다. 그냥 자기 공부만 하는 게 아니라 중요한 과목이나 까다로운 과목을 함께 검토하고 복습을 한다.

이렇게 하면 늘 혼자 하던 공부에 변화가 생겨 새로운 분위기를 맛볼 수 있고, 능률도 오르는 것을 느낄 것이다. 뿐만 아니라 내가 몰랐던 남이 하는 장점도 알게 된다. 보너스지.

여담으로 집중력이 얼마나 무서운가를 증명한 옛 일화 하나를 소개하지.

석석위호(射石爲虎)라는[45] 고사가 있다. 사마천의 《사기(史記)》에 보면 한(漢)나라 때 이광(李廣)이라는 장수가 풀숲에 호랑이가 있는 것을 보고 활을 쏘았다. 호랑이가 그대로 꼼짝 않고 있는지라 죽은 줄 알고 가까이 가서 보니 그것은 호랑이가 아니라 큰 바위였다.

그런데 화살은 바위에 깊이 꽂혀 있는 게 아닌가. 이광은 시험 삼아 다시 한 번 바위를 향해 활을 쏘았다. 그런데 이번에는 화살이 튕겨 나가는 것이었다.

처음 화살을 쏠 때는 정말 호랑이인 줄 알고 몸과 마음을 다하여 활을 쏘았기 때문에 화살이 단단한 바위까지 뚫은 것이다.

이것이 '석석위호(射石爲虎)' 또는 '이광석석(李廣射石)' 이라는 유명한 일화로 후세에까지 남게 되었다. 이렇듯 정신을 집중하면 화살로 바위까지도 뚫을 수 있는 것이다.

마지막으로 한마디 더.

집중 못지않게 주요한 게 하나 있다. 겸손이다. 겸손은 인격의 중요한 미덕이기도 하지만, 공부할 때도 겸손한 마음을 잊어서는 안 된다.

나는 세상일이란 늘 활시위를 떠난 화살과 같은 것이라고 생각한다. 활시위를 당겨 과녁을 조준하고 시위를 놓을 때까지는 자기

---

45) '射石爲虎 李廣射石'의 '射'는 '석'으로 읽는다.

의 뜻대로 되는 것이지만, 일단 화살이 시위를 떠난 다음 과녁에 맞고 안 맞고는 자기 능력 밖의 일이다.

아무리 백발백중의 달인도 화살이 나는 동안 돌풍이 불거나, 혹은 과녁이라도 넘어지면 적중이 되겠느냐.

사람은 매사에 늘 겸허해야 하고, 특히 어려운 일, 중요한 일을 앞에 두고는 더 겸손해야 한다. 아무리 실력에 자신이 있더라도 시험장에 들어서면 활과 화살의 교훈을 생각하며 겸허한 마음을 잊지 말라.

시험 당일 중간중간 휴식시간에는 남들과 답을 맞추어보지 말고, 조용한 곳으로가 먼 하늘을 바라보며 정신을 안정시킨다. 궁금하고 답답하겠지. 그러나 참아야 한다. 시험지는 이미 제출되었다. 점수도 결정이 난 거다. 친구들과 떠들고 따져봐야 정신만 어지러워진다. 다음 시험이 기다리고 있지 않느냐.

고요한 마음으로 오늘까지 건강을 지켜주신 하나님께 감사하고, 부모님의 사랑과 정성에 감사하며 마음을 가라앉힌다.

지성이면 감천(至誠感天)이란 말이 있다. 지극한 정성에는 하늘이 돕는다는 말이다. 전투가 완전히 끝나기 전까지는 최선의 최선을 다하는 것이다

제4장 몸을 단련한다

1. 건강이 제일이다
2. 화가 날 때는
3. 심신을 단련한다
4. 좋은 습관을 기른다

1. 건강이 제일이다

사람은 우선 건강해야 한다. 건강이 첫째요, 학문이 둘째다. 건강은 백사(百事)를 이루는 근본이요. 만복을 이루는 근원이다.

건강해야 남을 이롭게 할 수 있지, 그렇지 않으면 오히려 남에게 폐만 끼친다.

건강하려면? 그것은 정신이요. 마음이다. 정신이 건강하면 만병을 이긴다. 그러니까 늘 마음과 정신이 건강해야 한다.

그러면 어떻게 해야 마음과 정신이 건강할까?

'오직 마음을 새롭게 하라.' 〈로마서〉 12장 2절이다. 이 성경 구절을 미국의 저명한 의사가 많은 환자에게 약 대신 써준 처방이다.

"나를 찾아오는 환자 중 7할은 그들의 사고방식 말고는 아무 데도 아픈 곳이 없는 사람들이었습니다."

그 의사의 말이다. 그래서 약 처방 종이에 '오직 마음을 새롭게 하라'라고만 적어 주었다는 것이다. 그런데 놀라운 것은 이 처방으로 대부분의 환자들이 병을 고쳤다고 고마워한다는 것이다.

혜준아, 효정아, 사실은 그건 놀라운 일도 아니고 더구나 의사가 허풍을 떤 것도 아니다. 그것은 사실이고 실제로 가장 효과적인 처방이기도 하다.

왜 그럴까? 설명을 다 하자면 한이 없으니까 간단하게 해보자.

우리의 신체는 정신이 지배하고 있다는 것을 너희도 잘 알리라. 그런데 이 정신세계를 크게 나누면 의식의 세계와 무의식의 세계(잠재의식)로 나눌 수 있다. 사람들은 우리가 의식의 세계에만 지배되고 있다고 믿고 있는데, 실은 잠재의식(潛在意識)에 더 큰 영향을 받고 있다.

그러니까 어디가 좀 아프더라도 의식적으로 아프지 않다고 마음을 먹으면 잠재의식이 작용해서 웬만한 병은 거짓말같이 낫는다.

믿기지 않지? 그러나 할아버지 말대로 진심으로 믿고 행하면 정말 믿기 어려울 정도로 효과가 있다는 것을 꼭 체험할 것이다.

그러니까 쉽게 말해서 우리의 건강은 잠재의식을 활용해서 유지할 수 있고 또 가벼운 병도 고칠 수가 있다는 것이다. 이것은 내 얘기가 아니라 현대 심리학자들의 주장이고, 또 아까 미국 의사의 실화와 같이 증명되고 있는 일이다.

서양 격언에 '사람이 죽으면 그 육신은 벌레에게 먹히고, 살아 있다 하더라도 근심, 걱정에 상할 때가 많다'고 하였다.

우리 신체의 고장이나 병의 시작은 거의가 근심이나 심한 긴장에서 오는 것이다. 그것은 질투, 공포, 근심 또는 불안한 생각이 우리의 신경계통과 내분비선을 망가뜨리기 때문이다.

우리가 제일 무서워하는 암도 원인이 주로 스트레스 때문이란 것만 보아도, '오직 마음을 새롭게 하라'는 처방이 얼마나 현명한 조치인가를 알 것이다.

얘들아, 늘 하는 얘기지만 너희가 언제 이유를 따져서 내 말을 따랐더냐. 여기 우리의 건강법도 내 말을 믿고 오직 행할 뿐이다.

첫째, 늘 즐거운 마음을 갖는다. 나는 건강도 습관이나 운명과 같은 것이라고 생각한다.

흔히 성격이 운명이라고 하듯, 습관이나 운명도 깊이 관찰해 보면 성격의 소산이다. 그러니까 좋은 습관을 갖는 것이 건강을 초래하는 첫걸음이 아니겠느냐. 매사에 감사하고 즐겁게 생각하는 습관, 매사에 밝은 쪽을 보려는 긍정적인 생각과 용기 있는 마음이 중요한 것이다.

《탈무드》에 이런 얘기가 있다.

'한쪽 발을 잃으면 두 발을 다 잃지 않은 것을 감사하고, 두 발을 다 잃으면 목이 성한 것을 감사하라.'

얼마나 적극적인 정신이냐. 역경 앞에 이 정도의 용기, 이토록 밝은 낙관이 있으면 절망할 일이 세상에 어디 있겠느냐.

둘째, 남을 사랑해야 한다. 사람은 사랑할 때 소위 '엔돌핀'이라는 것이 가장 많이 분비된다고 하였다.

《심청전》의 심 봉사가 눈을 번쩍 떴다는 얘기는 결코 황당무계 (荒唐無稽)한 얘기가 아니다. 꼭 죽은 줄만 알았던 심청이를 다시 만났으니 그래, 얼마나 많은 '엔돌핀'이 솟구쳤겠느냐? 아무리 소경이라도 눈을 뜰만 하지.

셋째, 늘 기도한다. 마음을 다하여 기도해야 한다. 밝은 아침 해를 감사하고, 즐거웠던 오늘을 감사하고, 건강한 자기를 감사한다.

나는 나이가 들수록 기도는 참으로 영험(靈驗)하다는 것을 느낀다. 기도야말로 이 우주에서 가장 위대한 존재와 마주앉는 엄숙한 순간이다.

생각해 보면 참으로 두려운 일이다. 그 두려운 마음으로 정성을 다하여 감사하며 기구해 보아라. 기도만으로도 건강은 누릴 수 있다.

넷째, 눈을 감고 묵상한다. 하루에도 몇 번이고 사정이 허락하면 조용히 눈을 감고, 온몸의 긴장을 풀고, 단전호흡(丹田呼吸)으로 숨을 고르면서 묵상을 한다.

전에 다녀온 여행지, 동해나 설악산의 아름다운 경치를 연상해도 좋고, 건강하게 활짝 웃는 자기를 연상해도 좋고, 이것저것 싫으면 모든 생각을 떨쳐 버리고 머리와 마음을 비우는 것이다. 사실 비운다는 건 쉬운 일이 아니다. 그러니까 좋은 일을 연상하는 것이 효과적이다.

의자에 앉아 해도 좋고, 누워서도 좋고, 서서 해도 좋다. 형편대로 하는 것이다. 시간은 5분 이내로도 충분하고 횟수는 많을수록 좋다.

단전호흡이란 일명 복식호흡(腹式呼吸), 쉽게 말하면 배로 숨을 쉬는 것이다. 원래 사람은 가슴 아닌 배로 숨을 쉬는 게 정상이었는데, 생활환경이 복잡해짐에 따라 점점 호흡법이 가슴으로 올라갔다는 것이다. 갓난어린애들이 호흡을 배로 하는 것을 보면 알 것이다.

인류학자의 말로는 원래 사람이 직립동물이 되기 전, 엎드려 네 발로 생활할 때는 모두 복식호흡을 했다고 한다. 그래서 복식호흡이 잘 안 되는 사람은 엎드려 호흡을 하면 그게 바로 복식호흡이 된다는 것이다. 일리 있는 얘기다.

사관학교 생도 시절 럭비를 할 때도 숨이 차서 못 견딜 만하면 코치들은 팔을 무릎에 짚고 엎드리게 하였는데, 확실히 호흡이 빨리 회복되더구나. 코치들은 본래 그 근본원리는 모르고, 그렇게 하니까 쉽게 회복된다는 것을 경험으로 알았을 것이다.

복식호흡이 왜 좋은가? 가쁜 숨을 빨리 되찾을 수 있는 데서도 알 수 있듯이 피로회복이 빨리 되기 때문이다. 왜 그런가? 생리적으로 복식호흡을 하면 횡경막이 오르내리면서 폐활량(肺活量)을 더 크게 하여 산소공급량을 늘리기 때문이다. 요즘 과학적인 실험에 따르면 보통 호흡의 약 두 배에 해당하는 산소를 공급할 수 있다고 하였다.

다섯째, 음식을 합리적으로 섭취하는 것이다. 합리적이라 함은 요즘 많이 얘기가 되고 있는 균형 있는 영양섭취, 채식 위주의 식사, 자연식 등 여러 학설과 주장이 있는데 다 좋은 얘기이다.

그런데 내 생각에는 합리적인 음식 섭취에서 가장 중요한 것은 양의 조절이 아닌가 싶다. 이렇게 말하는 할아버지도 실은 평균 체중을 훨씬 초과하고 있어 음식에 대해서는 나부터 조심을 해야겠지만, 음식은 역시 조금 부족한 듯싶게 먹는 게 중요하다. 우리 식구들같이 식욕이 왕성한 사람들은 참기 힘든 절제(節制)이지만, 특히 40대 이후에는 음식량 조절에 유념해야 한다.

2. 화가 날 때는

세상에는 기분 좋은 일만 있는 게 아니지. 안타까운 일, 분통이 터지는 일. 슬픈 일 등, 가지가지 어려운 일을 마주하게 된다. 그게 사는 거요, 사람 사는 사회다. 그 중에서도 화가 날 때 조심해야 한다.

첫째, 화는 참지 마라. 참지 말고 잊어라. 그래도 안 될 때는 정말 되게 화를 내라. 퍼부어도 좋다. 퍼붓는 것보다는 한 대 시원하게 갈겨 주라. 갈기는 것보다는 소리 나는 걸로 박살을 내라. 그런데 남의 유리창이나 제 귀중품을 박살내는 건 바보다. 박살난 소주병에 발을 찔리는 놈도 바보. 화풀이도 재치 있게 해야 한다.

둘째, 울어라. 슬프면 엉엉 울어라. 시원하도록. 링컨도 울었고 이순신도 울었다. 울 줄 모르면 사람이 아니다. 흔히 남자의 눈물을 수치로 아는데, 감추는 수치보다 우는 용기가 더 어렵다. 눈물은 하나님의 선물이다.

셋째, 큰 근심 걱정이 있을 때 쪼그리고 있지 말고 움직여라. 방에서 움직여도 좋고, 마당을 거닐어도 좋고 산을 오르면 더욱 좋다.

움직일 형편이 안 되면 날카로운 기구로 작업을 하라. 바느질이나 칼로 나무를 깎는 것도 좋다.

산에 오르려면 산꼭대기까지 올라가서 저 멀리 아래를 내려다보며 심호흡을 하라. 심호흡이 한숨이어서는 안 된다. 단전호흡이다. 주의할 것은 내쉬는 호흡마다 '걱정아 사라져라' 하고 마음으로 외운다. 그리고 하늘을 올려다보며 정말 목숨이 걸린 일인가를 따져 보라. 세상의 걱정치고 죽고 살 일이 얼마나 되겠느냐.

그런데 정작 죽고 살 일이면 어떻게 하지? 그때는 정면으로 문제에 부딪쳐라. 여기서도 정면돌파다. '죽으면 죽고, 살면 살고….' -그런 각오로 덤벼라.

정말 생사가 걸린 일이면 죽기로 대드는 거다. 팔구 할은 살게 되어 있다. 그리고 기도하라. 간절히 기도하라.

넷째, 우울할 때는 노래를 불러라. 악기가 있으면 더 좋고. 화날 때도, 걱정이 많을 때도 노래는 특효약이다.

미친놈 소리를 들어도 좋다. 내 마음 편한 게 더 중요하다. 수치를 알 정도면 큰 걱정이 아닐 테니까. 노래하는 것도 눈치, 재치다.

다섯째, 용서하라. 미워하면 자기 손해더라. 그런데 그게 어렵지. '그 괘씸하고도 고약한 놈을 어이 용서하랴!'

이럴 땐 〈로마서〉 12장 14절이 제격이다.

'너희를 핍박하는 자를 축복하라'

마음은 먹기에 달린 것. 축복까지는 못해도 용서하자. "오냐, 용서했다!" 큰 소리 한 번 질러보는 것도 좋다.

3. 심신을 단련한다

우리 몸은 정신이 깃든 집이다. 정신이 중요하긴 하지만 정신만으론 건강이 유지될 수는 없다. 단련은 심신을 함께 하여야 한다. 그래야 완전한 건강을 누릴 수 있다.

흔히 육체단련 하면 운동을 먼저 생각하는데 물론 운동도 좋다. 그러나 진짜 육체의 건강이란 조화에 있다고 생각한다.

정신과 육체의 조화, 혈행(血行)의 조화, 각 기관의 조화에 있는 것이 아닌가 싶다. 인체는 참으로 오묘하고 신비로운 창조물이라, 사람의 지혜로는 감히 미치지 못하는 곳이 아직도 많다.

어떻게 하는 것이 조화를 이루는 건강법인가.

나도 시원하게 설명할 수가 없구나. 그러나 이것만은 분명하다. 무리를 해서는 안 된다는 것이다. 무엇이든 지나침이 없어야 한다는 말이다. 과식, 과로, 과음 등, 모두가 건강의 적이다.

이렇게 무리 없는 절제와 고요한 마음이 심신을 조화시키고,

심신의 조화가 대우주의 질서와 통하여 건강을 누릴 수 있는 것이 아닌가 싶다. .

운동은 도락(道樂)으로, 혹은 신체의 특별한 기능을 발달시키기 위해서는 좋지만, 정작 건강을 위한 것이라면 다른 방법도 있다.

내가 맡았던 국가대표 선수들만 보아도 뜀박질은 잘하지만, 적지 않은 선수들이 위가 나쁘거나 허리가 아파서 고생하는 것을 많이 보았다.

그래서 심신을 함께 단련하려면 요가나 선도(禪道), 중국의 태극권 같은 것이 좋은 방법의 하나가 아닐까 싶다. 이들이 수백 년 역사를 가진 것만 보아도 건강에 좋다는 증거가 아니겠느냐.

이렇게 말한대서 운동이 필요 없다는 얘기는 아니다. 운동을 하면 사용하는 신체 부위가 특별히 발달하고 폐활량이 커지고 심장도 튼튼해지는 건 사실이다. 다만 육체를 주로 쓰는 것이라 몸과 정신을 함께 단련할 수 없다는 것이 흠이라는 얘기다. 그러니까 이상적인 방법은 요가나 선도를 하면서 운동을 하여야 한다는 것이다.

우리 집 여자들은 수영, 테니스, 스키 정도는 배워두는 것이 좋겠다. 남자는 여자가 하는 운동은 수준을 넘어야하고, 학교 때 유도나 럭비 중 하나는 해 두어라. 남녀 똑같이 등산을 권한다. 석달에 한 번은 산에 오르도록 하여라.

4. 좋은 습관을 기른다

나쁜 습관은 세월이 흐르는 동안에 건강을 결정적으로 해칠 수 있다. 허리를 늘 꾸부리는 사람, 앉으면 으레 한쪽으로 삐딱하게 기대앉는 사람, 늦게 잠드는 버릇 등 나쁜 습관은 수없이 들 수 있다. 이것은 마치 구멍 난 저금통과 같아 돈이 계속 새 나가듯, 건강을 계속 축내는 것들이다.

건강을 위하여 갖은 노력을 다 해도 나쁜 버릇을 못 고치면 중년 이후에 큰 탈이 나게 마련이다. 조심할 일 몇 가지만 더 들어볼까?

먼저 자세이다. 가슴을 펴라. 이것은 가훈이다. 가슴만 펴면 허리는 절로 곧게 되어 있다. 가슴을 펴니 폐와 심장 활동이 좋아지고, 허리가 곧게 서니 중요한 척추가 곧아진다. 보기 또한 얼마나 좋으냐? 보기만 좋은 줄 아느냐? 자신감, 용기, 기백(氣魄) 같은 정신도 저절로 생긴다. 일석삼조다.

할아버지는 1958년에 사관학교를 졸업하였는데, 처음 250명이 입교를 해서 170명이 임관(任官)을 하였다. 그 중 장군이 된 사람은 30명이 채 못 되는데, 가만히 관찰해 보니 장군 된 사람치고 평소 가슴 펴지 않은 사람이 없었다. 아주 가까운 친구 중 한 사람은 자세 하나만으로 3성 장군까지 된 사람이 있다. 그만큼 자세는 건강은 물론 내면의 실력까지도 충실하게 해주는 이상한 힘을 갖고 있다.

다음은 걸음걸이다. 걸음은 활기 있어야 한다. 활기 있게 걷는 방법은 역시 가슴을 활짝 펴고 보폭을 남보다 좀 크게 하면서 빨리 걷는 것이다. 여러 설명이 필요 없다. 해보면 다 알게 될 것이다.

지금은 돌아가셨지만, 전라도 광주에 어느 돈 있는 분의 이야기로 웬만한 호남사람들은 다 아는 실화이다.

어느 날 그에게 생면부지의 사람이 찾아와서 돈을 빌려달라고 했겠다. 그는 당연히 거절을 당했다. 그런데 대문 밖으로 걸어 나가는 그 사람의 뒷모습을 보니 걸음이 활기차고 위풍이 당당한지라, 주인이 다시 돌려 세우고 돈을 빌려 주었다고 한다. 두 분 모두 성공한 훌륭한 분들이다.

주의해야 할 일들이 너무 많구나. 지나치면 해가 된다고 – 말이 많아도 안 좋은 일. 건강비법을 한마디로 표현하라면?

'잘 먹고, 잘 자는 것.'

이건 내 얘기가 아니라 할머니 말씀. 이것은 할머니가 언젠가 텔레비전 인터뷰에서 하신 말씀이다.

제5장 사회에 봉사한다

1. GNP의 허실
2. 무엇 때문에 일을 하는가
3. 나는 30분 먼저 출근한다
4. 누가 월계관을 씌워 주는가
5. 마음가짐과 몸가짐
6. 일솜씨를 키워라
7. 발표력
8. 윗사람 노릇은 어렵다
9. 나의 친구는 누구인가

1. GNP의 허실

'돈이면 안 되는 게 없다'라는 말이 있다. 그리고 이 말이 정말로 통하는 세상이 되었다. 이런 사회는 희망이 없다. 어쩌다가 이 지경이 되었을까?

사람은 돈만 벌자고 세상에 나온 게 아니지 않느냐?

돈도 중요하지만 돈보다 더 소중한 게 얼마나 많으냐?

건강, 가족, 봉사, 학문, 신앙 등, 우리가 정신을 쏟아야 할 곳이다.

요즘같이 가정이 깨어지고, 신의가 없어지고, 세상이 어지러워진 게 따지고 보면 다 돈만을 앞세우는 시대의 흐름 때문이다. 그러니까 '돈으로도 안 되는 게 있는 세상'을 만들어야 한다. 땀의 가치와 실력이 존중되는 사회를 만드는 게 너희들 소임이다.

20세기 이후 인류문명이 전성기를 누린다고 뽐내지만, 어느 시대보다 무고한 사람이 많이 죽었고, 환경은 급격히 나빠지고, 인류의 반 이상은 아직도 불행에 허덕이고 있다. 이게 다 물질만 앞세우고 정신을 뒤로 미룬 탓이다. 그런데도 사람들은 눈만 뜨면 경제만 따진다.

세계의 지도자들도 나서기만 하면 '경제발전'이나 '풍요로운 사회'에만 열을 올렸지, '도덕성 회복'이나 '정의로운 사회'에 대해서는 별 말씀들이 없다.

경제나 풍요로운 사회가 중요치 않다는 말은 아니다. 문제는 돈이면 다라는 생각, 사람의 행복까지도 돈으로 살 수 있다는 풍토이다.

사람 나고 돈 나왔듯이, 사람 다음에 돈이다. 즉 사람의 근본부터 굳힌 다음에 경제도 있고, 풍요도 있어야 한다는 말이다.

우리나라도 요즘 덩달아서 '1인당 국민소득 삼만 불 시대'가 눈앞에 왔다고 야단들이지만, 소득에 걸맞는 사람의 도덕성도 삼만 불이 되어야 하는 것이다.

옛날 영국이나 스웨덴 사람들은 '복지국가 완성'을 뽐냈지만 그 뒤끝이 어떻게 되었더냐?

한동안 영국은 경제가 무너지고, 스웨덴은 자살 왕국이 안 되었더냐.

사람의 행복을 배불리 먹이고 양로원에서 편히 사는 일로만 끌고 갔으니 사람들이 게을러지고, 게으르기만 하면 괜찮은데 아예 일을 안 하려 들고, 일 안 하는 것까지도 또 괜찮은데 사람의 근본이라 할 근로의 정신마저 잃었던 게 아니냐.

스웨덴의 복지사회 구호가 무엇이었는지 아느냐? '요람에서 무덤까지'였다. 사람이 세상에 나오면 죽을 때까지 나라가 돌본다는 제도이다. 정말 천당 같은 이상향으로 보였지.

빵이나 병 고치는 일, 물론 중요하다. 그런데 내가 늘 얘기하는 사람의 근본문제는 뒷전에 두고, 먹여주고, 병 고쳐주고, 심지어 장례까지 지내주니 사람들은 갑자기 공허해지고, 또 근본을 놓치니 세상 살맛까지 잃은 것이다. 그러니 할 일이라고는 스스로 목숨을 끊는 일밖에. 사람이 이유가 있어 자살을 하여도 큰 문제인데, 아무 이유도 없이 제 목숨을 끊는 것은 정말 큰일 중에도 큰일이 아니겠느냐?

좀 지난 얘기지만 할아버지가 한창 일할 때, 사업상 스웨덴 사람들하고 오래 교류를 해보아서 조금은 그쪽 사정을 안다.

"멀쩡한 놈들이 실업수당으로 사파리 여행까지 간다네. 실업증명을 내고 빈둥거리는 놈들의 여비를 내가 왜 대야 하나!"

내가 아는 한 사업가의 푸념이다.

게으른 놈은 게을러서 일 안 하고, 성실한 사람은 심술이 나서 일 안 하고, 이것도 저것도 아닌 사람은 허무해서 자살을 하고…. 이게 다 복지만을 중시해 온 현대사회에 대한 신의 징벌이다.

얘들아, 할아버지가 이런 얘기를 길게 하는 이유는 너희는 사람 사는 사회를 바로 보고, 돈보다는 사람의 근본을 중시하는 사회를 만들어 달라는 것이다.

싫건 좋건 우리는 운명적으로 한 사회나 국가에 소속되게 되어 있다. 조직이 움직이니까 사람들은 별 생각 없이 남들이 해온 대로, 세상이 흘러가는 대로 살아간다. 왜 사는지를 모르는 사람들을 따라 생각 없이 다들 자기 편한 길로 가다 보니까 근본을 잃어버리고 마는 것이다.

남을 배려하는 사회, 따듯한 공동체로 가려면 누군가는 정신을 차리고 있어야 한다. 우리는 지금 옳은 길로 가고 있는가. 소중히 가꾸어 나가야 할 사람의 근본은 잘 지켜지고 있는가. 이게 너희가 처음 사회에 나와 생각할 일들이다. 이런 게 바로 남을 위한 생활이요, 천하위공이다.

● 할아버지 세대의 실수

60여 년 전만 해도 우리는 정말 가난하였다. 1인당 국민소득이

67달러, 세계 최빈국인 아프리카의 소말리아나 같은 처지였다. 너흰 이해가 잘 안 가겠지만, 끼니를 다 못 먹는 가정이 허다하였다. 사람이 굶는다는 것은 비극 중의 비극이다. 상상하기도 힘들겠지만 먹을거리가 없는 사람들의 처지를 생각해 보아라. 굶주림이란 정말 무서운 고통이다. 비극 중에도 큰 비극이다. 못 먹으면 죽으니까.

그래서 먹는 문제가 제일 절박하여 '빵' 문제만 해결하면 그때 우리가 안고 있던 모든 문제는 해결될 걸로 믿었다.

우리 세대는 박정희 대통령이란 분을 모시고 오직 '빵' 문제, 경제부흥에 전력을 기울였다. 당연히 경제만 생각했지 오랜 전통이나 도덕 문제는 뒷전으로 돌렸다.

할아버지 세대는 놀랍게도 한세대(30년) 동안에 세계 최빈국에서 중진국으로 나라를 발전시켰다. 소위 세계가 놀란 한강의 기적이다. 이 도약은 유네스코에서도 역사상 초유의 최단기 국가발전으로 기록한 세계적 사건이 되었다. 박정희 대통령은 20세기 처칠에 비견되는 위대한 정치가라고 할아버지는 생각한다.

그런데 우리는 이 발전 과정에서 큰 것을 잃었다. 우리가 정신을 차렸을 때, 국민들의 호주머니는 두둑해졌지만 아름다운 전통들은 거의 자취를 감추고 말았다. 효행(孝行), 예절, 선비정신 같은 세계가 부러워 할 정신문화들이다. 전통과 미덕을 외면한 채 경제에만 매달렸던 탓이다.

오늘 우리 사회가 이토록 물질에 기울고, 인심이 흉흉해져 가는 게 다 '빵' 문제에만 매달렸기 때문이다. 너흰 할아버지 세대의 실수를 거울삼아야 한다.

할아버지의 실수에서 보았듯이 사람들이 물질에 매달리고 있는 한 정의로운 사회건설은 어렵다. 정신문화가 수레의 양바퀴와 같이 물질을 받쳐주어야 문명의 수레는 제대로 구른다.

북구 선진사회의 교훈에서 보았듯이 빵만으로는 사람의 행복을 보장할 수 없다는 사실을 명심해야 한다.

2. 무엇 때문에 일을 하는가

● 이상과 현실

지금은 가 볼 수도 없는 이북 땅 금강산에 구룡폭포라는 아름다운 폭포가 있다. 너희도 잘 아는 나무꾼과 선녀의 얘기는 이 폭포에서 나온 전설이다.

'착한 나무꾼 하나가 포수에게 쫓기던 노루를 구해준다. 노루는 생명의 은인인 나무꾼에게 귀띔을 한다.

구룡폭포에 가면 선녀들이 하늘에서 내려와 목욕을 하고 있으니까 그 중 아무 옷이나 감추면 그 선녀는 하늘에 오르지 못하고 나무꾼과 결혼을 할 것이라고 일러준다.

마침내 옷을 잃은 선녀는 나무꾼과 결혼해서 두 아기까지 낳는다. 노루는 아이 셋을 낳을 때까지는 옷을 돌려주지 말라고 충고한다. 그러나 아기 둘이 생기자 안심한 나무꾼은 '이만하면…' 하고 선녀에게 옷을 내준다.

너무도 행복한 나머지 노루의 충고를 깜박 한 것이다. 그런데 옷을 돌려받은 선녀는 남편을 두고 두 아들과 함께 하늘나라로 가버린다.'

나는 이 얘기가 나무꾼(현실)이 선녀의 마음에 꼭 드는 것은 아니지만, 사정이 사정이라 남편으로 사랑하며 열심히 살았다. 그러나 하늘나라(이상)에 대한 그리움은 한시도 버릴 수 없었던 것이다.

마침내 선녀는 옷을 되찾았다. 꿈에도 잊지 못한 하늘나라에 갈 수 있다는 희망에 처음엔 가슴이 복받쳤을 것이다. 그러나 남편 얼굴을 보는 순간 희망은 고통으로 변한다. 사랑하는 남편과의 이별이 생각만 해도 가슴을 찢어지게 한다. 남편이냐 하늘나라냐, 선녀는 그 사이에서 고민한다. 그러나 한동안 방황하던 선녀는 남편을 두고 하늘나라로 향한다.

선녀의 행동에서 나는 현실과 이상 사이에서 갈등하는 우리 인간의 모습을 엿보는 것만 같다.

분명 선녀는 남편을 사랑하였을 것이다. 사랑한 만큼 남편을 떠나는 게 괴로웠을 것이다. 그러나 때를 놓쳐서는 안 되는 절박한 상황에서 선녀는 현실(사랑) 아닌 이상을 택하는 용기를 보인 것이다.

남편과의 이별도 서럽고, 새로 시작할 미지의 생활 변화에도 겁이 났을 것이다. 그러나 선녀는 가슴 아픈 결단을 한다. 인간이 한 발짝씩이라도 이상을 향해 전진할 수 있는 것은 이런 천사의 용기 때문이 아닐까.

어쩌면 핑계 삼아 모르는 척 아이 셋을 낳고 안주해 버리는 천사도 있을 것이다. 그럼 아이 셋을 갖는 선녀는 나쁘다는 애긴가? 그렇진 않다. 열심히 일하고, 열심히 사랑하며 현실에 충실한 것도 소중한 것이다. 현실이란 그만큼 중요한 것이다.

'대부분의 현대인은 생활의 기반을 사회 조직체에 의존하고 있다. 현대 사회조직은 인간의 생존조건이 되고 말았다.' 드러커란[46]란 사

46 드러커(Peter F Drucker, 1909~2005)는 오스트리아 태생의 미국의 대표적 경영학자. 그는 미래사회를 노동과 자본의 가치가 급격히 떨어지고 지식이 유일한 가치 기준이 되는 지식사회가 될 것으로 내다보았다. 저서에 《새로운 사회》(1905), 《단절의 시대》(1969), 《경영자의 조건》(1980) 등이

람의 말이다. 사람은 태어나는 순간부터 본인의 의사와 관계없이 한 나라, 어느 사회의 일원이 된다. 여기에는 선택권이 없다. 그러니까 좋건 싫건 그 나라 법을 따르고 사회 관행을 존중해야 한다. 그러니까 사회에 진출하면 현실은 내 뜻과 같을 수는 없고, 자신의 이상과는 갈등이 생기게 되어 있다. 그렇다고 처음부터 사회를 외면하거나 정면으로 거부하는 것은 현명한 일은 아니다. 현실과 이상을 어떻게 조화시켜 가는가가 세상을 지혜롭게 사는 길이다.

선녀가 해 보인 행동처럼 현실을 받아들일 때는 기꺼이 받아들이되 이상마저 저버려서는 안 된다는 것이다. 그렇다고 때가 되면 무조건 하늘로 가라는 말도 아니다. 이상을 따르는 게 바람직하지만 현실에 안주하는 것도 꼭 나무랄 일은 아니란 뜻이다.

사회란 본래 이상과 현실이 뒤엉켜 조화를 이루며 흘러가는 것. 이상이 귀한 것이긴 하지만 현실 또한 가볍게 볼 수는 없는 것이 사회인 것이다.

이상과 현실을 둘 다 살리면서 나라 위해 큰 업적을 남기신 선각자로 인촌 김성수 선생을 기억해야 할 것이다. 동아일보와 고려대학을 세운 분이다. 돌이켜 보면 근대 역사상 어쩌면 이승만 박사 못지않은 큰 어른이 아닌가 싶다. 현실에 충실하면서도 끝까지 이상을 살려낸 그 배짱과 회유술은 두고두고 우리의 귀감이 될 것이기 때문이다.

선생은 일제 강점기 때 민족정신을 일깨우고 겨레의 지도자를 키우시겠다고 당시에는 누구도 생각지 못한 학교와 신문사를 세우신 것이다.

일본은 조선총독부라는 기관을 통해 우리나라를 통치하였는데 있다.

총독부가 특별히 감시하는 대상이 바로 민족정기를 일깨우는 신문사와 학교였다. 총독부는 그야말로 무소불위의 권력을 갖고 있어 학교나 신문사 정도는 마음대로 문을 닫을 수 있는 힘도 갖고 있었다.

그런데 인촌 선생이 세우신 동아일보는 일장기 말소[47]라는 상상도 못할 큰 사건을 일으켜 민족혼을 일깨우고, 고려대와 함께 세운 중앙고보는 일제에 저항하다가 퇴학당한 다른 학교 학생들을 모두 입학시키는 등, 총독부의 비위를 건드리고, 또 식민지정책에 대항했다. 선생의 행적만 보면 사실 동아일보나 고려대학이 오늘까지 살아남은 게 기적이다. 그러나 선생 특유의 회유와 무마로 폐교, 폐간의 위기를 그때마다 용케 벗어나곤 하였던 것이다.

요즘 새삼스럽게 선생의 행적을 친일로 몰아 건국공로훈장까지 취소한다고 들었다. 참으로 어처구니없는 세상이다.

가산을 다 털어 그것도 일제가 가장 싫어하는 학교와 신문사를 세운 분이다. 그토록 겨레를 생각하고 큰 포부를 가졌던 분이었다. 위기 때마다 능히 총독부에 맞서고, 일본 관리들에게 호통을 친 배짱 있는 어른이시었다. 그러나 정작 신문사 문이 닫힐 만하면 절묘한 무마술을 발휘, 학교와 신문사를 구했던 것이다.

조선 총독부가 동아일보나 고려대학을 일제 강점기 때 없앴다고 생각해 보라. 우리 손실이 얼마나 컸겠느냐.

사회를 개혁하고 발전시키는 일은 아무나 하는 게 아니다. 꿈과 이상이란 흔히 집단적이기보다 개인적인 것에 가까운 법, 자칫

---

47) 1936년 8월 〈동아일보〉와 〈조선중앙일보〉가 베를린올림픽대회 마라톤에서 우승한 손기정(孫基禎) 선수의 사진에서 일장기를 지움으로써 일어난 사건. 이로 인해 〈조선중앙일보〉는 폐간되었으며 〈동아일보〉는 같은 해 8월 27일 자로 창간 이래 4번째의 무기정간 처분을 당했다가 9개월 후에 복간(復刊)되었다.

삐뚤어진 이상을 가지고 잘못된 개혁으로 치닫기라도 한다면 많은 사람들을 불행에 빠트리고 세상을 어지럽게 한다.

그 오랜 세월, 공산주의가 우리 인류를 그토록 불행하게 만들었던 비극은 인류가 영원한 교훈으로 삼아야 할 것이다.

● **직업**

"사회에 나가서 나는 무슨 일을 할까요?" 좋은 질문이다.

일을 선택할 때 생각해야 하는 것은 첫째가 자기 소질이요, 둘째가 자기 꿈이다. 꿈보다는 소질을 앞세우는 것이 순서다. 그게 현실을 열심히 살고 또 잘 해나갈 수 있는 첩경이다.

꿈은 내일의 문제요, 현실은 오늘의 문제다. 항상 오늘의 문제부터 먼저 해치우는 것이 순서다. 오늘 성공해야 내일(꿈)을 이룰 수 있는 게 아니겠느냐.

돈을 벌겠다고 생각한다면 쓸 생각(꿈)부터 해서는 안 된다. 돈도 못 벌면서 어떻게 꿈을 이룰 수 있겠느냐?

세상에 천한 것이 돈만 있고 꿈(이상)이 없는 부자이다. 큰돈을 번들 그게 잘못된 곳에 쓰인다면 사회에 해악만 될 뿐이다. 술 마신 돈보다 통장에 넣은 돈이 가치 있고, 고아원에 보내면 그 돈의 가치는 배가 된다.

직업은 소질에 맞는 곳을 찾되 꿈과 연결해서 직장을 선택하면 된다. 일을 선택할 때 가능하면 여러 사람을 이롭게 하는 일로 가려서 하는 게 좋을 것이다.

'화살을 만드는 사람은 상대를 못 상하게 할까 걱정하고, 갑옷을 만드는 사람은 사람이 다칠까 걱정한다.'[48] 맹자란 사람의 말

---

48) 矢人惟恐不傷人 函人惟恐傷人-(시인유공불상인 함인유공상인).

이다. 이왕이면 '갑옷' 만드는 일을 택하는 게 낫지 않겠느냐?

그런데 얘들아, "일은 무엇 때문에 할까?"
일이란 원래 농사를 짓는다, 쟁기를 만든다, 돈을 번다 하는 식으로 무엇인가를 얻고, 남을 위해 하는 것이다. 이렇게 일이란 무얼 만들고 일을 이루기 위한 것이지만, 사실은 일 자체, 땀을 흘리는 그 자체가 매우 귀중한 것이다. 소위 근로(勤勞)의 정신이다.

노(魯)나라 때 공보문백(公父文伯)이라는[49] 이가 일하는 어머니를 보고 "제가 벼슬을 하는데 어찌 어머님이 손수 길쌈을 하십니까."라며 어머니를 말렸다.
그러자 어머니가 탄식하며 말하기를 "노나라가 장차 망하겠구나. 철모르는 아이로 벼슬자리를 채우게 하였으니. 앉거라. 내 너에게 이르노니 백성이 근로(勤勞)하면 생각하게 되고, 생각하면 선한 마음이 생긴다. 백성들이 안일하면 음탕하게 되고, 음탕하면 선한 것은 잊어버린다. 비록 메마른 땅에 사는 백성들이 그토록 의로운 것은 근로하기 때문이다."

그러니까 그 첫째는 '일'을 하기 위해서이다.
두 번째는 남을 이롭게 하기 위해서이다.
'농사를 짓는다.' 남을 먹이기 위해서이다. 자기만 먹자는 게 아니다. '가르친다.' 남의 마음과 정신을 키우기 위함이다. '피아노를 친다.' 사람들을 즐겁게 하기 위해서다. 이처럼 크건 작건 일을 한다는 것은 남을 이롭게 하기 위해서이다.
세 번째는 자아실현이다.
_____
49) 여기서 아비부(父)자는 사내 '보'자로 쓰였다.

일은 앞서 말한 자기의 꿈과 뜻을 이루기 위하여 나름대로 목표도 세우고, 그 목표에 도달하기 위해 성실한 노력을 다하는 과정을 통해 자아를 실현해 가는 것이다.

네 번째는 성취의 보람이다.

일을 하면 잘할 때도 있고 못할 때도 있다. 잘하면 기분 좋고 못하면 기분 나쁘다. 일을 하다 보면 성공도 있고 또 실패도 있기 마련이다. 실패는 가슴이 아프지만 성공은 그 보람으로 가슴이 흐뭇하다.

자아실현은 꿈의 성취요, 때로는 창조의 과정이기도 하다. 남이 안 하던 일, 못 하던 일을 해내니, 마치 높은 산에 올라 한껏 가슴을 펴며 뽐내는 것과 같은 행복감에 젖는다. 이러한 보람이 일에 없다면 스키나 테니스도 노동이 아니겠느냐?

다섯 번째는 얻기 위해서이다.

돈을 얻고 명성을 얻고 지위를 얻기 위해서이다. 사람의 이기심은 수치가 아니다. 이것 없이는 사람은 살아남지 못했을 것이다. 문제는 도를 넘는 욕심이요, 남을 밟고 저만 챙기는 횡포다. 그러나 절제된 이기심은 창조의 근원이다. 수양의 씨앗이다.

3. 나는 30분 먼저 출근한다

학교를 마치면 일터로 나와야 한다. 나온 이상 남도 위해야 하고, 자아실현도 해야 하고, 보람도 찾아야 한다. 그런데 사회는 그리 간단치 않은 곳이다. 우선 학교와 다른 것이 상대가 있다는 상황이다. 상대는 학교 다닐 때도 있었지만, 그 상대는 자기를 해치거나 무너뜨리지 않았다. 공부만으로 겨루는 것이니까 나만 잘하면 상대가 내 발을 걸지 못하였다.

사회에서는 누군가 발을 건다. 앞서면 등 뒤에서도 쏜다. 적만이 나를 쏘는 게 아니다. 내 옆방의 얼굴도 모르는 녀석일 수도 있고 혹은 내 짝일 수도 있다. 그뿐인가, 위에서 밟기도 한다. 이것이 인간사회다. 보람도 좋고 자아실현도 좋지만, 우선 살아남아야 한다. 그러니까 실력이 있어야 한다는 것이다.

'자기 집 두레박줄이 짧은 것은 한탄하지 아니하고, 남의 집 우물 깊은 것만 원망한다.'[50] 《명심보감(明心寶鑑)》에[51] 있는 말이다.
사회를 원망하지 말라. 다만 자기 실력이 없음을 탓해야지. 그래서 나는 늘 '직장은 내 인생의 승부처'라는 말로 직원들을 훈계하였다.
따지고 보면 자기 인생의 성패가 테니스 코트에 있는 게 아니다. 자기 집 안방은 더구나 아니다. 땀은 필사적으로 직장에서 흘려야지 테니스 코트에서만 흘리면 살아남지 못한다. 인생의 무서운 승부처가 직장이란 걸 알아야 한다.
달콤한 무지개 꿈으로 '돈 벌어 집 사고, 과장, 부장 빨리 되어 나도 사장 한 번 해보자' 사회란 그리 간단한 것이 아니다.

직장이 승부처임을 깨닫지 못한 멍청한 녀석들만 있으면 세상이 간단하지. 그런데 더 고약한 것은 경쟁이 무엇인지도 모르면서 시샘부터 부리는 녀석들이 너무 많다는 점이다. 뭘 알면 페어플레이라도 할 수 있지. 결국 막돼먹은 상대가 적지 않은 데 문제가 있다. 그래서 사회가 어렵고, 아슬아슬하고, 시끄러운 것이다. 그래

---

50) 不恨自家沒繩短 只恨地家若井深-(불한자가몰승단 지한지가약정심).
51) 《명심보감》은 고려 충렬왕 때 추적(秋適)이 엮은 어린이 인격수양서로, 조선시대 글방에서 초심자의 교과서로 널리 쓰였다.

서 진짜 실력이 필요하고, 진짜 땀을 흘려야 할 곳이 직장이다. 그저 뛰어도 어려운데 상대하며 뛰려니 얼마나 힘겹겠느냐. 짧은 두레박줄 가지고 대들면 판판이 당한다. 깊은 우물을 원망해야 손가락질만 받을 뿐이다.

"그럼 어떻게 하지?" 효정이가 두 살 되기 전부터 할 줄 아는 말이다. 또 뭐든지 보면 하던 말버릇이다.

자, 이런 살벌한 직장에서 정말 어떻게 해야 살아남을까? 겁낼 것 없다. 아무리 살벌해도 양지(陽地)는 있게 마련이다. 또 없으면 어떠냐. 인정이 메마른 음지라도 좋다. 상대는 최소한 귀신은 아니니까. 저도 사람인데 한번 겨루어 볼 만하지 않겠느냐.

비결은 간단하다. '네가 한 번 뛰면 나는 두 번 뛴다. 네가 하루 하면 나는 이틀을 한다.' 라는 각오…, '남의 두 배는 노력을 하겠다'는 결의이다.

원래 경쟁에서 이기려면 재주를 타고나야 하지만, 그것은 세상사의 일할이 될까말까? 구 할이 노력이다. 지려고 맘먹었으면 모르거니와 이기려고 들면 남의 두 배는 해야지. 너도 뛰고 나도 뛰는데 똑같이 뛰고 남 위에 서겠다고? 벌써 경우부터가 틀렸질 않느냐.

《성서》의 〈시편(詩篇)〉에 '눈물을 흘리며 씨 뿌리는 자는 기쁨을 거두리라'고 하였다. 땀 값은 하나님이 보장하신다.

자, 그러면 나는 남보다 30분 먼저 출근하는 것부터 시작하자. 이것은 너의 아빠가 미국서 돌아와 처음 취직했을 때 내가 일러준 말이었다. 아침 출근시간의 단 5분이 얼마나 귀한 것인지를 사람들은 잘 안다. 그 귀한 시간을 30분씩 남보다 먼저 나오는 것이다. 한 시간이면 더 좋고.

우선 출근 때 길 안 막히니 시원하고, 사람도 없고 전화벨 소리도 없는 사무실에서 30분 이상 일을 더 하니 능률도 오르고, 밀린 일 매듭도 짓고, 부지런한 부하라고 상사의 신뢰도 얻고, '저놈은 못 당하겠다'고 처음부터 동료들의 기를 죽이고…, 일일이 들 수 없는 좋은 일이 여기서부터 시작된다.

이것만은 직장을 갖게 되면 한 번 해보아라. 30분? 한 시간이면 더 좋고. 힘들고 괴롭지. 그러니까 남이 흉내내기 힘든 것이요, 그래서 남보다 앞서기 시작하는 것이다.

다음은 인간관계이다. 따돌림을 당하면 못 살아 남는다. 그러므로 남보다 뭔가 앞서가면서도 남의 미움을 안 사야 한다. 일종의 기행(奇行)은 두려움과 함께 경외(敬畏)도 사지만 한편으로 괴짜, 독불장군으로 따돌려지기 십상이다. 비결은? 인간관계이다.

인간관계에서 비결은 딱 하나, 겸손이다. 세상에 어리석은 사람이 괜히 거만을 떠는 자이다. 그것은 마치 돈 써가며 적을 사는 행위와 같은 것. 배를 침몰시킬 작은 구멍을 자꾸 뚫는 격이다.

살다보면, 인간관계를 해치는 일 치고 큰일 때문에 일어나는 경우는 백에 하나 있을까 말까다. 모두가 아주 소소하고 시시한, 정말 일 같지 않은 것으로 원수가 된다.

바로 그 시시한 일의 하나가 '저녀석이 나한테 인사 안 한다.' '막말을 한다.' '본 척 만 척한다.' – 대개 그런 것들이다. 인사 잘 하고, 작은 양보 한 번 해주면 아무 일도 없을 일을, 작은 욕심, 별것 아닌 일에 자존심 지킨다고 많은 사람들이 큰일을 그르치고 있다.

송나라 때 효우(孝友)라는 선생은 '일평생 남에게 길을 비켜주어도 백 보를 굽히는 일이 없을 것이며, 일평생 밭의 경계를 남에게 양보해도 일단(一段)을 잃는 일이 없을 것이다'라고까지[52] 하였다.

《탈무드》가 '최고의 지혜는 겸손이다'라고 한 것이나, 노자(老子)의 '겸손은 하늘에 통한다'라는 말은 결코 과장이 아닐 것이다.

다음은 동지의 규합이다. 무슨 일이든 혼자 하기는 어렵다. 사회에 나오면 늘 협조자를 만들어야 한다. 직장에서도 살펴보면 뜻이 맞는 친구를 한둘은 만나게 된다. 상사도 좋고 아랫사람도 무방하다. 문제는 좋은 사람을 골라야 한다. 그런데 사람 고르기가 쉽지 않다는 데 있다. 솔직히 나도 자신이 없다. 그 점 실패를 많이 해보았으니까. 우리 모두 성현(聖賢)의 말씀부터 들어볼까?

'유익한 벗이 셋이고 해로운 벗이 셋이다. 정직한 사람을 벗하고, 신의가 있는 사람을 벗하고, 견문이 많은 사람을 벗하면 유익하다. 겉치레만 하며, 곧지 못한 사람을 벗하고, 아첨 잘하는 사람을 벗하고, 빈말 잘하는 사람을 벗하면 해가 된다.'[53]

'나를 비(非)로써 대하는 자는 나의 스승이요, 나를 시(是)로써 대하는 자는 벗이며, 나에게 아첨하는 자는 나의 적이다.' 모두

---

52) 終身讓路 不枉百步 終身讓畔 不失一段-(종신양로 불왕백보 종신양반 불실일단).

53) 益者三友 損者三友-(익자삼우 훈자삼우). 友直 友諒 友多聞 益矣-(우직 우량 우다문 익의). 友偏僻 友善柔 友便佞 煩矣-(우편벽 우선유 우편녕 운의).《小學(소학)》, 明倫(명륜) 94.

《순자(荀子)》의[54] 수신(修身)에 있는 말이다.

좀 어렵지?

그럼 한번 생각해 보자. 우선 겸손한 사람이어야겠지. 그러나 비굴해서는 안 된다. 정말 강한 사람은 겸손하지만, 나약한 사람도 때로는 겸손하게 보인다. 경계해야 한다.

다음 건강한 사람이어야지. 힘만 세고 어리석으면 그것도 곤란하고. 현명해야겠지. 꾀부리는 것은 물론 안 되고. 진실해야겠지. 허풍쟁이는 물론 곤란하고 – 이런 식으로 했다가는 배우자 고르기보다 더 어렵겠다. 너무 까다롭게 굴다가 혼기까지 놓치는 꼴이 되겠구나.

할아버지는 제일 먼저 '말없는 친구'를 택하였다. 말수 적은 사람이 엉큼할 때도 있고 무능할 때도 있으나, 대개는 사람이 근실하다.

《탈무드》에도 '당나귀는 긴 귀를 보고 알 수 있고, 어리석은 사람은 긴 혀를 보고 알 수 있다'고 했듯이 내 경험으로도 말 많은 사람은 대개 쓸모가 없더라.

여자는 좀 다를지 모르겠다. 침울한 함구는 여자에게 결코 아름다움은 안 되겠지. 오히려 그런 침묵보다는 명랑한 말수가 바람직하지 않겠니. 이쯤 해두자.

철이 들면 알게 되겠지만, 세상에 흠 없는 사람은 없다는 사실이다. '천사의 장점은 결점이 없다는 점이요, 인간의 장점은 결점이 있다는 점이다.' 심지어는 '그 사람이 정직하다는 것은 다만 훔칠 기회가 없었기 때문이다.' 모두 《탈무드》에 있는 말이다. 인간은 누구나 흠이 있고 또 실수할 가능성이 있다는 뜻이다. 그래서

54) 맹자의 성선설에 대하여 성악설을 제창한 중국 전국시대의 유학자 순자(荀子)가 저술한 책이다.

사람을 평가하고 택할 때는 흠을 찾기보다 장점부터 보아야 한단 말이다.

결혼 상대를 찾는 것이 아니다. 뜻 맞는 친구를 구하는 것이다. '동지(同志)'란 뜻은 같이 한다는 것이 아니냐. 흠이 좀 있어도 한 가지 장점이 있으면 친구 삼아도 된다. 뜻을 같이 하며 살벌한 사회를 함께 갈 사람이다.

할아버지는 1987년이 생애서 가장 어려운 시기였다. 겉으로는 태연했지만 분노와 절망으로 하루도 편한 날이 없었다.

그러던 어느 날 미국 친구가 갑자기 날아왔다. "Rocky, 너는 나의 친구다. 네가 악인이어도 좋고 선인이어도 관계없다. 세상이 모두 등을 돌려도 너는 나의 영원한 친구다." 가슴이 뭉클했다. 그는 나를 Rocky(바우)라 부르고, 나는 그를 Glenn이라고 부른다.

친구는 그저 만들어지는 것이 아니다. 오랜 세월을 두고 나무를 가꾸듯 정을 키우고 뜻을 모아야 한다. 나무 키우는 일보다 몇 배는 공을 들여야 할 것이다. 진정한 친구는 정말 소중한 것이다.

공자는 '좋은 말 한마디가 천금보다 귀하다'고까지[55] 하였다. 하물며 한 사람의 동지를 얻는 데 더 이를 게 있겠느냐.

그럼 어떻게 해야 정을 키우고 뜻을 모을 수 있을까? 우애를 키우듯, 우선 작은 마음 씀이 제일이다.

진정어린 칭찬에 인색하지 말라. "이번 강연 준비하느라 수고 많았지?" 때맞추어 하는 위로, 커피 한잔 나누며 "이번 세미나 주제 내용이 너무 좋았어."라고 슬쩍 던지는 칭찬.

작은 성의에도 감사하는 마음… "야, 어제 보내준 극장표 말이야, 정말 재미있게 보았어. 2년 만에 가보는 극장이었거든." 등

---

55) 黃金千兩爲貫 得人一語勝千金-(황금천량위관 득인일어승천금).

한없이 들 수 있다.

　그러나 언젠가 말했듯, 핵심은 역시 정성이다. 마음이 없는 가식으론 판판이 실패한다.

　'그가 나를 사랑하지 않거든 나의 사랑에 부족함이 없는지를 살펴보아라. 내가 그를 존경하되 보답이 없거든 내 존경심에 모자람이 없는지를 살펴보라.'[56] 맹자의 말이다. 교우에는 이런 정성을 들여야 한다.

　또 한 가지는 시간을 함께 보내는 것이다. 식사를 함께 하는 것도 좋고, 낚시를 같이 가는 것도 좋고, 등산도 좋고. 그러나 돈 거래는 절대 금물. 돈 잃고 친구 잃는다. 형편이 되면 아주 주는 것이 차라리 낫다.

　사람을 잡는 것은 마음이지 기술이 아니다. 처세술로 사귀려거든 동지로 생각지 말라. 그냥 아는 사람이지.

　《소학》에 이런 구절이 있다.

　'제후에게 다섯 사람의 간쟁(諫爭)하는 신하만 있으면 비록 무도(無道)하더라도 그 나라를 잃는 법이 없을 것이다.

　대부에게 간쟁하는 세 사람의 가신(家臣)만 있으면 비록 무도하더라도 가문이 기우는 일은 없을 것이다. 선비에게 바른 말로 충고하는 벗이 있으면 그 명성을 결코 잃지 않을 것이다.'

　"우리 미국인은 대개 진정한 친구 하나는 꼭 갖는다. 서로 마주

---

56) 愛人不親 反其人, 治人不治 反其智, 禮人不答 反其敬. 行有不得者 皆反求諸己 其身 正而天下歸之-(애인불친 반기인. 치인불치 반기지. 예인부답 반기경. 행유부득자 개반구저기 기신정 이천하귀지). 맹자(孟子), 이루상(離婁上) 4장 1절.

보고 있으면서 상대의 뒤를 살펴주기 위함이다." Glenn의 말이다.

4. 누가 월계관을 씌워 주는가

● 신념과 용기

마라톤 우승자의 월계관은 누가 씌워 주는가? 대회장(大會長)이다. 내가 우승했기 때문에.

회사에서 승진은 누가 시켜 주는가? 사장이다. 내가 일 잘했기 때문에.

성공은 내가 하는 것이지 남이 시켜 주는 게 아니다.

'쥐를 탓하지 말라. 쥐구멍 탓이다.'《탈무드》에 나오는 말이다. 대회장이 월계관을 안 씌워 주는 것은 제 탓이지. 대회장 원망할 일이 아니다.

사회에서 실패하는 것도, 자기가 막지 않은 '쥐구멍' 때문이지 쥐 탓이 아니다. 월계관을 차지하고 싶으면 대회장 얼굴 살필 것이 아니라 이겨야 한다.

이기자면 최선의 최선을 다하고 자기의 모든 것을 던져 싸워야 한다. 던진다고 다 이기는가? 그렇지 않다. 기술도 있어야 하고, 지모도 있어야 하고, 인내력도 있어야 한다.

월계관(성공)은 결코 공짜가 아닌 것이다.

성공의 비결은 무엇인가? 먼저 용기와 신념이다.

담대하여라. 신념을 가지고 덤벼라. 절대로 이긴다는 신념으로 모든 것을 던져라.

흔히 신중(愼重)을 얘기하나 신중과 담대 중 담대함이 더 성공
편이다. 앉아서나 신중이지, 일단 몸을 일으키면 신중은 잠시 뒤
로 제쳐 놓아야 한다.

'돌다리도 두드려 보고 건넌다'는 속담도 있다. 두드려 볼 것까
지야 있겠느냐? 여기까지는 또 괜찮은데, 두드려 보고도 안 건너
가는 사람이 태반이다. 그러니 담대한 사람이 이기게 되어 있다.

문제가 중대하면 중대할수록, 심각하면 심각할수록 신중보다
담대함이 먼저다. 오히려 더 대담하게 덤벼라. 이것이 성공의 요건
이다. 선뜻 안 받아들여질 것이다. 그러나 해보면 다 깨닫게 된다.

신념이란 정말 무서운 것이다. 어떤 상황에서도 패배를 생각지
말라. 항상 된다고 생각하고 항상 이긴다고 믿어라. 생각대로 되
고, 믿는 대로 이기게 되어 있다.

일을 두고 자신이 없으면 기도하라. 간절히 기도하라. 믿음은
자신을 주고, 자신은 틀림없이 월계관을 가져다 주리라.

너는 이미 잠재의식의 위력을 알고 있지 않느냐? '신념의 마력'
을 한 번 더 읽어라. 흡족하지 않으면 다음과 같은 《성경》 구절을
상기하자.

'내가 너희에게 말하노니 무엇이든지 기도하고 구하는 것은 받
을 줄로 믿으라.'(마가11:24)

● 비방은 묵살하라

세상을 살면서 비난과 배반을 두려워하지 말라. 이것처럼 우리
를 좌절시키고 영혼을 좀먹는 일도 없지만, 절대로 기죽지 말라.

원래 뒤가 구린 녀석이 먼저 욕부터 하는 법.

정직한 우리 식구들은 당당하니까.

예수께서도 배반당하셨다. 하물며 우리 같은 범인에게 있어서야. 배반 앞에 좌절하고 비난 앞에 무릎을 꿇는다면 세상사 될 일이 하나도 없다.

'봄비는 기름과 같으나 길가는 사람은 그 진창을 싫어하고, 가을 달이 밝은 빛을 드날리나 도둑은 그 밝음을 미워한다.'[57] 《명심보감》에 있는 말이다. 세상 이치가 다 이렇건대 어찌 좋은 평판, 좋은 소리만 듣기를 기대하겠는가?

배반당하거든 가룟 유다가 있었음을 기억하라. 유다는 지금의 돈 15,000원 정도의 뇌물에 예수를 팔았고, 베드로는 도망쳐서 밤새 세 번이나 예수를 모른다고 맹세하였다.

비판을 받으면 짐짓 귀와 입을 막아라. 침묵이 최고의 무기다. 상대할 필요 없다. 대꾸는 최대의 금물이다. 그러나 눈만은 똑바로 뜨고 있자. 물끄러미 쳐다보거나, 가볍게 웃음 짓기 위함이다.

어떤 자가 늙은 사람을 진창에 넘어뜨렸다. 노인이 일어나서 던진 자를 보고 빙긋이 웃었다. 상대는 아마 섬뜩하였을 것이다. 덤볐다고 생각하자. 득과 실은 과연 어느 편이었을까? 묵살이란 인내와 용기도 필요하지만 대개 이런 것이다.

1987년, 신문은 별별 소리로 나를 헐뜯었다. 친구들이 명예훼

---

57) 春雨如膏 行人 惡其泥 秋月揚暉 盜者 憎其照鑑-(춘우여고 행인 악기진 추월양휘 도자 증기조감).

손으로 고소하라고까지 권하였다. 그러나 나는 입을 다물었다.

"때리고 두드려도 반응이 없을 때 우리는 제일 힘이 빠진다."

어느 중진 언론인이 내게 한 말이다.

링컨은 가장 존경받는 지도자이면서, 또 욕을 제일 많이 먹은 정치가다. 링컨도 '퍼부어진 신랄한 비난에 일일이 대응했더라면 남북전쟁도 치르지 못하고 죽었을 것'이라고 고백한 적이 있다. '나는 누가 뭐래도 내 신념을 밀고 나갈 것이다. 내겐 비난이 중요한 게 아니라, 오직 일의 성공이 중요하다. 일의 결과가 나쁘면, 천의 천사가 나를 찬양해주어도 그것은 내겐 아무 의미가 없다.' 참으로 신념에 찬 모습이다. 링컨의 이 말을 처칠은 서재 벽에 걸어 두었고, 맥아더는 전쟁 중 사령부 책상 위에 걸어 두었다.

건전한 비판이나 일리 있는 비난이 없는 것은 아니다. 그러나 대개 비난하는 인물은 틀림없이 인격적으로 좀 뭣한 사람이다. 그러니까 비난이라는 것이 대부분 온당치 않은 게 사실이다.

살다보면 비난만이 아니고, 아주 질이 나쁜 모함에 배반조차 밥 먹듯 하는 자를 수없이 볼 것이다. 그게 인심이고 세상이다. 실망할까 두렵구나. 이 얘기를 읽고 스스로를 위로하라.

〈대홍수 때 세상의 온갖 동물이 노아의 방주로 몰려왔다. 이때 선(善)도 황급히 쫓아와서 태워주기를 간청하였다. 노아는 한마디로 거절한다. '나는 짝이 없는 놈은 아무도 태울 수가 없다.' 그래서 선은 숲속으로 되돌아가 악(惡)을 데리고 왔다.〉

《탈무드》에 나와 있는 얘기다.

이 얘기는 우주의 큰 원리의 하나로 이 세상 모든 것은 양면이 있다는 거다. 선과 악, 밤과 낮, 여자와 남자, 해와 달 – 이렇듯 세상 모든 것은 서로 다른 성질이 서로 보완하여 전체를 이룬다는 뜻이다. 즉, 선이 있는 곳에는 꼭 악이 따르듯, 착한 사람이 있는가 하면, 나쁜 사람도 그에 못지않게 많다는 게 세상의 원리다.

　동양철학에서는 이것을 음양(陰陽)의 원리로, 불교에서는 서로 대립된 두 성질이 실은 둘은 아니라는 뜻에서 불이(不二) 라는 사상이 나왔고, 현대 물리학에서는 상보성(相補性)의 원리라고 일컫는 것이다.

　자신의 비난은 묵살하면서 남을 욕할 수 있을까? 해서는 안 되는 것이 남의 험담이다. 비난이요, 심판이다.

　우리 식구들은 이거 하나는 지키자.
　'남의 험담 절대 안 하기.'
　작은 일이지만 식당 같은 데서도 공연히 일하는 이에게 화를 내는 사람이 있다.
　"인삼차를 가져오랬는데 웬 커피야? 너나 먹어라!"
　자기는 처음이지만 상대는 종일 손님에게 시달린 몸이다. 가만히 있어도 짜증스럽고 화가 나기 직전이다. 거기다 대고 그런 비난을 하면 과연 어떻게 작용할까.
　"커피를 가져왔어? 인삼차를 시켰는데! 바쁘다보면 헷갈릴 때도 있는 법이야."
　간단한 일이지만 이런 걸 두고 아름답다고 한다.
　'남의 심판을 받는 것이 싫으면 남을 심판하지 말라.'(마태 7:1)

● 실패는 스승이다
실패를 두려워 말라. 실패는 선생이다. 교훈이다.

옛글에 '미래를 알고자 하거든, 먼저 지난 일을 살펴보라'는 것이 있다. 역사는 미래의 백과사전이고, 실패의 역사는 최고의 스승이다.

성공은 사람을 방심케 하고, 승리는 사람을 교만하게 한다. 성공은 친구요 실패는 스승이다. 친구만 좋아하고 스승을 안 모시면 언제 배우겠는가?

어제의 성공에 취해 실패한 날 밤의 눈물을 잊으면, 통곡하는 내일을 맞을 것이다. 성공은 축배로 기념하고, 실패는 돌에 새겨 기억하자.

야구선수 베이브 루스는 생애 714번의 홈런을 쳤다. 세계 최고 기록이다. 그러나 1,330번이나 스트라이크 아웃 당했다. 세계 최다이다. 사람들은 그의 홈런만 기억하지 그의 실패는 모른다.

유대인은 지나간 굴욕과 패배의 날까지 기념하는 이상한 민족이다. 정말 현명한 민족이다.

● 실수

모든 사람에겐 허물이 있듯이 사람들은 누구나 실수를 한다. 자기도 모르게 죄를 지을 때도 있다.

그래서 《탈무드》에서는 인간의 죄를 평소 활 실력이 백발백중인 사람도 때로는 적중(的中) 시키지 못하는 경우에 비유한다. 정직하고 성실하게 살려고 늘 노력은 하지만 인간이란 이따금 실수를 피할 길이 없다는 말이다. 이것이 유대인의 죄에 대한 태도이다. 참으로 인간의 본질을 정확히 꿰뚫어보고 있는 지혜이다. 그래서 《탈무드》에서는 '남자가 결혼을 하면 죄를 많이 짓는다'라고 아예 못을 박았다.

잘못을 저질렀을 때는 어떻게 해야 할까? 참회하는 것이다. 진심으로 반성하는 것이다. 그것이 사람이다.

《탈무드》는 이렇게 말한다.

'진심으로 회개하는 자가 서 있는 곳은 어떤 위대한 랍비가[58] 있는 장소보다 성스러운 곳이다.'

하나님도 회개하는 자는 용서하신다.

5. 마음가짐과 몸가짐

먼저 몸가짐에 대한 동양의 성현 말씀부터 들어 보자.

'관리가 된 사람이 지켜야 할 법도에 오직 세 가지가 있으니 청렴과 신중과 근면이다.'[59] 《동몽훈(童蒙訓)》에 있는 얘기이다.

'남의 흉한 것을 민망하게 여기고 남의 선한 것을 즐겁게 여기며, 남의 어려움을 돕고, 남의 위태함을 구해야 한다.'[60] 공자의 말이다.

증자(曾子)가 말했다. '군자가 살아가는 도리에 귀중하게 여길 것이 셋이다. 첫째 몸을 예절에 맞게 움직이면 난폭함을 멀리할 수 있고, 둘째 얼굴빛을 온화하게 바로 하면 신뢰를 가까이 할 수 있고, 셋째 말을 예에 맞게 바로 하면 억지와 야비함을 멀리할 수 있다.'[61]

---

58) 랍비(rabbi)는 유대교에서 율법사(律法師)에게 '심령사의 선생' 이라는 뜻으로 쓰인 존칭.

59) 當官之法 唯有三事 曰淸曰愼曰勤-(당관지법 유유삼사 일청일신일근).

60) 悶人之凶 樂人之善 淸人之急 救人之危-(민인지흉 악인지선 청인지급 구인지위).

61) 曾子有疾, 孟敬子問之. 曾子言曰: "鳥之將死, 其鳴也哀; 人之將死, 其言

《논어》〈태백(泰伯)〉 편에 나오는 말이다.

'정말 현명한 사람은 이런 사람이다. 누구를 만났을 때 그 사람은 무언가 자기보다 뛰어난 것을 가지고 있다고 생각한다.

만일 그가 자기보다 나이가 많으면 훌륭한 사람이라고 존경한다. 자기보다 좋은 일을 할 기회가 많았을 것이기에. 만일 자기보다 젊은 사람이면 자기보다는 죄를 적게 지었을 것이라고 생각한다. 만일 자기보다 윤택한 생활을 하고 있으면 자기보다는 자선(慈善)을 더 많이 하였을 것이라고 우러러 본다. 자기보다 가난하다면 자기보다 더 많은 고통을 참으며 살았을 거라고 측은히 여긴다. 자기보다 현명하면 그 지혜에 경의를 표한다. 자기보다 현명하지 않으면 자기보다는 잘못을 덜 저질렀을 것이라고 좋게 생각한다.'

《탈무드》의 구절이다.

'현명한 사람이 되려면 다음을 지켜라. ① 자기보다 지혜로운 사람 앞에서는 침묵하라. ② 남의 얘기를 중간에 가로막지 말라. ③ 대답할 때 서두르지 말라. ④ 항상 핵심을 찌르는 질문을 하라. ⑤ 먼저 해야 할 일부터 손을 대고 뒤로 미룰 수 있는 것은 마지막에 해라. ⑥ 자신이 모를 때에는 솔직히 인정하라. ⑦ 진실을 인정하라.'

역시 《탈무드》에 있는 말이다.

也善. 君子所貴乎道者三: 動容貌, 斯遠暴慢矣; 正顔色, 斯近信矣; 出辭氣, 斯遠鄙倍矣. 籩豆之事, 則有司存.'-(증자유질, 맹경자문지. 증자언왈: '조지장사, 기명야애; 인지장사, 기언야선. 군자소귀호도자삼: 동용모, 사원폭만의; 정안색, 사근신의; 출사기, 사원비배의. 변두지사, 즉유사존.").《논어》, 泰伯(태백) 편 4.

고전을 그대로 인용한 것은 이런 일에 대해서 할아버지가 아직은 뭐라고 얘기할 자격이 없기 때문이다.

내가 일을 하면서 겪었던 어려움의 하나는 공(公)과 사(私)의 구분이었다. 공보다 사에 기우는 유혹을 떨치기 어려웠기 때문이다. 누구나 사회에 진출하면 공인(公人)이 되는데, 일단 공인이 되면 선공후사(先公後私)를 최고의 덕목으로 삼아야 한다. 수많은 사람들이 일을 그르치는 근본 원인이 능력이 없어서가 아니더라. 모두 '공(公)'은 뒷전에 두고 '사(私)'를 앞세웠기 때문이다.

너희가 이다음에 공직을 맡으면 다른 것은 몰라도 선공후사(先公後私)는 꼭 지켜라. '사'를 앞세우려면 아예 공직생활할 생각을 하지 말지어다.

● 매너와 화술

사회생활에서 익혀야 할 일은 매너와 화술이다. 요즘같이 국제화된 시대에는 서양식 매너를 알아 둘 필요가 있다.

14세기에 위컴 윌리엄이라는 사람은 일찍이 옥스퍼드의 윈체스터와 뉴 컬리지를 창설한 사람인데, 이들 대학의 슬로건이 놀랍게도 '매너는 사람을 만든다' 였다.

영국신사의 전통도 우리 못지않게 길구나. 사람교육에서 지식과 함께 품행을 강조한 것은 백 번 옳은 일이다.

동양의 〈곡례(曲禮)〉란[62] 책을 보면 '벽에 귀를 대고 남의 비밀을 엿듣지 말라. 대답할 때 높고 급한 소리를 내지 말라. 곁눈으로 흘겨보지 말아야 하고 동작은 게을러도 안 되고 해이해도 안 된다.

---

62) 〈곡례〉는 《예기(禮記)》 중의 한 편으로, 행사 등에서 몸가짐을 어떻게 해야 하는지를 설명한 예법(禮法)이다.

걸어다닐 때 거만한 자세를 하지 말아야 하고, 설 때는 한쪽 다리에만 의지하여 기울게 서지 말아야 하며, 앉을 때는 두 다리를 뻗어 키처럼 앉지 말아야 하고, 잠잘 때는 엎드려 눕지 말아야 한다. 머리털은 거두어 싸매고 늘어뜨리지 말아야 하며, 갓을 벗지 말아야 하고, 피로하다고 웃옷 소매를 걷어 어깨를 드러내서는 안 되며, 더워도 하의를 걷어 올리지 말아야 한다'[63] 라고 하였다.

매너가 사람을 만든다는 슬로건은 동양의 매너에서도 만만찮게 엿볼 수 있다.

서양 사람들이 사람을 첫 대면할 때 상대를 관찰하는 요령은 대개 다음과 같다.

첫째, 악수를 하는 손에 힘이 있는가?

둘째, 대화중에 눈은 어디를 향하는가?

셋째, 자세가 좋은가?

악수는 본래 동양에 없던 것이지만 한 손으로 하되 힘주어 하면 되고, 시선은 상대를 똑바로 보지 않는 것이 우리 예법이나, 이제는 서양식으로 상대를 똑바로 쳐다보며 해야 한다.

또 하나 조심해야 할 매너가 식사예절이다.

서양에서는 사람을 고르거나 승진시킬 때 식사에 초대하여 자연스럽게 그 매너와 화술을 관찰한다고 한다. 식사 매너를 모르면 취직에 승진기회까지 놓칠 정도로 중요하다는 것을 알아두자.

서양 에티켓에 관한 책은 꼭 읽어 두어야 한다.

---

63) 母側聽 母噭應 母淫視 母怠荒 遊母倨 立母跛 坐母箕 寢母伏 斂髮母 冠 母免 勞母袒 暑母褰裳-(무측청 무교응 무음시 무태황 유무거 입무파 좌무기 침무복 염발무 관무면 노무단 서무상).

매너에서 짚고 넘어갈 일이 또 하나 있다.

복장이다. 옷이 날개라는 말이 있듯이, 사회에 나오면 외모에도 신경을 써야 한다.

서양에서는 '자기 마을에서는 평판으로 자신이 평가되지만, 타향에서는 의복으로 평가된다'고 하였다.

《햄릿》을 보면 고향을 떠나는 아들에게 아버지가 아주 소상하게 복장에 대한 주의를 주는 대목이 있지 않더냐?

복장의 요점은 비싸다고 중요한 것이 아니라 깨끗한 게 생명이다.

복장에도 때라는 것이 있다. 상황과 경우에 맞게 입어야 한다는 것이다. 또 품위를 살려야 한다. 품위는 값이 말하는 것이 아니라 센스이다. 즉, 색깔과 디자인이 생명이기 때문이다. 이것은 최소한 전문가의 지도를 미리 받아 두는 것이 좋다. 색깔의 조화는 벌써 전문적인 영역에 속하는 사항이다.

매너와 함께 중요한 게 화술이다. 화술은 말을 잘하는 것보다 말할 때 품위와 절도가 중요하다.

화술을 달변(達辯)과 혼돈하지 말라. 달변은 오히려 금물이다. 어떻게 하는 것이 절도 있는 말솜씨인가? 말수를 줄이는 것이다. 꼭 할 말만 하라는 것이다. '말은 눈으로 하라'는 말도 있다. 일리 있는 가르침이다.

서양에서 매너가 꽤 까다롭게 논의되는 것처럼, 동양에서는 말을 엄하게 다룬다. 수없는 성현이 이 '말'에 대해서만은 모두들 한마디씩 하고 있다.

공자는 '옛 사람이 말을 함부로 하지 않은 것은 실천이 그 말에 미치지 못할까 두렵기 때문이다.'[64] 또 '일에는 민첩하고 말은 신중히 하라'고[65] 가르친다.

한편 시경(時經)》에서는[66] '흰 구슬에 생긴 흠은 갈아 없앨 수 있지만, 내 말에 묻은 티는 닦을 수도 없네.'라고[67] 경고한다.

침묵을 미덕으로 삼는 동양에서 이루 셀 수 없는 많은 '말씀'에 '말 없음'이 덕목(德目)이라는 가르침이 외려 무색할 지경이구나.

● 칭찬

화술에서 백미는 칭찬이다. 칭찬이야말로 술(術)이 아닌 최고의 미덕이기도 하다. '칭찬을 한 사람의 주검은 장의사까지도 슬퍼한다'는 서양 격언으로부터 칭찬은 사람의 운명을 바꾸고 국가의 운명까지 바꾼 허다한 예를 볼 수 있다.

칭찬은 용인술로 친구를 만드는 수단으로, 용서받는 수단으로 또 천 냥 빚까지 갚는 기적의 수단이다.

제1차 세계대전에서 패한 독일의 황제 카이젤이 세계인의 미움을 산 것은 물론, 자국민에게도 대단한 미움을 사서 생명의 위협까지 받고 있을 때였다.

한 소년이 '누가 뭐라고 하든 나는 폐하를 언제까지나 황제로서 존경합니다.'라고 편지를 썼다. 크게 감동한 황제는 그 소년을

---

64) 古者 言之不出 恥躬之不逮也-(고자 언지불출 치궁지불체야). 《논어》, 里仁(이인) 22.

65) 敏於事而愼於言-(민어사이신어언). 《논어》, 學而(학이) 14.

66) 은대(殷代)로부터 춘추시대까지의 고시(古詩)를 공자가 311편으로 편찬했다는 오경(五經)의 하나.

67) 白圭之 尙可磨也 斯言之 不可爲也-(백규지 상가마야 사언지 불가위야).

꼭 만나고 싶다는 회답을 보냈다.

소년은 어머니와 함께 황제를 찾아뵈었다. 그런데 얼마 후 그의 어머니는 황제와 결혼까지 하게 된다. 이것은 실화이다. 소년의 칭찬이 가져온 기적이다.

19세기 영국의 디즈레일리와 글래드스턴은[68] 당시 세계가 알아주는 대 정치가였다. 두 사람 다 당대 인물이요, 또 치열한 정적(政敵)이라 많은 일화를 남겼다.

그런데 내가 보기에는 늘 디즈레일리가 한 수 위가 아닌가 싶었는데 얼마 전에 우연히 책을 보고 그 까닭을 알았다.

"두 분 모두 저를 하루걸러 저녁에 초대한 적이 있습니다. 글래드스턴 수상과 헤어질 때, 나는 그분이 영국에서 가장 현명한 분이라는 걸 깨달았지요. 그런데 디즈레일리 수상과 헤어질 때는 내가 영국에서 가장 현명한 여성이라는 걸 알았습니다."

틀림없이 글래드스턴은 자기주장과 철학을 늘어놓았을 테고, 반대로 디즈레일리는 그 여자 칭찬만 늘어놓았을 것이다.

자기 철학을 주장하고 실력을 과시하는 것보다 상대방을 칭찬해 주는 것이 상수(上手)요, 세련된 처세술임을 증명한 일화이다.

디즈레일리가 빅토리아 여왕에게[69] 두터운 신임을 받은 것은 세상이 다 아는 얘기지만, 그 비결은 달리 있는 게 아니다. 훗날

---

68) 글래드스턴(William E. Gladstone, 1809~1898)은 4차례에 걸쳐 영국 총리를 지낸 유명한 정치인으로 디즈레일리와 더불어 19세기의 영국 의회정치를 대표한다.

69) 빅토리아 여왕(1819~1901)은 64년 동안 영국을 통치하면서 영국의 최전성기를 이룩했다.

그 자신이 고백했듯이 여왕에 대해 얘기할 때는 '흙손질 하듯 칭찬으로 발랐기' 때문이다.

다른 얘기지만 디즈레일리는 평생을 두고 자기변명을 하지 않은 것으로도 유명하다.

칭찬의 위력에 대해서는 너무도 좋은 책이 많으니 한번 읽어보는 것이 좋을 것이다. 카네기는[70] '칭찬술 하나만으로 백만장자가 될 수 있고 위대한 정치가도 될 수 있다'고까지 얘기하고 있으니 말이다.

《탈무드》에는 이런 말도 있다.

"누가 이미 산 물건에 대해 의견을 물으면 설사 그게 나쁘더라도 '정말 훌륭한 물건입니다'라고 거짓말을 하라. 친구가 이미 결혼했으면, 거짓이라도 '정말 부인이 대단한 미인인데'라고 말하라."

칭찬은 거짓말로 치지 않겠다는 말이다. 참으로 유대인다운 지혜이다.

● 유머

화술에서 칭찬 다음으로 중요한 것이 유머이다. 유머는 화술이기 이전에 생활의 윤활유요, 건강생활의 필수요건이다.

유머는 대화에 생기를 주고, 대화자들의 기분과 영혼까지도 흔들어 놓는 효과가 있다. 그뿐인가, 주위 사람들은 물론 방 전체의 분위기마저 황홀하게 하는 마력이 있다.

흔히 영국 사람이 유머 감각이 뛰어나다고들 하는데 그 이유는

---

70) 카네기(Andrew Carnegie, 1835~1919)는 스코틀랜드 출생의 미국 실업가로 제강업에 성공하여 철강왕이라는 별명을 얻었다. 만년에 카네기 재단을 세워 공공사업에 크게 공헌했다.

영국에서는 유머를 교양의 중요한 대목으로 삼고 있기 때문이다. 유머에 격이 있고, 유머가 없는 사람은 대화에 잘 끼워 주지 않는 경향까지 있다.

영국이 제2차 세계대전의 그 고통스러웠던 기간을 극복할 수 있었던 것도 유머 덕분이란 말까지 있다.

런던 폭격 때 지하실에서 모두가 공포에 떨고 있을 때도 누군가는 기품 있는 유머로 주위 사람들을 크게 웃겼다는 것이다. 이 정도면 유머도 도(道)의 경지가 아니겠느냐?

유머는 대화의 격을 높인다. 생활에 활력을 불어 넣는다. 인생을 유유(悠悠)히 사는 방법의 하나다.

● 말로 상대를 꺾지 말라

친구 사이의 대화에서 조심할 일이 하나 있다. 토론회가 아닌 이상 논쟁으로 상대를 굴복 시켜선 안 된다.

논리로 상대를 눌렀어도 이는 굴복시킨 게 아니다. 네 존재감은 만족했겠지만 상대의 기분은 어떻겠느냐. 분하고 창피하여 원한을 품는다. 결국 친구만 하나 잃는다. 말이란 굴복시키는 수단이 아니라 승복케 하는 도구다.

《소학》에서는 이런 말이 있다.

'자신의 의견을 정직하게 개진할 뿐이고, 자신의 견해를 고집하여서는 안 된다.'

옛 사람들은 정말 현명한 분들이다. 말로는 상대를 이기려 들지 말라. 깨닫고 승복케 해야 하느니라.

● 매너는 기상(氣像)이다

화술에 관한 일이라 역시 말이 많아지는 것 같다.

그런데 어느 화술 책이고, 최고의 기술은 듣는 것이라 고하였다. 《탈무드》에서는 '귀가 둘이요, 입이 하나인 것은 듣기를 두 배로 하라는 뜻이다'라고 하였는데 내 입이 그만 둘이 되었구나.

매너나 화술, 둘 다 좋은 인간관계를 위한 수단이다. 화술에서도 달변을 경계했듯이, 매너도 기교로 끝나서는 안 된다.

매너에서도 기품과 기상이 중요하다. 기상이란 그 사람의 몸 전체에서 풍기는 멋으로, 때로는 따뜻하고, 때로는 근엄하며, 감싸주는 아늑함 속에 거역 못할 단호함이 있고, 말은 없으되 천 마디가 눈빛에 있으며, 봄날의 눈 녹은 개울인가 싶으면, 산 같은 위엄과 바다 같은 깊이가 있고, 두 발은 땅에 있으되 정신은 하늘을 찌른다.

기상이란 그런 멋을 두고 한 말이다. 그럼, 기상은 어떻게 기른다?

이이(李珥)의 격몽요결(擊蒙要訣)에 좋은 가르침이 있다. 첫째, 발걸음을 무겁게 한다. 둘째, 손을 공손하게 둔다. 셋째, 눈은 정면을 본다. 곁눈질 말라는 뜻이다. 넷째, 입은 굳게 다문다. 다섯째, 목소리는 가다듬는다. 여섯째, 고개를 곧바로 세운다. 일곱 번째, 호흡은 고르게, 여덟 번째, 선 자세는 똑바르게, 아홉 번째, 얼굴빛을 편안하게 한다.

격몽요결 지신장(持身章)의 구용(九容-아홉 가지 몸가짐)이다.

몸과 마음을 닦아라. 매너는 기상이어야 한다.

6. 일솜씨를 키워라

● 시간활용

흔히 어느 사람을 두고 일 잘한다, 능력 있다고들 하지만, 특별히 잘난 사람은 사실 많지 않다. 모차르트나 아인슈타인 같은 천재가 얼마나 될 것 같으냐.

우리 사회는 보통사람들이 모여 운영하는 것이다. 일 잘하고 못하는 차이는 능력보다 성실성, 책임감 같은 데 있다. 한 가지 덧붙인다면 시간활용술이랄까.

책임감, 성실성 같은 것은 기본이니까 시간활용에 대해 좀 얘기를 해 두겠다.

생각해 보면 시간처럼 신비하고 인간에게 결정적 영향을 끼치는 것은 없을 것이다.

사람은 물론 이 세상의 모든 생명이 나고 죽고, 심지어 우주 만물이 생겨나고 사라지고 하는 게 모두가 시간이 들어서서 하는 일이다.

그럼 시간은 무얼까? 나는 모른다. 이 우주가 맹렬한 속도로 팽창하면서 시간은 흐르고 공간도 펼쳐지는 것이지만, 왜 우주가 팽창하는지, 어디까지 갈 건지 아는 사람이 없다. 오로지 하나님만이 아실 뿐.

할아버지가 아는 것은 겨우 세상일의 성패가 시간활용술에 달렸다는 정도다.

그래서인지 어느 랍비는 '시간은 돈이 아니라 인생이다'라고까지 했다. 그리고 '당신의 인생은행에 남은 시간은 얼마인가?'라고 물었다.

무서운 질문이다. 시간활용을 잘하라는 경고이기 때문이다.

시간은 저축할 수도 없고 빌려 쓸 수도 없으니 돈에 비교하는 것은 어림도 없는 얘기다.

시간은 피차 누구에게나 공평하다. 묶어 둘 수도 없다. 누구도 기다려 주지 않는다.

생각해 보면 일에는 반드시 때가 있다. 때를 놓치면 무슨 일이건 망친다. 뿐만 아니라 내가 게을리 한만큼 시간을 허송한다. 경쟁 상대가 있었다면 두 배는 밀린다.

그러면 어떻게 시간을 잘 활용할 수 있을까.

첫째가 시간계획을 짜는 것이다. 쉽게 말해 시간을 어떻게 쓸까를 미리 생각하는 것이다. 시간계획을 짤 때 제일 중요한 게 목표를 잘 정하는 일이다. 목표에 욕심을 부리면 중간에 좌절하고, 모자라면 일을 못 마친다. 알맞게, 좀 어렵게 말하면 중용지도(中庸之道)이다. 걱정할 것 없다. 이 책을 다 읽으면 알게 된다.

목표는 흔히 마지막 목표만 고려하는데, 할아버지는 꼭 중간목표를 세웠다. 그래야 의욕을 잃지 않고, 중간평가를 해서 방향도 바로 잡고 방법도 수정할 수가 있는 것이다.

시간계획은 당장에 닥친 일로부터 길게는 10년 단위까지, 더 길게는 일생의 계획까지 두고 하는 말이다. 너무 거창한 얘기가 됐는데 겁낼 것 없다. 이 다음에 경영학 책을 보면 된다.

10년 계획과 관련해서 할아버지 경험담을 하나 하지.

1986년에 우리나라는 제10회 아시아 경기대회를 열게 되어 있었다. '85년 정부는 이 국가적 행사를 앞두고 획기적인 조치를 취했는데 그게 뭐냐? 각 경기 단체장을 대기업 총수들이 맡도록 한 것이다. 1년 후 닥칠 아시안 대회를 성공적으로 치르자면 아무래도 기업경영의 효율성을 도입할 필요가 있었기 때문이다. 그 바람에 할아버지도 생각지 않던 육상연맹을 맡게 된 것이다. 그때 다른 기업들도 나처럼 경기단체들을 하나씩 맡게 되었는데, 삼성이 레슬링, 현대가 수영, 포철이 체조, LG가 카누, 한화가 복싱 – 이런 식이었다.

나는 스포츠 행정을 처음 맡았지만 기업을 경영해 봤기 때문에 자신은 있었다. 조직을 다루는 원리는 같은 것이니까.

앞서 말한 대로 먼저 시간계획을 짰다. 좋은 계획을 짜려면 일의 성격을 잘 알아야 하니까 이길 수 있는 종목이 무엇인가를 분석했다. 그리고 이들 가망이 있는 종목들을 전략종목이라고 명명하였다. 바로 목표 선정이다.

대회까지 내게 주어진 시간은 1년 6개월밖에 안 되기 때문에 많은 종목에 도전할 수 없었다. 육상경기는 올림픽 종목 중 메달수가 제일 많은 종목으로 그 수가 무려 47개나 된다.

내가 정한 전략종목은 트랙에서 단거리 100, 200m, 중거리 800m, 장거리 5000m, 마라톤, 필드 종목에서 멀리뛰기, 높이뛰기 등 10개 종목 정도로 했다. 그리고 이들 종목에 노력을 집중케 했다.

종목마다 단기계획과 중·장기계획을 세우고 거기 맞는 목표도 잡게 했다. 이 가운데 마라톤은 일단계 평가가 끝나면서 전략종목에서 빼 버렸다. 마라톤은 1년 6개월로는 도저히 세계수준에 도달할 수 없다는 판단이 섰기 때문이다.

그리고 마라톤 만은 86 아시안 대회와 관계없이 10개년 계획을 따로 세웠다. 소위 '마라톤 재건 10개년 계획'이다.

결과부터 얘기하자면 마라톤은 아시안 대회에서 동메달에 그쳤지만, 7년 후 1992년 바르셀로나 올림픽에서 황영조 선수가 금메달을 따게 된다. 그리고 다음 올림픽인 1996년 애틀랜타에서도 이봉주 선수가 은메달을 따서 마라톤 한국의 위상을 다시 드높였다.

'86년 아시안 게임 결과는 어땠느냐고?

애초에 아시안 게임에서는 우리 육상이 많아야 금메달 2개밖에 못 딸 걸로 생각했다. 그런데 무려 7개의 금메달을 땄다.

모두가 좋은 계획을 미리 잘 세운 덕분이다.

이번엔 10년이 아니라 일생을 계획했던 옛 현자의 얘기를 하나 하지.

중국 송나라 때 주신중(朱新中)이란 사람은 마땅히 인생오계를 생각하라고 하였다.

첫째는 생계(生計)다. 내가 장차 무슨 일을 하면서 먹고 살 것인가에 대한 계획이다.

둘째는 신계(身計)다. 즉 건강하게 살기 위한 계획이다.

셋째는 가계(家計)이다. 가장으로서 가족과 후손은 어떻게 가르칠 것인가.

넷째는 노계(老計)이다. 기력이 쇠잔하는 노년은 어떻게 보낼 것인가.

다섯째는 사계(死計)이다. 한번 사는 인생이다. 죽음을 어떻게 맞이할 것인가를 생각하라.

훌륭한 가르침이지? 800여 년 전 얘기다. 현대 경영학에서도 못 본 얘기다.

경영학에서는 계획 수립에 대해 아주 자세히 설명하고 있다. 단기, 중장기 계획으로부터 목표설정의 중요성, 목표도 장단기 목표수립의 방법까지 잘 지도하고 있다.

● 일은 바로 해치운다

할아버지가 한 가지 강조하고 싶은 것은 때를 잘 읽어야 한다는 것이다. 특히 일의 시작이다. 때를 놓치면 될 일도 안 된다. 실패하는 제일 큰 원인이 대부분 때를 놓치기 때문이다.

그런데 때를 읽는다는 게 정말 어렵다. 얼마나 어려웠으면 공자 같은 분도 자신이 없다 했겠느냐.

공자는 모든 일에는 아주 딱 맞는 시간이 있는데 이것을 시중(時中)이라고 하였다. 어렵지? 몰라도 된다. 할아버지도 모른다.

그럼 왜 하느냐고? 철이 좀 들면 할아버지의 본 뜻을 알게 될 테니까.

굳이 설명을 하라면 이 세상에는 모르는 일이 너무도 많다. 그만큼 세상은 어렵다는 것이다. 그러나 이것만 알면 된다. 세상은 어렵다는 것. 그래서 겸손해야 한다는 것. 그러나 겸허한 마음으로 기도하고 절실하게 구하면 조금은 알게 된다는 것이다.

여기서 할아버지가 써 온 한 가지 방법은 가르쳐 주지.

'시중'은 정말 알기 어렵다. 그러나 '시중'에 가까이 가려면 매사를 바로 해치우는 것이다. 속전속결(速戰速決)이다.

졸속(拙速)이란 말이 있다. 일을 서두르다 그르쳤을 때 쓰는 말이다. 그러니까 좋은 뜻은 아니다.

반대말에 신중(慎重)이란 말이 있다. 할아버지는 일을 할 때는 항상 신중보다는 졸속을 택했다. 이해가 잘 안 가겠지만 할아버지는 그렇게 하는 게 맞는다고 여기고 웬만한 일은 바로 해치웠다.

물론 신중에 신중을 기하는 때도 있었지만 대개는 무슨 일이건 바로 처리하는 것을 원칙으로 삼았다. 설명을 하자면 한이 없겠다. 여기 할아버지가 겪은 일을 소개하면서 긴 설명을 대신하겠다.

1970년대 초, 할아버지는 중동 건설 현장에서 5년이나 근무한 적이 있다. 참 살벌한 곳이더라.

사우디아라비아의 동부 주바일이란 곳에 가면 제철소가 있다. 그 제철소를 지을 때 내가 속해 있던 회사와 한국 굴지의 몇몇 회사 사이에 수주경쟁이 붙었지.

다른 회사에 비해 우리는 훨씬 작은 회사라서 발주처는 처음부터 우리에게 관심조차 없었다. 그대로 가면 자격 심사에서 떨어져 나갈 게 뻔했다.

그러나 결론부터 얘기해서 결과는 우리 회사의 승리였다. 무슨 대단한 재주를 부린 게 아니다. 특별한 실력이 있어 그런 것도 아니다. 실력으로 치면 우리는 그 경쟁에 끼지도 못하는 규모였으니까.

그럼 어떻게?

바로 시간활용술이다. 무슨 일이건 떨어지기가 무섭게 바로 해치웠다.

예컨대 발주처에서 문의사항이 왔다 치자. 그러면 아무리 복잡한 내용이라도 한 시간 내에 회신부터 했다. 조사를 할일이나 회답에 시간이 걸리는 일이면 우선 날을 정해 그날까지는 완전한 답변을 하겠다고 통보만 하는 것이다.

우리 회사 중동지점은 회사 형편도 그렇고 해서 일손이 부족하기도 했지만, 이 공사 일만은 책임자인 내가 직접 맡았다. 내가 기안하고 내 손으로 텔렉스를 직접 쳤다. 텔렉스란 구식 전신전보 같은 것이지. 그때는 지금 같은 그 흔한 팩스나 컴퓨터가 없을 때다. 여러 번 통신을 주고받으면서 발주처는 우리를 주목하기 시작했다. 왜냐하면, 문의를 하기가 무섭게 회신이 돌아오기 때문이다.

그럴 수밖에 없는 것이 보통 회사조직은 계통이나 절차를 거쳐 처리되기 때문에 한 가지 일을 처리하려면 문서처리만도 하루나 이틀은 걸리게 마련이다. 그것도 일 잘하는 조직을 두고 하는 말이다.

왜냐고? 자, 문서가 들어오면 수신 도장부터 찍고 담당자에서 계장, 과장, 부장 순으로 결재를 죽 받은 다음, 윗선의 지침을 받고서야 회신문을 작성해서는 또다시 계장, 과장, 부장 순으로 결재를 한 다음에야 통신실로 넘어가 송신하게 되어 있다.

그런데 우리 회사는 그런 절차가 필요 없지 않느냐. 책임자인 내가 결심하고, 기안하고, 통신사 노릇까지도 직접 하였으니까. 그러니까 한 시간 내에 답신을 보내는 우리 회사가 발주처로서는 놀랍고 신기할 수밖에 없었을 것이다.

본격적으로 상담이 시작되어 발주처에 갔더니 그쪽 회사 담당 책임자가 진지하게 "당신 회사조직을 좀 알고 싶은데…" 하는 것이다.

나는 시침을 딱 떼고 "우리 본사는 작은 신설 회사지만 스피드와 능률 면에서 국내에서도 알아주는 회사다. 조직상 남과 다른 system을 갖고 있기 때문이다" 라고 자랑을 했지.

나의 방식이 워낙 비상식적이었기 때문에 의문을 갖는 것은 당연한 일이었을 것이다.

또 하나, 국제 비즈니스는 시차(時差)가 있기 때문에 타이밍을 잘못 잡으면 큰 차이가 날 수 있다. 가령 이쪽에서 1시간 늦어 저쪽의 퇴근시간에 걸리기라도 하면 그쪽에서는 다음날에나 보게 되고, 주말이라도 끼면 숫제 2~3일 늦어지는 것은 예사로 있는 일이다.

당시 우리와 경쟁하던 두 회사는 모두 우리보다 훨씬 크고 실적도 많은 회사였지만, 시간 활용을 잘한 우리가 이길 수 있었던 것이다.

발주자는 기술이나 관리 면에서 '70년대 유럽에서는 알아주는 독일의 루르기(Lurgi)라는 회사다.

'성공도 실패도 버릇이다.' 동유럽의 속담이다. 일의 성공을 위해서는 이처럼 간단한 버릇부터 익혀 가는 게 중요하다.

윗사람이 되어 사람들에게 일을 시켜 보면 언제까지 해오라는 말을 안 해도, 그 다음날이면 바로 결과나 방안을 가지고 오는 사람이 있다. 당연히 그 사람을 주목하게 되고 또 호감이 가게 된다.

시간활용술을 터득하면 일도 잘하고 신임도 얻는다.

● 정리 정돈

당장 네 책상으로 가서 책상 위에 미결서류가 얼마나 있는지, 또 그냥 그렇게 두어야 할 이유가 정말 있는지를 따져 보라.

필경 책상 위에는 미결서류뿐만 아니고 여러 가지 없어도 될 서류며 책이며 또 집기류가 있을 것이다. 그리고 십중팔구는 미결서류가 있게 마련이고, 또 미결로 있어야 할 이유가 없는 서류도 많을 것이다.

일 잘하고 못하는 차이는 정돈에도 있다. 내가 건설회사에 있을 때 일 잘하는 현장은 방문해 보면 금방 알 수 있었다. 정리 정돈이 잘 된 현장이다.

한쪽에서는 험한 작업을 하고 있긴 하지만 당장에 일을 안 하고 있는 구석은 깨끗하고, 각종 자재가 잘 정리 정돈되어 있는 현장이었다. 그런 현장은 공기(工期)도 잘 지키고, 작업의 품질도 좋았다.

참 이상한 일이다. 정리 정돈을 하자면 공사 작업 말고 추가로 정리 작업을 해야 하지 않겠느냐.

일손도 더 들어갈 거고, 진도도 늦을 것 같은데, 그게 아니었다. 바로 정리 정돈의 효과일 것이다.

7. 발표력

사회생활에서 외국어 못지않게 중요한 것이 발표력이다. 아랫사람일 때는 윗사람이 되기 위해 필요하고, 윗사람이 된 다음에는 아랫사람들을 거느리기 위해 필요한 능력이다. 외국어와 마찬가지로 현금과 같이 바로 쓸 수 있는 능력이므로, 발표력은 꼭 훈련해 두어야 한다.

원고 준비는 강연의 격(格)이 달려 있는 가장 중요한 단계이다. 할아버지가 수년간 모아놓은 자료를 사용하면 문제는 없을 것이다. 인터넷 시대가 되면서 쓸모가 떨어지긴 했어도.

공식연설이나 학술발표를 할 때에는 전문(全文)을 작성해야 할 것이다. 그러나 간단한 소견 발표나 훈시는 원고를 작성하기보다 중요한 점만 메모해 가는 게 좋다. 준비된 원고를 죽 읽어 내리는 것보다는 원고 없이 할 때가 더 인간적이라 빨리 가슴에 와 닿는다.

훈시 같은 것은 내용 자체도 딱딱한데, 원고를 읽기만 한다고 생각해 보아라. 선언문이나 포고령같이 되고 말 것이다. 그러니까 청중에 따라 원고작성 방법이 달라야 한다.

다음 단계는 연습인데 이것은 아무리 자신이 있는 내용이라도 꼭 한 번 해보아야 한다. 많이 하면 더욱 좋고…. 먼저 누군가의 앞에서 원고를 큰 소리로 읽어야 한다. 발음이 잘 안 되는 단어, 의미 전달이 분명치 않는 말은 고치고, 리듬과 호흡이 편하게 될 때까지 교정을 받는다. 할아버지는 주로 혜준이 엄마가 상대를 해 주었는데, 나의 훌륭한 스피치 선생이었다.

진짜 강연하는 날에는 자세와 걸음걸이를 유념해야 한다. 먼저 연단으로 나갈 때 자신 있는 당당한 태도로 걸어 나간다. 역시 우리 집 자세와 걸음걸이로 나가면 틀림없다. 물론 떨리지. 그러나

이 단계가 청중에게는 첫인상을 주는 때이므로 매우 중요하다. 떨린다고 자세와 걸음마저 위축되어 연단으로 끌려가듯 나간다면, 그 연설은 그 순간부터 실패한 것이나 다름없다. 강연과 훈시를 여러 번 해온 할아버지도 떨리는 것은 항상 마찬가지더라. 연습한 분량과 횟수가 많아지는 만큼, 그 정도와 떨리는 시간이 짧아질 뿐이지.

　내가 몇 가지 요령을 알려 주지.
　연단에 서기 전, 먼저 깊은 숨을 몇 번 쉰다. 이때는 내쉬는 숨을 먼저 더 길게 한다. 그리고 온몸의 근육을 이완시킨다. 어깨를 두어 번 쳐들었다가 가볍게 내린다. 그리고 자신 있게 걸어나가는 것이다.
　연단에 서면 마이크 높이를 적당하게 조정하고 체중을 두 발에 얹는다. 그리고 두 팔은 책상 위에 올려놓으며 주먹을 두어 번 불끈 쥐었다 편다.
　두 손은 책상 위에 모으지 말고 양모서리에 둔다. 책상이 없을 때는 두 손을 앞에서 맞잡는다. 허리에 올려놓거나 뒷짐은 금물. 맞잡는 것이 불편하면 깍지를 끼거나, 두 발을 적당히 어깨 넓이로 벌린 상태에서 팔을 내려뜨린다.
　어떤 스피치 책에서는 청중을 모아놓은 보리자루나 돌덩이들로 여기라고 하는데 그건 말이 안 되는 소리다. 혹시 마음은 안정될지 모르나 강연은 실패한다. 청중을 무시하는 행위는 어떤 형태로라도 금기다.
　강연 중, 시선은 한 번에 한 사람씩 주어야 한다. 한쪽만 보고 얘기하는 것은 금물. 적당한 속도로 좌우를 바라보도록. 고개를 빨리 돌리거나 불필요한 동작도 금물. 제스처는 내용을 화려하게 해주는 수단인데, 할아버지가 제일 자신이 없는 대목이다. 따로 책에서 배우도록 하여라.

연설에서 원고(내용) 다음으로 중요한 것이 발표이다. 즉, 말의 표현인데, 나는 말하는 것도 노래와 같은 것이라고 생각한다. 그래서 말의 높고 낮음, 길고 짧음과 강하고 부드러움은 반드시 연습을 해두어야 한다. 사실 이 훈련은 갑자기 되는 것이 아니다. 표현의 강약과 억양을 초등학교 국어 시간에 배운 것을 활용하면 된다. 국어 시간에 큰 소리를 내어 읽은 기억이 날 것이다. 그러니까 모든 연설문은 큰소리를 내어 연습해야 한다.

또 하나, 호흡조절이 중요하다. 대개 연단에 올라서면 누구나 긴장하여 자기도 모르게 호흡이 짧아진다. 그러니까 연단에 올라서면 의식적으로 길게 숨을 내쉰다. 그래야 호흡이 길어진다. 중요한 요령의 하나이다.

스피치를 잘하는 요령은 지금까지 말한 여러 기법도 중요하지만, 선행되어야 할 기본은 역시 적극적인 태도가 아닌가 싶다. 강연이나 강평 또는 얘기를 하여야 할 기회가 있을 때 꽁무니를 뺄 게 아니라 남보다 앞서서 소견을 얘기하는 것이다. 이런 게 모두 자기를 단련하는 계기가 되고, 이런 경험을 통해서 발표력은 크게 발전한다. 또 가장 극복하기 어려운 소위 '무대공포증(舞臺恐怖症)'이라는 떨리는 문제도 해결할 수 있다.

평소에는 말은 아끼고 사양하되 대중연설은 사양하지 말라. 또 화려한 표현에 대해서도 인색할 필요가 없다. 강연은 필요하기 때문에 하는 것이다. 그러니까 들을 가치가 있는 내용이 되어야 한다. 그러자면 사전에 준비를 잘 하는 것이 청중에 대한 예의이다. 내용에 자신이 없으면 차라리 발표를 하지 말라. 청중에게 폐가 되고, 자기의 품위와 평가마저 떨어진다.

또 하나 발표력의 중요한 수단은 글로 자기의 뜻을 발표하는 능력이다.

글을 잘 쓴다는 것은 큰 재산이다. 작문훈련은 일기를 쓰는 것으로 족하다. 초등학교 때부터 대학까지 계속할 수 있으면 어느 문필가보다 훌륭한 글을 쓸 수 있을 것이다. 반 페이지라도 좋으니 매일 쓴다. 그게 여의치 않으면 이틀에 한 번씩이라도 쓰는 것이 중요하다.

말의 발표력이 하루 이틀에 늘지 않듯, 문장력은 그보다 더 긴 훈련이 필요하다. 부끄러우나 문필가도 아닌 할아버지가 이런 글이라도 쓸 수 있는 것은 다 일기를 써온 덕분이다.

8. 윗사람 노릇은 어렵다

윗사람 노릇은 참 어렵다. 잘 해야 하니까 어렵고, 중요하니까 잘 해야 한다.

사회는 어른이 시작하고 어른들 중에서도 윗사람이 끌고 가는 조직이다. 그러니까 '닭이 먼저'일 수밖에 없다. '달걀이 먼저'라는 말은 억지이다.

우리는 아침이 하루의 시작인데, 유대인은 저녁이 하루의 시작이다. 맞물린 아침과 저녁에 시작과 끝이 있으랴마는, 정하기에 따라 시작이 있듯이 닭도 달걀도 정하기 나름이다.

인류가 아담에서 시작했듯이, 닭도 달걀 아닌 닭에서 시작하는 것이 순서이다. 새벽을 알리는 장닭의 울음소리에 뜻이 있지, 달걀 꾸러미 속의 침묵은 의미가 없다. 어른의 세계, 그 중에서도 윗사람의 세계는 중요하고 어렵다.

할아버지가 체육 관계 일을 맡아 아시안게임과 올림픽을 준비할 때, 달걀이 아닌 닭의 원리에 따라 선수보다 지도자에 역점을 두었던 것도 다 그 때문이다.

윗사람은 이처럼 사회의 중추(中樞)요 시발이다. 가장(家長)이 잘해야 집안이 편안하고, 지도자들이 잘해야 나라가 발전한다.

윗사람이 되려면 우선 마음에서 빛이 나야 한다. 앞에서도 말했듯이 빛이 있어야 사람이 따르지, 그것이 없으면 오징어 한 마리도 따르지 않는 법이다. 사람이 따라야 윗사람이지, 대접 받는 것이 윗사람이 아니다.

윗사람도 분명히 알아야 할 게 아랫사람이란 부리는 대상이 아니라 따르게 하는 대상이다. 길을 앞서 가는 '지도자'가 되어야지 사람들을 끌고 가는 '견인자(牽引者)'가 돼선 안 된다.

세계적으로 유명한 초급장교 육성기관인 미국의 보병학교 교훈도 '나를 따르라(Follow Me)'다. '앞으로 나서라'가 아니다. 그러니까 윗사람의 가장 중요한 요건은 '얼마나 사람이 따르는가'이다.

분명히 말해 두지만 사람이 안 따르면 윗사람 노릇하기를 단념하라. 본인도 괴롭고, 사회에 대해서도 큰 죄악이다. 나는 이 죄가 법으로는 안 다스려지지만, 정말 사회가 발전하고 인류가 발전하려면 이것도 법으로 다스려져야 한다고 생각하는 사람이다. 그릇된 윗사람으로 인하여 얼마나 많은 조직이 쇠퇴하고 얼마나 많은 사람이 고통을 받고 있는가?

주위를 살펴보면 금방 깨닫게 될 일이지만 조직이 망하고, 나라가 기우는 것도 모두 윗사람 탓이다.

사람들이 대폿집에서 푸념하는 모든 대상이 윗사람이다. 삿대질의 대상은 으레 사장이요, 지도자가 아니더냐?

돌이켜 보면 링컨과 처칠 같은 지도자가 있었는가 하면, 히틀러나 스탈린 같은 인물도 있었다는 것을 생각할 때, 윗사람의 사명과 그 중요성이 어찌 말로 표현될 일이겠느냐?

두 번째, 책임질 마음이 없으면 절대로 윗사람 노릇을 하지 말라. 그림을 그리든 자유업을 하든 혼자 벌어먹고 사는 길을 가야지, 책임질 일에는 쏙 빠지고 좋은 것만 누리겠다…, 얼마나 뻔뻔스러운 태도인가. 그래 죄가 안 될 것 같으냐.

윗사람이 잘못하면 많은 사람들이 고통 받고 조직이 망하고, 사회가 쇠퇴하고, 나라가 기울고, 세상이 어지러워지는데, 그래도 못난 놈이 윗사람 되겠다고 나서서야 되겠느냐.

우리 집 사람치고 이 두 가지 조건에 자신이 없으면 아예 윗사람으로 나서지 말지어다.

● 상(賞)과 벌(罰)

윗사람이 되어 많은 사람을 다스리면서 자주 당면하는 문제는 공(公)과 사(私)를 구별하는 일이요, 다음이 상벌(賞罰) 문제이다. 공과 사의 문제는 할아버지가 앞서 여러 차례 얘기를 했기에 여기서는 상벌에 대해 얘길 하겠다.

읍참마속(泣斬馬謖)이라는 고사(古事)가 있다. 공명(孔明)이 아끼던 장수의 실패를 물어, 울면서 그의 목을 베었다는 일화이다.

후세 사람들이 일벌백계의 대표적인 예로, 또 추상(秋霜) 같은 군율 앞에는 인정이나 그 무엇도 용납될 수 없다는 교훈으로 삼는 얘기이다.

그런데 실패의 책임을 목숨으로 물게 한다? 꼭 그렇게 해야만 할까?

윗사람 노릇 중, 상을 주고 벌을 주는 일은 정말 어렵다. 공(功)의 크기와 잘못의 정도를 잘 가려야하고, 따르는 상벌의 정도도 거기 맞아야 하기 때문이다. 그래서 신상필벌(信賞必罰)이라는 사자성어가 있을 정도로 상벌을 잘 하라는 경구도 있다.

특히 벌을 주어야 할 때는 심리적 부담을 많이 느낀다. 하물며 사람의 목숨이 걸린 일이라면, 그것을 결정하는 사람의 마음은 과연 어떻겠는가? 제갈공명은 아끼는 장수의 목을 벴다. 얼마나 괴로웠겠느냐.

그래서 후세 사람들은 이 고사를 두고 시비가 엇갈린다.

내 생각은 마속(馬謖)을 참한 것은 지나침이 아니었나 싶다. 부하를 다루는 일을 두고 그것이 배반이 아닌 이상 목숨을 빼앗는 일만은 피하는 게 옳다고 본다. 마속의 경우, 공명의 지시를 어긴 것일 뿐, 비겁했거나 나라에 해를 끼치려는 뜻은 추호도 없었다. 딴에는 더 잘 해보려고 자기 고집대로 해 본 것이다. 문제는 능력이 안 따라준 것이었다. 그러니까 이 경우에는 파직(罷職)이 마땅하였던 게 아닌가 싶다.

왜냐하면 내 생각은 '끝장을 내는' 일은 되도록 피하는 게 좋다고 보기 때문이다. 특히 벌을 줄 때는 여운을 남기는 게 현명한 처사라고 생각한다. 기회를 주어야 한다는 말이다.

굳이 옛 고사를 들어 거론하는 까닭은 내가 봉직(奉職)을 하면서 가장 어려웠던 일이 공사(公私)를 구분하는 일이요, 그 다음이 상벌(賞罰) 문제였기 때문이다.

상벌 문제에서 내 나름대로 따르던 원칙은 벌보다는 상을 더 주는 일이었다. 윗사람이란 벌보다는 희망을 주고, 용기를 주고, 기회를 주는 사람이어야 하기 때문이다.

경상북도 월성이라는 곳에 가면 한국전력 원자력발전소가 있다. 발전소 마당 가운데에는 '85년도 세계 최고 원자력발전소 운전실적을 기념하는 기념비가 서 있다. 당시 운전중인 전 세계 500기(基)의 원자력발전소 가운데 월성 발전소가 그해 최고의 운전평가를 받은 걸 기념하기 위해 세운 것이다. 그런데 이 기념비는 당시 월성 발전소 직원들의 눈물겨운 노력의 결과라서 그 뜻이 더욱 큰 것이다.

'84년 10월, 기계 통제실 요원의 실수로 원자력 발전기에 고장이 났다.

원래 원전운전요원들은 항공기 파일럿과 같이 장기간에 걸쳐 전문적인 훈련을 받은 사람들이다. 따라서 그런 사고는 나지 않는 법이다. 그들도 역시 사람인지라 실수를 한 것이다. 다행히 대형 사고로 이어지기 직전 원자로는 자동적으로 정지되었지만 발전소는 3개월 이상 문을 닫아야 했다.

원자력발전소는 비행기와 달라 파국으로까지는 안 가게 설계되어 있다. 즉, 안전장치가 2중이 아니라 3중으로 돼 있기 때문이다. 한마디로 원자력발전소는 사고를 완전히 막을 수 있는 조치가 되어 있어 절대 안전하다.

얼마 전 일본의 후쿠시마 원전 사고가 큰 물의를 일으켰지만 사실은 발전소 안전 시스템은 완전히 작동했다. 문제는 천 년에 한 번 있을까 말까 한 쓰나미 때문이었다. 조사 결과 600년 전쯤에 그런 쓰나미가 있었다는 것을 알게 되었다.

세상은 일본의 전력관계자들의 생각없음을 비판하지만 확률상 천 년에 한 번 있는 천재(天災)까지 고려하라는 것은 무리다.

어떻든, 우리 회사의 월성사고는 보통일이 아니었다. 회사의 손해(약 800억 원)는 말할 것도 없고 우리 원자력 기술에 대한 평가와 신뢰도에도 큰 손상을 입혔기 때문이다. 본사가 발칵 뒤집히고, 정부도 큰 걱정을 할 정도였다.

사고의 성격상 발전소장은 응당 사표를 써야 하고, 해당 간부와 그날 통제요원들은 중징계를 받아야만 하였다. 나는 그날로 관계 전무를 데리고 현장으로 달려갔다. 지구의 종말이라도 온 듯 발전소 분위기는 무겁고 살벌했다. 어깨가 축 늘어진 소장 이하 300여 명의 직원들은 고개를 들지 못하고 있었다. 나도 일을 어떻게 처리해야 할지 고민스러웠다. 자를 것인가, 기회를 줄 것인가?

발전소 소장은 한국 최고의 명문대와 외국에서 오랜 훈련을 쌓은 알아주는 원자력 전문가다. 또 이곳 요원들은 회사의 최정예부대가 아닌가?

일단 전 직원을 강당에 모았다. 장내는 태고의 정적(靜寂)이 내리 누르고 있었다. 모두가 고개를 떨어뜨린 채, 나를 쳐다보질 못했다.

나는 천천히 말을 시작하였다.

"사람은 실수를 할 수 있다. 문제는 실수를 어떻게 만회하는 가이다. 여러분은 이번 일로 회사에 큰 손해를 입혔다. 회사에 큰 빚을 진 것이다. 그 빚만 갚으라. 일 년 동안 기회를 주겠다. 빚을 갚기만 한다면, 어느 누구에게도 책임을 묻지 않겠다."

장내가 잠시 술렁거렸다. 사표를 받고, 감봉 조치가 떨어지고, 징계위원회가 열려야 할 판에 '빚만 갚으라!'로 끝났으니 - 모르긴 해도 소장 이하 책임을 질 간부들은 그날 밤 몰래 울었을 것이다. 그리고 직원들은 기필코 회사에 보답하리라고 가슴으로 다짐을 하였으리라.

그로부터 현장은 마치 돌격을 앞둔 전투부대와 같았다. 발전소 소장을 중심으로 350명 직원들은 자신들의 명예회복을 위해 한 덩어리가 되었다.

1년의 세월이 흘렀다. 그리고 세계 최고 운전기록을 월성이 달성한 것이다. 한전으로서도 처음으로 얻은 영예였다. 끝장을 내지 않고 기회를 준 덕분이다.

● 뚝심

윗사람 자리에 오르면 일이 주어지고 책임이 따른다.

책임자가 되면 임무완수라는 사명이 따른다. 그러니까 일도 잘 할 줄 알아야 한다. 그런데 학문으로 보나 재주로 보나 일류에 속하는 사람인데도 일을 맡기면 시원찮은 경우를 많이 본다.

그것은 대개 다음과 같은 두 가지 이유 때문이다. 첫째 때를 읽는 눈과, 둘째는 뚝심에 문제가 있기 때문이다.

때를 읽는 일에 대해서는 앞서 시간활용술 때 얘기를 했기에 여기서는 뚝심에 대해 얘길 하겠다.

여러 사람을 거느려 보면 성격과 특기가 제각각이라 예상치 않던 일에 봉착할 때가 있다. 일이 순조롭게 나갈 때는 별일이 없다. 그러나 일이 난관에 부딪혔을 때 생각지 않던 혼란에 빠질 수 있다. 사람들의 개성이 제각각이기 때문이다. 중구난방(衆口難防)이란 말이 있듯 제각기 다른 의견들이 쏟아져 나오기 때문이다. 이 때 책임자가 중심을 못 잡으면 큰 낭패를 보기 십상이다. '사공이 많은 배 산으로 올라간다'는 우리 속담 그대로다.

윗사람이 정신을 바짝 차려야 하는 순간이다.

그러면 무슨 수로 혼란을 수습 하는가.

할아버지도 아직은 미치지 못하는 영역이라 자신은 없다. 굳이 애길 하라면 - 책임자의 뚝심이다. 지금부터 얘기는 할아버지의 방식이다. 참고는 될 것이다.

무슨 일을 도모할 때 소위 때는 대개 시초에 있다.

남들이 '이때다' 하고 생각할 때는 이미 늦었다. 기미(機微)가 보일 듯 말 듯 할 때, 그리고 기운이 돌기 시작하는 것 같은 그때 를 놓치지 말고 우선 일을 저지르는 것이다. 바로 해치우는 것이다. 소위 속전속결(速戰速決)이다.

물론 모험이다. 시작한 자신도 내심 깊은 곳에 불안이 있다. 그래서 뚝심이 필요한 것이다.

초기엔 별별 말이 아랫사람 사이에 나돌고, 평소 탈 없던 기계가 말썽을 부리고, 조직끼리 티격태격하고…, 기를 죽이는 일이 한둘이 아닐 것이다. 이것이 바로 일을 시작한 초기에 한꺼번에 일어나는 일들이다.

왜 그런지 아느냐? 우선 남들이 감히 생각 못한 때에 일이 시작 되었으니, 자기를 뺀 모든 사람의 마음이 미처 따르지 못하고, 조 직도 채 준비가 안 되고…, 절로 욕과 불평이 쏟아지게 마련이다.

이때가 바로 첫 고비다. 이 고비를 눈 딱 감고 뚝심으로 버텨야 한다. 남들은 몰라도 자기는 일을 저지를 때 이미 각오가 되어 있 었고, 당연히 중요한 몇 군데 맥은 짚어 놓았기 때문이다.

한동안은 모든 게 잘 나간다. 사람들도 생각보다 일들이 순조로우니까 신이 나기 시작한다. 본인도 흥이 난다. 손발이 척척 맞아떨어지고 일은 쑥쑥 뻗어간다. 주위 사람들이 손뼉을 치고 부러운 눈으로 바라본다.

그러던 어느 날 덜컥 문제가 생긴다. 대개 중간지점을 막 통과했거나 끝날 무렵이다. 당연한 일이다. 순조로우니까 사람들의 긴장이 풀리고, 잘 나가니까 건방진 생각도 들었다. 주위의 많은 칭찬에 오만해진 것이다.

긴장이 풀려 잠시 고삐도 늦추고 한눈도 판다. 그게 사람이다. 정도의 차이만 있을 뿐, 사람은 모두 마찬가지다. 두 번째 고비가 온 것이다. 그래서 사람은 항상 겸허해야 한다는 것이다.

그러니까 윗사람은 이 고비가 으레 있을 것으로 알고 미리 기다려야 하고, 일이 벌어지면 한 번 더 뚝심으로 밀어붙이리라 다짐하고 있어야 한다.

이번에는 처음과 달리 버티는 것이 아니라 밀어붙이는 것이다. 끝날 때까지 말이다. 왜 버팀만으로 안 되고 밀어붙여야 하나? 서서 넘어질 때보다 뛰다가 넘어지면 더 힘들 것은 당연한 일.

사람들이 지쳐 있다. 기계 고장도 많이 날 것이다. 그러니까 처음보다 배는 힘들게 되어 있다. 경우에 따라서는 사람들이 좌절할 때도 있다. 그래서 버티는 것이 아니라 밀어붙이는 것이다.

이때가 리더십의 성패가 갈리는 가장 중요한 고비이다. 리더는 바로 이런 위기를 예견하고 기다리고 있어야 한다.

그리고 일이 닥치면 분연히 일어서서 부하들을 독려하고, 하늘이 무너져도 굴하지 않는 기개(氣槪)로 밀어붙인다.

이렇게 해서 일은 성사가 되는 법이다. 할아버지 방식을 사람들은 흔히 옹고집방식이라고 금기로 삼는 이들도 더러 있다. 그러나 짧은 경험이긴 하지만 할아버지는 이 방법으로 많은 일을 성공시켰다.

마음을 닦아라. 닦으면 보이리라. 닦고 닦아도 안 보이면 그때는 윗사람 노릇을 단념하고, 자리에서 물러서라.

9. 나의 친구는 누구인가

얘들아 어쩌다가 오늘 걱정거리가 생겼다 하자. 아니면 신변에 위태로운 일이 일어났다고 하자. 제일 먼저 머리에 떠오르는 사람이 누구일까?

물론 부모 형제다. 그리고 또? 친구이겠지. 그런데 대부분의 사람에게는 그만한 친구가 있기 힘들다. 자기 생각으로는 '그 친구는…' 하고 생각할지는 모르나 막상 일이 닥치고 보면 대개는 꽁무니를 빼게 마련이다.

실로 위기에 처해 위험을 나눌 수 있는 친구란 얻기 힘들고, 반대로 정말 그런 친구를 얻을 수만 있다면 그 사람의 일생은 성공한 인생이다. 그만큼 진정한 친구란 얻기 힘들다는 말이다.

'나의 친구는 과연 누구인가?' 한번 조용히 스스로에게 물어 보라. 그만한 친구가 너에게는 있는가? 없더라도 실망할 것은 없다. 만들면 되는 것이다. 또 그렇게 되도록 노력하면 되는 것이다. 꼭 위험을 같이 할 친구가 아니라 기쁨만이라도 같이 할 친구는 세상을 살아가는 데 필요하다.

'인생에서 우정을 떼 내어 버린다는 것은, 이 세상에서 태양을 없애버리는 것과 같다(키케로)'[71]까지는 아니더라도, '사람은 누구나 친구의 팔 가운데 휴식을 구하고, 그곳에서 슬픔까지도 마음껏 터놓을 수 있기(괴테)' 위해서도 친구는 필요한 것이다.

《역경(易經)》에서는[72] 참다운 친구를 두고 이렇게까지 말하고 있다.

'두 사람이 마음을 합치면 무쇠까지도 자를 수 있다.'

우리가 한평생을 사는 데 가장 큰 축복은 역시 건강이고, 다음이 좋은 사람을 만나는 것이 아닐까 싶다. 좋은 부모, 좋은 스승, 좋은 친구, 이렇듯 좋은 사람을 단 한 사람이라도 만날 수 있다면 그것은 축복이다.

세상에는 기지가 넘치고 지혜로우며, 훌륭한 인품을 지닌 사람들이 많다. 이 사람들을 다 만날 수는 없겠지만, 뜻을 가지고 찾으면 좋은 사람을 만나게 될 것이다. 같은 연배가 아니어도 좋다. 자기보다 어린 사람도 좋고, 나이 많은 분도 좋고, 인격만 훌륭하다면 그것은 문제가 아니다.

자기 영혼의 눈을 번쩍 뜨이게 하는 그런 인물이 세상에는 있기 마련이다. 그러니까 찾아 나서야 한다. 찾아오기를 기다려서는 안 된다는 말이다. 옛 사람들도 10년 차이는 벗해도 좋다고 하였으니까, 나이는 상관할 필요가 없지 않겠느냐.

그러면 어떻게 사람을 고르고, 어떻게 사람을 찾아내야 할까?

---

71) 키케로(Marcus Tullius Cicero BC 106~43)가 남긴 말이다. 키케로는 로마의 정치가이자 철학자로, 벌률 정치상의 논책(論策) 외에 풍부한 그리스적 교양으로 많은 논술을 남겼다.
72) 《역경》은 주역(周易)을 유교의 경전이라 일컫는 이름. 중국 주나라 때 천문, 지리, 인사. 물상을 음양변화의 원리에 따라 해명한 것이다.

'처음 사람을 만나면 최대의 경의를 표하되, 도둑 보기와 같이 경계하고 신중히 관찰할 것이며, 아내를 구할 때는 한 단계 낮추고, 친구를 구할 때는 한 단계 올려 사람을 얻어라.' 서양의 격언이다.

사람을 관찰하는 요령은 먼저 자세를, 다음에 눈을, 그리고 말을 관찰한다.

이 세 가지를 보면 대개 '마음의 빛'이나 그 사람의 '기상'을 읽을 수 있다.

말수가 적은 사람, 말을 해야 할 때도 되도록 말을 아껴 하는 사람이 좋으리라. 자신이 없으면 조금 참으면 된다. 시간을 두고 관찰해야 하는 것이다.

'빈곤이 문으로 들어오면, 거짓 우정은 곧 창문으로 도망가고'[73] '번영은 벗을 만들고, 역경은 벗을 시험'하니까,[74] 이 사람이 내 돈만 보고 왔는지, 위험을 나눌 친구인지 금방 알게 된다.

좋은 사람을 찾았으면 우정을 잘 가꾸어야 한다. 가꾸는 일은 그동안 내가 한 얘기를 잘 상기하면서 해보아라. 틀림없이 성공할 것이다. 또 우정을 맺으면 한 번으로 끝나서는 안 되고, 우정의 깊이가 더욱 깊어지도록 노력하지 않으면 안 된다. 또, 그곳엔 희생이 따른다는 것도 알아야 한다.

---

73) 뮐러(Wilhelm Müller, 1794~1827)의 말. 뮐러는 독일 후기 낭만파의 민중시인. 그의 작품 《아름다운 물방앗간의 소녀》《겨울 나그네》 등은 슈베르트가 작곡하여 널리 알려졌다.

74) 《도덕 격언집(Moral Sayings)》을 쓴 퍼블리우스 시루스(Publius Syrus, B.C. 85~43)의 말.

'친구가 야채를 갖고 있거든 고기를 선물하라.'《탈무드》에 나오는 말이다.

'친구를 수렁에서 건졌을 때 자기 옷에 흙이 묻는 것을 개의치 말라.' 서양의 격언이다.

'재물이 아까워 남에게 나누어주지 못하는 자는 더불어 벗으로 삼을 수 없다.' 묵자(墨子)의[75] 말.

뭐니뭐니 해도 작은 마음씀씀이다. 정성이다. 시간이 나면 상대방을 위로하고 격려하며 가끔 전화로 안부를 묻는다. 두 달에 한 번쯤은 식사를 함께 하고, 석 달에 한 번쯤은 산행이나 운동도 같이 하고, 사정이 허락하면 일 년에 한 번쯤은 여행을 같이 한다.

목책이 무너지면 목장의 소는 달아난다. 늘 점검하고, 허술한 곳을 고쳐나가는 정성이 있어야 하는 것과 마찬가지다.

마음을 탁 터놓고, 의존할 일은 의존하고, 나누어 가질 것은 나누어 가지며, 기쁨은 함께 하고 슬픔도 나누어 갖는다. 궂은 일은 말리되, 정 못 말리면 혼자서 쏙 빠지지 말고 같이 하라.

《탈무드》에 나오는 '마늘을 먹을 때는 혼자 먹지 말라'는 말과 같이, 위험이 닥치면 함께 덤비고 필요하다면 희생도 각오해야 한다. 그것이 진정한 친구이다.

세상에는 조심할 일이 또 하나 있다. 좋은 친구는 정성껏 가꾸되, 나쁜 친구를 조심하는 일이다.

─────────────

75) 묵자(墨子, BC 470?~BC390?)는 중국 전국시대 노(魯)나라 철학자로 제자백가의 하나인 묵가(墨家)의 시조. 본명은 묵적(墨翟). 그의 사상과 주장을 모은 책이《묵자》이다.

'친구에는 세 종류가 있다. 빵과 같은 친구는 늘 필요하다. 약
(藥)과 같은 친구는 가끔 필요하고, 병과 같은 친구는 될수록 피해
라.' 서양 속담이다.

'병과 같은 친구'는 좋은 친구 못지않게 조심하고 경계해야 한
다. 적은 멀리 있는 것이 아니라 늘 가까운 곳에 있기 마련이다.
그래서 '가짜 친구보다 공공연한 적이 낫다'는 서양 격언이 있는
게 아니겠느냐?

적은 보이지만 가짜 친구는 안 보이기 때문에 더욱 조심해야
한다는 말이다.

또 하나, 새로운 적을 만들지 않는 일이다.

남들이 모두 신이 안 날 때, 혼자 신나고 좋은 일이 많으면 이유
없이 적을 만든다. 또 남보다 빛나는 자리로 올라가도 모르는 사
이에 새로운 적을 만든다.

좋아하는 것도 주위를 보아가며 조심하고, 승진하면 할수록 몸
을 숙이고 많이 베풀어라. 만날 형편이 안 되면 전화라도 직접 걸
어주어라. 경조사는 빼지 말고 참석해야 한다. 특히 어려운 일, 상
사(喪事)에 대해서는 각별한 배려가 필요하다. 자리가 높아질수록
이 점은 더욱 유념하여야 할 것이다.

누가 빵 같은, 누구는 약 같은, 그리고 누가 병 같은 친구인지를
조심스럽게 식별하고 처신하자.

'나의 친구는 누구인가?'

때때로 조용히 자신에게 물어보아라. 단 한 사람이라도 그런
친구가 있다면 네 인생은 성공한 것이다.

할아버지가 사회생활을 하면서 친구의 중요성을 깊이 느꼈던 경험담을 하나 얘기하지.

2011년 8월, 대구는 세계육상선수권대회(The World Athletics Championship)를 개최하였다. 이 대회는 올림픽, 축구의 월드컵과 함께 세계 3대 스포츠 대회의 하나로 한국에서는 잘 모르지만 세계적으로 매우 인기 있는 국제스포츠 행사다. 따라서 이 대회 유치는 여간 어려운 게 아니다.

대회 유치를 위해서는 어느 나라나 거국적으로 유치위원회가 구성되고, 정부와 해외공관, 민간외교까지 동원된다.

유치경쟁이 얼마나 치열한가는 2018 평창동계올림픽 유치를 생각해 보면 금방 이해할 수 있다. 다 아는 얘기지만 평창은 우리가 세 번이나 도전해서 겨우 따오지 안 했더냐.

세계육상선수권대회를 유치하려면 중요한 조건이 하나 있다. 그것은 바로 그 나라에서 육상경기의 인기가 있느냐 없느냐이다. 인기가 없으면 관중이 없고 관중이 없으면 TV가 안 비춰주고, 대회운영까지 안 되니까 대회개최도시 결정은 국제육상연맹 집행이사회가 나서서 의결로 선정한다. 그래서 아시아에서는 그때까지 일본을 빼고는 어느 나라도 이 대회를 연 적이 없었다. 중국도 명함을 못 낼 정도니까.

그런데 육상경기 인기가 없는 한국에서, 그게 서울도 아닌 한국의 대구가 어떻게 그런 엄청난 대회를 유치할 수 있었던가. 할아버지의 친구들 덕분이다.

25명으로 구성된 국제연맹 집행이사회는 2007년 3월 27일 몸바사(케냐)에서 이사회를 열고, 2011년 제13회 세계선수권대회 개최도시로 대구를 선정하였다.

한국에서 육상 인기가 없는 데도? 그렇다. 어떻게?

바로 우정이란 것이다. 앞서 말한 '동지'의 힘이다. 자랑 같지만 할아버지의 청을 친구들이 들어 준 덕분이다. 물론 공식기관인 유치위원회, 해외공관, 대구시, 심지어 정부와 국회까지 나서서 총력전을 편 것도 큰 힘이 되었다.

할아버지는 1991년부터 집행이사로 일해 왔기 때문에 동료이사들이 나를 너무도 잘 알고, 나도 그들을 잘 이해하는 처지였다. 특히 나를 옆에서 지켜보시던 할머니도 애를 많이 쓰셨다. 국제모임에는 모두가 동부인을 하니까 할머님 역할도 큰 몫을 하였지.

집행이사는 200여 육상회원국 회장들이 매 4년마다 열리는 국제연맹총회에서 선거로 뽑는다. 각 지역 대표, 이를테면 아시아. 유럽, 호주, 미주, 남미, 아프리카 등 6개 지역 대표는 자동적으로 집행이사가 되고, 25명 정원에서 이들 6자리를 뺀 19석만 직접선거로 뽑기 때문에 경쟁은 꽤 심한 편이다. 게다가 여성 집행이사 자리 6석까지 빼고 나면 남자끼리의 경쟁은 더 치열할 수밖에.

집행이사 임기가 4년이라서 4년 차 총회가 있을 때마다 사람들이 바뀐다. 나같이 여러 번 당선되는 사람은 많지 않고 4, 5명 정도지.

대구와 유치 경쟁을 벌인 도시는 모스크바, 호주의 브리스베인, 스페인의 바르셀로나, 대구, 이렇게 4개 도시였는데 스페인은 중도에서 기권하고 마지막 투표까지 간 곳은 모스크바, 브리스베인, 대구 셋이었다.

투표에는 집행이사 총 25명 중 23명만이 참가했다. 나는 이해 당사국이라 빠지고, 또 이사 한 분이 결석을 했기 때문이다.

1차 투표에서 놀랍게도 대구가 16표를 얻어 단번에 개최지로 결정되었다. 이때 브리스베인은 5표, 모스크바가 2표를 얻었다. 어느 도시건 과반수를 못 얻으면 과반수를 얻을 때까지 투표를 하는 게 체육계 관행이다.

투표결과가 나왔을 때 투표에 참가한 이사 자신들도 놀랐고 세계체육계가 더 놀랐다. 너무도 예상 밖의 결과였기 때문이다.

집행이사는 20여 명에 불과하니까 모두가 아주 가까운 친구사이다. 누가 누구를 내놓고 지지하기란 어렵다. 대개 언어권을 중심으로 친소관계가 형성되면서 문제가 있을 때는 언어권끼리 단합하고 이해를 조정한다.

언어권은 크게 영어, 스페인어, 불어, 이렇게 셋으로 나눌 수 있는데, 영어권과 스페인어권이 드세다.

분위기가 이러니 이들 모두의 동의를 다 끌어내기란 참 어렵다. 그러니까 1대1의 좋은 인간관계를 만드는 길 외는 방법이 없다. 스포츠외교가 어려운 것은 바로 이 때문이다.

할아버지는 늘 얘기하듯, 사람을 보아서 친구도 만들고, 동지를 만들었다. 나는 혼자만의 외로운 한국어권이니까.

친구들은 이번엔 눈 딱 감고 Rocky(할아버지 별명)를 한번 밀어야겠다고 제각기 생각했던 모양이다.

개표가 끝났을 때, 놀란 표정으로 서로를 번갈아 쳐다보는 모습이 너도? 자네도? Rocky를? 하는 태도였으니까.

세계 체육계가 놀랄 것은 당연한 일. 사람들은 생소한 이름의 대구란 곳이 모스크바나 브리스베인 같은 세계적 명소를 눌렀기 때문이다.

세상은 이런 일을 두고 이변이라고들 한다. 그러나 이것은 이변도 아니고 기적도 아니다. 사람의 마음이다, 정성이다. 할아버지가 누누이 말해 온 진심이요, 정성이다. 우정은 국가를 넘고 이해를 초월한다.

여기서 한 가지 짚고 넘어야 할 얘기가 있다.

사실은 할아버지 나름으로 고민한 게 있었다. 내가 그동안 쌓은 우정으로 보아 내심으론 이번 일은 잘 될 거라고 생각은 하였다. 나는 여러 말은 안 하고 "Daegu is my home town!"을 항상 강조했지. 이런 사적인 부탁이 친구 사이에선 설득력을 갖는 법. 악수할 때 힘 주는 강도만으로도 상대 마음을 읽을 수 있었지.

　그러나 한편으로는 지금 내가 추진하는 일이 과연 합당한가 하는, 한 가닥 불안이 있었다. 국제육상연맹의 방침은 육상 비인기지역에 선수권대회를 안 주게 되어 있다. 일리 있는 정책이다. 그런데 지금 나는 내 고향에 이 큰일을 유치하겠다는 거다. 어떻게 보면 사사로운 생각에 치우쳐 있다.

　물론 대구시민이 원하고, 당시 여러 사정이 어려웠던 대구가 국제대회를 필요로 하는 것은 사실이었지만 그것은 어디까지나 우리 사정이다.

　대구가 이 행사를 잘 못 치르기라도 하면 나를 지지했던 친구들의 체면이 무엇이 되겠느냐.

　오래 고민하였지. 궁리도 많이 하고.

　'명분을 찾아야 한다. 또 그 명분은 사리에 맞아야 한다. 친구들의 체면을 깎는 일은 없어야 한다' - 하는 게 내 고민이었다.

　생각하고 또 생각했지. 그리고 절실하게 기도를 했지. 그런데 번쩍하고 오는 게 있었다,

　"세계선수권대회는 비인기지역에서도 해야 한다. 왜? 언제까지나 인기지역에서만 대회를 연다면 비인기지역은 영원히 선수권대회를 못 보게 되고 세월이 아무리 가도 비인기지역으로 남을 게 아닌가. 지금의 우리 방침을 바꾸어 비인기지역에서도 이 대회를 개최해야 한다. 그래야 인기 없는 지역 사람들도 육상에 관심을 보이고 흥미도 갖게 될 게 아닌가. 그게 육상경기의 세계화를

달성하는 길이다."

투표를 앞두고 이사회에서 할아버지가 마지막으로 한 발언이다.

친구들은 내심 환호하였다. 너무도 타당한 논리에 무릎을 쳤다. 그리고 자신 있게 대구를 찍어 준 것이다.

그 후 일이지만, 대구가 선수권대회를 얼마나 잘 치렀는지 국제연맹이 대구를 세계에서 두 번째 '세계육상도시(The World Athletics City)'로 선정하였다. 이것은 당시 김범일 대구시장의 탁월한 리더십의 결과였다. 첫 번째 도시는 1993년에 선수권대회를 연 독일의 스투트가르트(Stuttgart)이다. 베르세데스 벤츠 본사가 있는 곳이지. 변증법으로 유명한 헤겔의 고향이기도 하고.

제6장 사랑과 결혼

1. 남자와 여자
2. 소설은 끝나고 역사가 시작되었다
3. 신혼의 위기관리
4. 천국으로 가는 계단

1. 남자와 여자

남녀평등이라는 말이 있다. 좋은 말이다. 시대가 변하였으니 남녀가 평등한 것은 당연한 일. 그런데 문제는 이때의 평등(Equal)을 사람들은 똑같다(Identical)로 생각하는 데 있다.

남녀는 평등하나 꼭 같지 않으며, 어디까지나 유별(Disparity)해야 한다. 남녀유별이란 아득한 옛날 하나님이 사람을 지으실 때부터 남자와 여자에게 주어진 다른 소임과 본분을 지킨다는 뜻이다.

그러므로 어디까지나 여자는 여자, 남자는 남자다. 이렇게 남녀가 유별한 곳에 질서가 있고 조화가 이루어지는 것이다.

남녀가 평등하다는 것은 법적으로 평등하다는 것이지, 남자와 여자가 무엇이건 다 똑같이 해야 한다는 뜻은 아닐 것이다. 내가 감히 할 말은 아니로되 이 우주에는 크나큰 뜻이 있을 것이다. 물론 하나님의 뜻이다. 사람은 그 뜻을 함부로 거역해서는 안 된다.

서양의 일부 여성운동가의 고집대로 여권운동을 끌고 간다면 인류의 장래는 위태로울 수 있다. 일부 과격한 여권운동가 중에는 해괴한 주장을 서슴지 않는 사람이 적지 않다. 즉, 결혼을 반대하고 아기 낳기를 거부한다. 어머니 되기를 마다하는 것이다. 변괴(變怪) 치고는 참으로 큰 변괴로다.

다음은 오래 전 토인비가 일본에서 한 말이다.

"여성에게 어머니가 되는 일 외에도 그것을 대신할 수 있는 많은 직업이 있으므로 사회는 저절로 좋은 어머니가 많이 나오리라고 방심할 수 없게 되었습니다. 따라서 우리 사회는 좋은 어머니를 만들기 위해서, 남성으로서는 생리적으로 불가능한 이 모친업(母親業)이라는 직업을 여성에게 매력 있는 것이 되도록 노력해야 할 것입니다. 모친업은 크게 명예롭고 보수가 많은 직업이 되지 않으면 안 됩니다."

오죽하면 토인비 같은 세계적 양심이 이런 말을 했겠느냐. 그러나 나는 토인비의 말에 동의할 수 없다. 토인비의 '모친업'이라는 말을 나는 용납할 수가 없다. '어머니'를 직업으로 삼다니, 아니 그게 말이 되느냐?

판사나 파일럿 같은 직업을 '어머니'와 비교를 하다니. 또 어머니를 명예라는 평판으로 사고, 돈으로 보수를 치르려고 들다니, 말이 지나쳐도 너무 지나치도다.

이제 하늘은 누가 노래하며, 땅 위의 씨는 누가 거둘 것인가?

'태초에 신이 여자를 남자의 머리로 만들지 않은 것은, 남자를 지배해서는 안 되기 때문이다. 또한 그의 발로 만들지 않은 것은 그의 노예가 되어서는 안 되기 때문이다. 갈비뼈로 만들었던 것은, 여자는 언제나 남자 가슴 곁에 있게 함이다.' 《탈무드》에 나오는 말이다.

애들아! 이제 남자와 여자는 평등을 시비하고 권리를 두고 다툴 게 아니라, 내 부족함과 네 뛰어남으로 서로를 메워야 할 것이다. 싸워서 얻는 권리보다 사랑으로 차지하는 존경이 몇백 배는 더 소중한 게 아니겠느냐?

네 것과 내 것으로 나누어 다투는 어리석음을 떨쳐버리고 부족한 둘을 하나로 하여 한 우주를 만들 때가 온 것이다.

달과 해이듯, 땅과 하늘이듯, 여자는 순종이요 남자는 사랑이로다.

2. 소설은 끝나고 역사가 시작되었다.

● 배우자

"따뜻함을 간직한 여자, 훈훈한 봄바람 같은 인품의 여성을 골라야 한다. 천하거나 질투심이 강하면 못 쓴다. 남의 소문을 좋아하는 사람이면 가까이 서지도 말라. 욕심쟁이는 전염병 보듯 피하라. 재치 있고 애교까지 겸하면 더욱 좋겠다.

평생을 바라보며 살 테니 아비는 너를 위해 보통이 넘는 미인이기를 기대한다. 그것이 종이 한 장의 차이겠지만, 아름다움과 마음이 함께 할 때, 아침이면 바라보는 그 하루하루가 얼마나 흐뭇하겠느냐?"

이것은 성공한 미국의 어느 사업가가 아들에게 배우자 고르는 법을 두고 이르는 말이었다. 그러나 다 좋았는데 마지막 말이 마음에 걸리는구나. 미모(美貌)는 보통이면 되었지. 그 영감, 욕심이 지나치도다. 바라보는 흐뭇한 아침이 얼굴만으로 다란 말인가? 평생 즐거울 재미는 얼굴 말고도 얼마든지 있는 것이 아니더냐.

예부터 미인박명(美人薄命)이라는 말이 있다. '일색 소박은 있어도 박색 소박은 없다'는 말도 있느니라. 살면 살수록 성현 말씀이 참되고 참된 것을 알게 된다.

'미인이란 보는 것이지, 결혼하는 대상이 아니다.'《탈무드》에 있는 말이다.

아름다움에도 기상이 있어야 한다. 여자니까 기품이라 해두자.
서양의 격언에도 'Beauty is only skin deep.'라는 말이 있지 않느냐.

'아내는 연회장에서 고르지 말고, 보리타작할 때 고르라'는 체코의 속담이 있다.
'어찌하여 미인은 언제나 보잘것없는 남자와 결혼할까? 그것은 슬기로운 남자는 미인과 결혼하지 않기 때문이다.' 서머셋 모옴의[76] 명언이다.

미모, 교육, 취미, 모두 그만그만하면 된다. 봐야 할 것은 그 집안이다. 집안이라고 새삼스럽게 양반을 찾자는 말은 아니다. 양친 계시고 형제 많고 조부모 계시면 더욱 좋다. 다만 부모의 인품은 자식의 거울이니 부모를 보면 그만이다. 처지가 너무 다르면 덜 좋으나, 여자 쪽이면 처져도 그만이다. 그러나 처진 남자 쪽은 피하는 게 서로 좋겠다.
술, 담배… 그전에는 용서 안 했지만, 술은 좋다. 그러나 딱 한 잔만이다!

---

76) 서머셋 모옴(William Someset Maugham, 1874~1965)은 풍속극의 재치를 보여준 영국의 작가. 대표작으로《인간의 굴레》(1915),《달과 6펜스》(1919) 등이 있다.

'여자의 술 한 잔은 아름다우나, 두 잔째는 품위가 떨어지고, 석 잔째는 부도덕해지며, 넉 잔째는 파멸하는 도다.'《탈무드》에 나오는 말이다.

한 잔은 한 잔이되, 소주와 위스키는 피해라.

우리 집에서 여자는 금연이다.

며느리 얘기만 하고 사위 될 사람 얘기는 없다고 혜준이와 효정이의 걱정이 태산이로다.

여러 말 할 게 있느냐?

"그저 떡두꺼비 같은 녀석만 잡아오너라." 할아버지가 고모에게 하던 말이다. 아니면 아빠 같은 사람들로 사위만 본다면 바랄 게 없다.

사윗감은 할머니께 여쭈어 보아라.

'전쟁터에 갈 때는 한 번 기도하고, 바다에 가면 두 번 기도하고, 결혼할 때는 세 번 기도하라.' 러시아 속담이다.

결혼이 무서워서인가? 아니다. '결혼이란, 남자는 자유를 걸고, 여자는 행복을 거는 추첨함'(서양 작가 마담 드류)이요, 두 사람의 인생을 거는 냉혹한 현실이기 때문이다.

'죽음으로써 모든 비극은 끝나고, 결혼으로써 모든 희극은 끝난다.' 바이런의[77] 말이다. 이토록 결혼은 절실한 현실이다.

---

77) 바이런(Byron George Gordon, 1788~1824)은 영국 낭만파의 대표시인으로, 영웅주의적, 자유주의적 시상을 구사하여 근대 유럽문학에 큰 영향을 끼쳤다. 주요 작품에《만프렛》《돈주앙》등이 있다.

'남녀가 결혼했을 때 비로소 두 사람의 소설은 끝나고, 그들의 역사가 시작된다.' 로슈브르뉴란 사람의 말이다.

결혼은 현실이다. 진실이다. 소설이 아니다. 허영과 허구(虛構)는 용납되지 않는다.

'역사(진실)'를 써야지, '소설(허구)'을 쓰는 녀석은 필요가 없다.

● 천당은 어디인가

천당이 어디인가? 사랑이 있는 곳이지. 사랑이 충만한 곳이 어디인가? 가정이지.

어머니 사랑, 아버지 사랑, 아들의 사랑, 손녀의 사랑, 온갖 사람의 모든 사랑이 충만한 곳이 가정이 아니더냐?

세상 어디에 이토록 많은 사랑이 넘치는 곳이 또 있겠느냐.

할아버지는 할머니와 너희가 있는 우리 집이 천당이라고 믿고 있는 사람이다.

가정은 행복해야 한다. 그래야 천당이 된다. 누가 행복을 가져오는가? 이웃인가? 돈인가? 아니다.

행복한 가정은 부부가 만드는 것이다. 행복의 요건은 사랑과 건강이다.

사랑은 부부가 만드는 것이요, 건강은 사랑이 가져온다.

행복하려면 서로 사랑하라. 그러면 가정이 천당이 되리라.

아버지는 지붕이고, 어머니는 기둥이다.

지붕이 든든해야 우환이 없다. 기둥이 실해야 식구가 편하다.

'어진 아내는 육친을 화목하게 하고, 간악한 아내는 육친의 화목을 깨트린다.'[78]《명심보감》에 나오는 말이다.

'결혼이 불행한 것은 아내가 남편을 돌볼 울타리는 만들지 않고, 남편을 올가맬 그물만 만들기 때문이다.' 스위프트라는[79] 사람의 말이다. 정말 그럴까?

어진 아내는 남편이 만드는 것이라고 나는 생각한다. 그러니까 따지고 보면 모두가 아내가 할 일이 아니라 남편이 할 일이다. 지극히 사랑받는 아내는 사나워질 겨를이 없으며, 남편을 가두어 둘 까닭이 없다. 행복한 가정 만들기가 어찌 아내에게 미룰 일이더냐? 이 집안 남자들은 명심해 둘 일이다.

'부처님 손 안의 손오공'이라는 말이 있듯이, 행복의 열쇠는 남편 손 안에 있다.

쪼들리지 않는 살림에 아내의 웃음이 밝고, 그 밝은 웃음 속에 사랑과 용서가 꽃핀다.

남편의 넉넉한 사랑 속에 아내의 평화가 있고, 아내의 평화 속에 화목의 꽃이 만발한다. 가정에 화목이 없음을 아내 탓으로 돌리지 말라. 사랑이 부족하다면 남편 탓이다.

또 하나 가정에서 생각할 일은 아이들 태도이다. 덮어놓고 감싸면 버릇만 나빠진다. 아이들도 할 일, 알아 둘 일이 한둘이 아니다. 어른에 대한 예절, 남에게 폐 안 끼치는 것, 좋은 습관 길들이기, 공중도덕 등은 기본이다.

부모와의 관계에서도 아이들은 으레 받기만 하려 든다. 받기만 해서 되겠느냐?

받기만 하면 염치없는 사람, 고마움을 모르는 사람, 은혜를 모

---

78) 賢婦令夫貴 佞婦令夫賤-(현부영부귀 영부령부천).

79) 스위프트(Jonathan Swift, 1667~1745)는 영국의 작가이자 성직자로, 영국 소설 초창기에 풍자 소설을 남겼다. 대표작은《걸리버 여행기》.

르는 사람 되기 십상이다.

잘 먹고 건강하고 공부 잘하는 것으로부터 부모 속 안 썩이는 것까지 모두가 어릴 때 가정에서 가르쳐야 한다.

무엇을 가르치나? 은혜와 고마움을 깨우쳐 주는 일이다.

한번 생각해 보자.

아이들 생일날 부모들은 무엇을 하는가?

없는 돈에 장 본다. 선물 산다. 친구 모아 잔치한다고 법석을 떨다가 고달파서 앓아눕기 예사다. 그러니 아이들 버릇이 어찌 되겠느냐. 생일은 기념하는 날이지 특권을 누리는 날은 아니다.

아이들 생일은 형편대로 차려 주되, 그날은 '내 생일, 어머니날'로 정한다. 자기 생일을 축하하고 기념하되 어머니의 사랑, 어머님의 수고를 되새기는 날도 되어야 한다는 것이다. 그래서 어머니날이 일 년에도 여러 번 있게 하자. 그날 어머님께는 꽃 한 송이면 족하다. 그것만으로도 어머니는 눈물겹도록 고마워하실 거다.

《시경》에도 '아버지 날 낳으시고, 어머니 나를 기르셨으니, 아아 슬프다. 부모님이여, 나를 낳아 기르시느라 애쓰고 수고하셨도다. 그 은혜를 갚고자 한다면, 저 넓은 하늘과 같이 끝이 없도다'라[80]고 하지 않았더냐?

이렇게 아버지가 어머니를 감싸고 아이들이 부모를 떠받들 때 사랑이 넘쳐 가정이 천당이 되는 것이다. 천당이 그저 되는 줄 아느냐?

'가정이야말로 고달픈 이의 안식처요, 모든 싸움이 자취를 감추고 사랑이 싹트는 곳이며, 큰 자가 작아지고 작은 자가 커지는 곳이다. 가정은 모든 것을 안심하고 맡길 수 있는 곳이며, 서로 사

---

80) 父兮生我 母兮鞠我 哀哀父母 生我劬勞 欲報深恩 昊天罔極-(부혜생아 모혜국아 애애부모 생아구로 욕보심은 호천망극).

랑하고 사랑받는 곳이다." 웰즈의 말이다. 늘 말하듯 천당이 따로 있겠느냐?

나폴레옹의 위대성을 조세핀만은 인정을 안 했듯, 가정에서는 큰 자가 작아지고, 우리 집에서는 효성이와 혜연이가 왕이듯이 작은 자가 커지는 곳이다.

아버지 사랑, 엄마 사랑, 너희들 사랑이 넘쳐나는 곳, 그곳이 곧 천당이다.

3. 신혼의 위기관리

결혼이란 좀 무엇한 비유지만, 외로운 늑대와 고독한 집시가 한 집에서 살기 시작하는 계기이다.

늘 혼자 돌아다니며, 먹고 싶을 때 먹고, 없으면 굶고, 자고 싶을 때 자고, 깨고 싶으면 자다가도 나다니고 하는 것이 외로운 늑대 생활 아느냐?

그런데 갑자기 어느 날부터 한 곳에 갇혀 살기 시작하면 답답하지. 옛날에는 저 하나, 자기 혼자 생각만 하면 되었는데, 둘을 생각하고, 상대를 배려하고, 모든 걸 함께 해야 하니 얼마나 불편하겠느냐?

또 결혼 전 연애할 때까지는 서로가 좋은 점만 보였다. 몇 날 몇 시에 만날 약속을 하고, 갖은 치장 다 하고, 만나서는 두어 시간 이쁜 짓만 하면 되니까 연극 치고는 스릴 있는 연극이었지. 연극일 수밖에 없는 게 가장(假裝)이 가능했으니까.

그러나 결혼한 날부터 그동안 썼던 베일을 벗어 던졌겠다. 함께 먹고, 함께 자고…. 그러니 24시간을 연극할 수 없게 되었지 않느냐?

그러니까 전에 없던 것이 나오고 안 보이던 것이 보인다. 좋은 것보다 나쁜 게 더 많이 보인다. 당연하지. 좋은 것은 이미 다 보였으니까.

그러니까 혼인한 날부터 토닥거린다. 심한 부부 사이에서는 깨지는 소리도 마구 난다. 아니, 아주 깨져 버릴 수도 있는 것이 혼인이다. 요즘 젊은 사람들의 이혼율이 높다고 다들 걱정이다.

할아버지도 할머니를 그렇게 좋아하면서 싸움을 무수히 하였다. 오히려 안 하는 날이 싱거울 정도로 원 없이 하였지. 옛 어른들 말씀에 사랑싸움이라고 하듯, 사랑하기 때문에도 많이 싸웠다. 혼인 초에는 사랑이 싸움이다. 싸운다고 이상할 것 없다. 오히려 안 싸우는 것이 이상하다. 불편해서 싸우고, 못 참아 싸우고, 화나서 싸우고, 심지어 사랑 때문에 싸우고…. 그러니 안 싸우면 이상하지.

문제는 건강한 싸움이다. 잘 싸워야 한다는 것이다. 잘 싸우다니?

사랑싸움은 '칼로 물 베기'라고 하지 않더냐? 물을 베면 흔적이 남더냐? 물 베듯 흔적 없이 싸우라는 말이다. 접시를 던지면 살림에 흔적이 남고, 유리창을 깨면 이웃에 폐가 되고, 주먹질 하면 상처가 남고, 심한 말을 하면 가슴에 멍이 들고…. 이런 것들은 모두가 흔적을 남기는 싸움이다.

우리 집 남자들은 명심할지어다. 흔적을 남기는 어리석은 자는 되지 말라. 그 중에서 조심할 일은 말이다. "당신은 언제나…."로 시작되는 말도 그렇다. 얼마나 살았다고 '언제나'로 나가느냐?

또 있다. "당신은 단 한 번이라도…." 모두가 조심할 말이다.

둘 다 '당신은'이라는 말로부터 시작되는데, 문제는 '당신은'이라는 말 뒤에 상대 약점을 바로 쏘아붙이는 데 있다. 지적 받는 약점은 사실이다. 여태 있던 것이지만, 보기는 처음 보는 약점이다. 그러니까 말하는 쪽은 배신감으로 화가 나고, 듣는 쪽은 사실이기 때문에 가슴이 더 찔린다.

싸울 때만은 진실을 외면하라.

'두 눈 뜨고 약혼하고, 결혼할 때는 한 눈만 떠라'는 말이 있지 않더냐?

어떤 경우에도 심한 말은 삼가라. 진실을 내뱉으면 상대 가슴에 멍이 든다.

흔적을 남기지 않겠다고 화를 가슴에 쌓아 두지는 말라. 쌓이면 병 된다.

싸워라. 더 적극적으로 그러나 흔적만은 남기지 말라. 이 싸움은 어디까지나 친선게임이니까.

또한, 이기려들지 말라. 특히 이기는 남자치고 변변한 놈 없더라. 그래, 사랑하는 사람한테 이겨서 뭘 얻겠다는 거냐. 원래 친선게임에서 경기마다 이기는 것은 염치없는 짓이 아니더냐?

그러니까 이 싸움의 피날레는 남자가 여자를 꼭 안고 끝내야한다. 잘했건 잘못했건. 창피할 것 없다. 무슨 남자가 사랑싸움에서 위신을 찾겠다는 거냐. 못난 녀석이로다.

친선게임이 끝나면 서로를 격려하고 찬양하는 것이 아니더냐?

'여자를 울리지 말라. 신은 여자의 눈물방울을 하나하나 세고 있다.' 《탈무드》의 말이다.

● 칼로 물 베기

부부싸움에서 제일 나쁜 것이 싸우다 집을 나가는 것이다. 최소한도 마당까지는 몰라도 집 밖으로 나가서는 안 된다.

동네 개를 발길로 차는 것도 안 되지만, 남과 시비가 붙으면 봇물 터지는 꼴이 된다. 홧김에 자동차는 절대로 몰지 말라. 유념하렸다.

젊었을 때 할아버지는 싸움이 시작되면 도망부터 쳤다. 병법에서도 도망은 전술의 하나니까. 걸핏하면 집 밖으로 후퇴하였지. 그때마다 할머니는 한사코 가로막고 서서 그것만은 꼭 못 하게 막았다. 못 나가게 하는 그것 때문에도 싸움이 더 커지곤 했다. 그러나 할머니는 그것만은 막무가내였다. 나는 번번이 저지를 당하였지. 내가 무른 탓도 있었지만, 힘에 눌려서가 아니라 그 기개에 눌렸기 때문이다. 할머니는 이것만은 절대로 물러선 적이 없었다.

오래도록 나는 그 뜻을 몰랐었지. 그러다가 나이 들며 나는 할머니의 지혜를 알게 되었다. 할아버지의 별난 심술에 집까지 나간다면 그 다음 일이 얼마나 위험해질 거라는 걸 할머니는 젊어서 이미 알고 계셨던 것이다.

화가 날 때는 모택동 전술을 생각하여라.

'적이 나오면 물러서고, 물러서면 나아간다.'

싸움은 어느 한쪽이 먼저 시작하게 마련이다. 시작부터 같이 맞부딪치면 둘 다 상처만 입는다. 일단 상대가 나오면 한 발만 물러서는 거다. 물러서도 형편이 여의치 않으면, 슬쩍 말로 수작을 건다.

"잠깐! 내가 잘못했나봐."

말은 그렇지만 사실은 잘못한 게 없다. 그러니까 전술이지. 대개는 이 정도에서 수습이 될 것이다.

그러나 싸움이란 그렇게 이성적이지 않다.

복받칠 때도 있지. 그때는 참지 말라. 병 된다. 싸워야지. 열심히 잘 싸워야지. 흔적만 남지 않게. 말로, 몸으로 쓸 수 있는 것은 모두 써서 열심히 싸운다. 그래야 장기전이 안 되니까.

오늘 싸움을 내일까지 끌고 가는 놈도 나쁜 놈, 자격 없는 놈이다.

그래도 안 될 때가 있지. 그때는 미리 만들어 놓은 화풀이 대상을 잘 쓰는 것이다. 어렵지. 언젠가 이것도 굉장한 재치라고 하였다. 빈 술병, 플라스틱 대야, 얼마든지 있지 않느냐?

그런데 그것도 마당이나 마루에 대고 던져야지. 사람보고 던지는 사람은 한식구가 아니다. 자격이 없다. 이것을 일 년에 두 번 써먹는 사람도 역시 자격 없는 놈.

그래도 안 되면 잠시 그 자리를 피하는 것이다. 옆방도 좋고 마루로 나오는 것도 좋고, 전술 중 최고가 삼십육계가 아니더냐? 다급하면 마당까지 후퇴하여라. 대문 밖은 절대금지 구역이다. 지뢰밭이다.

뭐니뭐니 해도 최후의 무기는, 또 가장 좋은 전술은 벌떡 일어서며 덥석 안아버리는 것이다. 화가 나면 화가 나는만큼 팔에 힘을 준다. 안겨서 숨 막혀 죽는 법 없다. 안심하고 꼭 껴안아 주라.

힘껏!

말을 하면 실격이다.

4. 천국으로 가는 계단

'흰 눈이 장독대 위에 소복이 쌓이고….'

이 말은 할머니가 내게 처음 보낸 편지의 첫 구절이다.

'바우가 진실로 신을 사랑할 수 있다면 그것은 당신을 통해서

입니다.'

내가 사랑을 고백한 말이었다.

할아버지도 좀 쑥스러워 신을 팔았고, 그것도 말로 못해서 편지로 썼다. 지금도 누렇게 바랜 편지를 할머니는 고이 간직하고 계신다.

처음으로 할머니의 손을 잡은 덕수궁 뒷담길, 처음으로 할머니를 껴안았던 이대 영학관 앞, 모두가 잊을 수 없는 추억의 현장들이다. 지금은 없어진 남산 계단은 산책길로 가끔 오르내리던 곳이었다. 그리고 '산유화' 라는 다방이 퇴계로 모퉁이에 있었지. 지금도 나는 할머니의 손을 잡고 오르던 남산의 계단을 천국으로 가는 계단으로 여긴다. 산유화도 없어지고, 계단마저 없어진 게 못내 아쉽구나.

사랑은 아름답고 때로는 애절하며, 또 위대하다. 사랑은 아픔이요, 때로는 슬픔이며, 또 변덕이다. 부부간의 사랑은 위대하나 변덕스럽다. 조금만 소홀해도 샐쭉해진다. 조금만 배려하면 사랑은 배가 된다. 부부 사랑으로 천국도 만들지만, 때로는 사랑이 싸움을 부른다. 그래서 부부 사랑은 가꾸어야 한다.

설거지하는 아내를 살그머니 뒤에서 껴안는다. 예기치 않은 전화를 걸어 준다, 퇴근길에 꽃 한 송이를 들고 들어온다. 아내 몰래 경대 위에 사랑한다는 메모를 남긴다. 기회 있을 때마다 한 마디씩 꼭 곁들인다.

"당신을 사랑해!"

이런 것이 부부 사랑이라는 거다. 또 이렇게 노력하는 사랑을 해야 한다. 이것이 곧 천국으로 가는 계단이다. 계단이 달리 있는 줄 알았느냐?

손주들이 왜 귀여운지 아느냐? 변하기 때문이다. 벙긋벙긋 웃다가 아장아장 걷는다. 할아버지를 알아보고 '하부지!'라고 부른다.
혜준이는 처음부터 '할아버지!' 라고 똑떨어지게 불렀는데 효정이는 '하부지!'라고 불렀다. 하루가 다르게 변하는 그 모습이 끊임없는 사랑을 불러일으키는 것이다.
사랑도 마찬가지다. 재치 있는 변화, 끊임없는 배려가 사랑을 깊게 하고 사랑의 꽃을 만발하게 한다.

'Honey moon' 이라는 말은 잘 아는 단어이다. 《Oxford 사전》에는 '꿀맛 같은 시절' 이라고 표현해 놓기도 하였지만, 여기서 굳이 Moon을 덧붙인 것은 점점 작아져 초승달이 되어 가는 달에 부부의 사랑을 비유한 것이다.
즉, 부부의 사랑도 처음엔 만월 같던 것이, 세월이 지나면서 점점 작아진다는 뜻이다. 정말 변덕스러운 것이다. 유념할지어다.

할아버지와 할머니는 요즘 싸울 일이 없다. 싸움에 지쳐서? 아니다. 물 벨 일이 없기 때문이다. 싸울 일이 없다니, 사랑조차 식었는가? 아니지.
부부 싸움의 근본 원인은 서로가 몰라서이다.
나는 이렇게 사랑하는데 그걸 모르다니…. 모르는 게 아니라 알릴 줄 모르는 것이다.
이렇게 애쓰는 나를 몰라주다니…. 몰라주는 게 아니다. 표현을 안 할 뿐이지.

이렇듯, 서로가 서로를 이해 못 하고, 이해 못 하니까 더 많이 상대를 차지하려 들고, 이러다가 하찮은 일이 싸움을 부르는 것이다.

두 번째 원인은 한쪽이 안 물러서기 때문이다. 혹 이해가 부족해서 싸움이 시작되어도, 한쪽이 물러서고 수그리면 그만이다. 그게 젊을 때는 안 되기 마련이다. 그러니까 부딪친다. 이제 할아버지와 할머니는 서로를 너무도 잘 안다. 몸짓 하나, 눈빛 하나로 우리는 서로를 깊이 이해할 수 있다.

귀중한 화병을 깨뜨렸다. 옛날에는 누군가가 화를 냈지만, 이제는 화병이 갖는 의미를 알기 때문에 싸울 일이 안 된다. 깨진 화병은 물론 아깝다. 그러나 이미 깨진 것만으로도 손해인데, 서로가 마음까지 상한다면 더 큰 손해가 되지 않겠느냐? 뿐만 아니라 깨뜨린 사람의 아픔을 서로가 이해하기 때문이다.

나는 할머니가 제일 좋아하는 것을 알고 있다.

휴일 아침, 마루에 햇살이 한창 퍼질 때 차 한 잔을 나누는 일이다. 이런 때 말은 오히려 방해물이다.

할머니는 나를, 나는 할머니를 찬찬히 바라본다. 우리는 서로의 눈빛에서 천 마디 말을 듣는다. 그리고 수없이 되뇌던 두 마디를 다시 듣는다.

"사랑해!"

"멋있어요!"

제7장 아이들 교육

1. 사람의 질(質)과 가정교육
2. 아버지의 고집
3. 사춘기
4. 사랑과 모범

1. 사람의 질(質)과 가정교육

사람이 교육을 받지 못한다면 어떻게 될까?

짐승이 되지. 사람도 동물인데 배우고 닦아서 사람이 된 거니까.

그래서 교육학에서는 생물학적 존재인 인간을 교육이라는 과정을 거쳐 인간으로 탄생시킨다고 한다.

그 중에서도 무슨 교육이 제일 중요한가? 사람 교육이지. 사람 교육이란 사람을 사람답게 만드는 교육이지.

그럼 무엇을 사람답다고 하는 것인가?

'측은히 여기는 마음이 없으면 사람이 아니며, 부끄러워하는 마음이 없으면 사람이 아니며, 사양하는 마음이 없으면 사람이 아니며, 옳고 그름을 가리는 마음이 없으면 사람이 아니다.'[81] 인, 의, 예, 지(仁義禮智)를 풀이한 맹자의 유명한 사단설(四端說)이다.

그러니까 첫째는 산다는 것이 존엄한 일로 그러한 존엄한 삶을 사는 사람임을 자각하는 것이요, 둘째는 이성적인 존재로서 참과 거짓을 구별할 줄 알아야 하고, 셋째로 옳고 그름을 판단할 줄 알

---

81) 無惻隱之心 非人也 無羞惡之心 非人也 無辭讓之心 非人也 無是非之心 非人也 惻隱之心仁之端也 羞惡之心義之端也 辭讓之心禮之端也 是非之心智之端也 人之有是四端也 猶其有四體也-(무측은지심 비인야 무수오지심 비인야 무사양지심 비인야 무시비지심 비인야 측은지심인지단야 수오지심의지단야 사양지심예지단야 시비지심지지단야 인지유시사단야 유기유사체야).

아야 하고, 넷째로 아름답고 추한 것을 아는 것 – 사람답다는 것
은 바로 이런 것이지.

　수학을 배우고, 역사를 탐구하고, 물리학을 연구하는 것이 학
교에서 하는 일이라면, 사람교육은 가정에서 하는 게 마땅하다.
나는 가정교육만 잘된 사람이면, 학교교육은 그렇게 문제 삼고 싶
지 않다.
　지식이 많은 것도 좋지만, 사람다움이 우선이다.
　사람이 동물과 다른 것은 이성(理性)을 갖고 있다는 것. 가치를
판단하고 현실과 세계를 비판하고 나아가 주체인 자신까지 반성
하고 초월하는 그런 능력이 있기 때문이지. 그러니까 '너 자신을
알라' 소크라테스의[82]의 말은　만고(萬古)의 진리요, 무서운 가르
침이다.

　오래 전, 효정이는 혜준네가 준 《신데렐라》를 열심히 보다가 언
니들이 신데렐라 옷을 막 찢는 장면을 보곤 "할아버지, 왜 옷을
찢어요?" 하고 물었다.
　몇 번이고 설명을 해도 "왜 그러지?" "무엇 때문에?" 하고 질문
에 질문이 그치질 안 했지. 효정이가 세 살 때니까 그걸 알 리가
없지. 효정이의 백설 같은 고운 마음에 미움이 어디 있고 선이 어
디 있고 더구나 악이 어디 있었겠느냐?

　나는 성선설(性善說)도 성악설(性惡說)도 믿지 않는 사람이다.

---

82) 소크라테스(Socrates, BC.470~BC.399)는 고대 그리스 철학자로,
소피스트에 반대하여 진리의 절대성을 주장하는 등 서구문화의 철학적 기
초를 마련했다.

사람에게는 태어날 때 오직 백설 같은 깨끗한 마음이 있을 뿐이다. 그것이 어떤 점에서는 정말 '선(善)'이요 아름다움일 것이다. 그런 백지 위에 사람은 후천적으로 여러 가지를 새겨 나가는 것이다. 그래서 사람이란 어떻게 가르치고 무엇을 배우는가에 달린 것이다.

사람의 특징은 다른 생물과 달라 성장기간이 길다는 점이다. 적어도 18년은 되어야 성인이 되고, 배움의 과정도 20년은 되어야 한 사람으로서 역할을 하는 것이지.

이렇게 긴 기간을 부모와 같이 보내며 사람교육과 학교교육을 받을 수 있는 것은 축복이 아니겠느냐.

지식이나 기술은 자기만 부지런하면 언제든지 할 수 이는 것이지만 가정교육은 집 떠나면 할 수 없다. 이 점 유념하고 부모 슬하에 있을 때 사람다움과 좋은 습관을 길러야 한다. 특히 좋은 습관은 이 시기에 잘 길러 두어야 한다. 세 살 버릇 여든까지 간다는 속담도 있지 않더냐.

세상에는 바라보기만 하여도 훈훈하게 느끼고, 주위를 환하게 하는 사람이 있다. 바로 가정교육이 잘 된 사람이다. 정직하고, 겸손하고, 그러면서도 당당한 사람은 빛이 난다고 하지 않더냐. 모두가 가정교육의 성과다.

그러니까 좋은 인품의 사람을 잘 키워내는 것은 부모의 책임이요, 가정의 소임이다.

● **태교(胎敎)**
그러면 가정교육은 어디서부터 시작되는가?

태교(胎敎)다. 옛 어른들은 사람교육을 태교부터 시작을 하였는데, 실은 태교 그 이전부터 시작해야 한다.

할아버지는 앞 장에서 가정을 천당으로 만들라고 하였다. 건강하고 서로 사랑하는 부부, 궁핍하지 않은 생활, 새로운 생명에 대한 축복과 기대, 이러한 환경에서 아기를 가져야 한다.

기원전 주(周)나라의 문왕(文王)은[83] 일찍이 성군(聖君)으로 유명했던 분이다.

그 어머니 태임(太任)이 문왕을 배었을 때 태교를 하였다는 기록이 있다.

소학에 '태임의 천성이 단정하고 한결같으며, 또 장중하고 정성스러우며 오직 덕스러운 행동만 하였다. 그가 문왕을 임신하여서는 눈으로 사나운 빛을 보지 않으며, 귀로 요란한 소리를 듣지 않으며, 입에서는 오만한 소리를 내지 아니하였다. 문왕을 낳으니 총명하고 사물의 이치에 통달하여 태임이 하나를 가르치면 백을 알더니 마침내 주나라의 으뜸 임금이 되었다.'

사람의 교육이 어디서부터 시작되어야 하는가를 보여준 훌륭한 본보기이다. 그것도 무려 3,000여 년 전의 일이니, 그 지혜에 다만 머리가 숙여질 뿐이구나.

임신 중인 엄마의 불안이나 노여움은 그대로 태아에게 미친다. 심지어 입덧도 임신을 기쁘게 생각하는 엄마는 그렇지 않은 엄마보다 훨씬 덜하다는 연구결과도 있다.

얼마 전 미국에서는 문제 아동의 어머니 100명을 상대로 조사

---

83) 문왕(文王)은 BC. 12세기경 중국 주(周)나라를 창건한 왕으로 무왕(武王)의 아버지이다. 성인 군주의 전형.

를 실시하였는데, 임신 중에 가족이 자살을 하였거나 부부 불화가 심했던 원인이 60%란 통계가 나왔다.

우리나라에서도 칠태도(七胎道)라 하여, 세계 어느 나라보다 잘된 가르침을 전해주고 있다.

· 일도(一道): 높은 마루나 걸상에 오르지 말며, 험한 길이나 냇물을 건너지 말며, 담을 넘거나 개구멍으로 나다니지 말라.

· 이도(二道): 말이 많거나, 심하게 웃거나, 놀라거나, 겁을 먹거나, 울어서도 안 된다.

· 삼도(三道): 잠잘 때 가로눕지 말고, 서 있을 때 기우뚱하게 서지 말며, 부정(不淨)한 것을 보지 말고, 음탕한 소리를 듣지 말라.

· 사도(四道): 닭살이 생기는 닭고기, 팔자걸음 걷는 오리고기, 뼈가 물러지는 오징어는 먹지 말라.

· 오도(五道): 성현의 글을 읽고 아름다운 시를 읊는다.

· 육도(六道): 기품이 높은 거북이, 봉황, 주옥(珠玉), 명향(名香) 같은 노리개를 모아 지니고 가까이 한다.

· 칠도(七道): 음욕, 욕심, 투정이나 원한을 품어서는 안 된다.

토마스 만의 소설을 보면 어머니가 뱃속 아이를 위해 바로크 음악을 듣는 대목이 나온다. 음악을 듣고 자란 태아는 자라면서 심성이 곱고 믿음이 깊어진다고 하였다.

요즘 구미(歐美)의 임산부들도 음악태교를 많이 시키고 있다. 하이든이나 모차르트의 음악은 낙천적인 아이를, 베토벤이나 브람스 음악은 신중한 아이를 만든다고 하였다.

혜준이 영어와 영시(英詩) 실력은 주위 사람들을 깜짝 놀라게 한다. 영어를 전공한 적이 없는데도.

임신 중 엄마는 저녁이면 영시 한 편을 꼭 외우고, 그 당시 세계인의 사랑을 한 몸에 모았던 다이애나 공주를 닮으라고 빌었다.

혜연이 태교 대상은 이순신이었다. 그래서인지 다섯 살이 될 때까지 혜연이는 치마 입기를 마다하고 바지 입기를 고집하였다. 성북동에 와서는 뜀박질이나 전쟁놀이를 즐겨 했다.

상대해 주는 할아버지가 막내 때문에 많이 행복했지.

그런데 요즘 할아버지는 걱정이다. 철들고부터 공부를 너무 무섭게 한다. 할아버지가 말려야 할 판이다.

혜연아, 과유불급(過猶不及)이란 말 알지?

● 유아시절

젖 먹고 아장거리다 유치원에 갈 때까지는 아무래도 키우고 가르치는 게 엄마 몫이 아니겠느냐?

그런데 이때가 내 생각에는 일생을 통하여 가장 중요한 고비가 아닌가 싶다. 왜냐하면 이 시기가 앞서 말한 순백의 마음속에 '그림'을 그려 넣는 시기이기 때문이다.

심리학자들 얘기로는 한 사람의 성격 형성은 3세 전에 50%, 5세 전에 75%가 형성된다고 하였다.

'성격이 운명'이라는 말이 있다. 백번 옳은 말이다. 성격은 그 사람의 교우관계, 공부, 일의 성패, 심지어는 건강까지도 좌우한다고 나는 믿는다. 그러니 엄마 몫이 얼마나 중요하냐?

옛 노래에서도 어머님 은혜가 가없다 하였지만, 이처럼 어머니는 책임도 가없다.

내가 이 집안 엄마들에게 직업을 못 갖게 하는 이유를 이제 알겠느냐. 엄마가 되면 언제 직장에 나갈 겨를이 있겠느냐. 남편 시중뿐만 아니라 그 소중한 자녀교육이 모두 엄마 손에 달렸는데, 어느 겨를에 직업을 가질 수 있겠느냐 말이다.

두 끼를 먹을지라도 아이들이 중학교에 갈 때까지는 집을 지켜야 한다. 그러니까 집안의 남자는 모름지기 여자가 안 나서도, 제 식구 세 끼는 책임을 져라. 남편이라는 게 그저 자리만 지키면 되는 줄로 알았더냐? 아내가 무엇 때문에 남편을 하늘같이 떠받들겠느냐.

성격이 운명이라면, 어떤 성격을 길러야 하나.

명랑하고, 활달하고, 대담하고, 너그럽고…. 수없이 예를 들 수 있지만 나는 한마디로 밝으면 된다고 생각한다. 밝다는 것은 어둡지 않다는 말이다. 세상 이치가 밝으면 바르고, 어두우면 굽는 것이 아니더냐. 밝으면 웃고 어두우면 찌푸리지 않더냐. 이렇듯 성격은 밝아야 한다.

어떤 게 밝은 성격인가?

긍정적인 생각, 매사가 잘될 거라고 믿는 마음. 어떤 경우에도 절망하지 않고 포기하지 않는 정신이 아니겠느냐.

어떻게 하여야 밝아질까?

어머니의 사랑이다. 어머니의 수유(授乳), 어머니의 밝은 웃음, 어머니의 속삭임, 어머니의 다독거림이다.

녹음테이프의 노래보다는 엄마의 서툰 자장가가 열 배는 낫고, 우유보다 엄마 젖이 백배는 좋다.

모든 포유동물 새끼는 엄마의 애무가 필요하고 또 쓰다듬어 주는 것을 제일 좋아한다. 이것은 사자도 호랑이도 심지어 돌고래도 예외가 아니다.

19세기 초반까지만 해도 유럽에서는 아기들 절반 이상이 첫해에 '마라스므스(Marasmus·쇠약병)란 병 때문에 죽었다. 마라스므스라는 말은 그리스어로 '씻어준다'는 의미이다.

오래된 얘기지만, 뉴욕의 유명한 병원에 입원했던 한 살짜리 아기들이 수없이 죽어 나갔다. 당연히 병원의 평판이 떨어지고 사회문제가 되었다. 당시 뉴욕의 소아과 명의였던 헨리 차핀 박사의 조치로 겨우 그 문제를 해결하였는데, 그 해결책이 무엇이었는지 아느냐?

다름 아닌 간호사들이 아기를 안아 주고 애무하고 쓰다듬어 주는 일이 전부였다.

어머니는 다섯 살이 되기까지 정성껏 아이를 보살펴야 한다. 때만 있으면 안아주고 다독거리고 그리고 속삭인다. '사랑한다고.' 말귀를 알아듣기 시작하면, 칭찬과 격려를 아끼지 않는다.

침대머리에서 녹음기로 동화를 들려줄 것이 아니라, 육성으로 얘기를 해주어야 한다. 자장가도 가수의 잘난 노래보다 엄마의 서툰 노래가 더 좋다.

또 하나 어머니가 유념해 둘 일은 아기들의 습관들이다. 정직, 어른 존경, 절약하는 습관, 약속 지키기, 예절, 음식 안 남기기, 정리정돈 등 이 시기에 몸에 배도록 가르친다.

가정교육은 정직하고 건강한 사람을 키워내는 게 그 목적이다. 꼭 위인이나 성현을 키우자는 것은 아닐 것이다. 밝은 심성을 가진 사람, 매사에 감사하고, 부모에게 감사하고, 하늘과 땅에 감사하고…. 이 감사하는 마음만 있으면 심성은 잘 닦인 사람이다.

감사의 반대는 그럼 무엇인가? 은혜를 저버림이다. 부모의 은혜, 사회의 은혜, 친구의 은혜, 하늘과 땅의 은혜를 저버림이 감사를 모르는 행위이다.

"입은 은혜는 돌에 새기고, 베푼 은혜는 모래에 새겨라." 어른께서 늘 하시던 말씀이다.

특히 이 가운데 정직에 대해서만은 각별한 관심을 가져야 한다. 정직이야말로 건강한 사람, 건강한 국민, 건강한 나라를 만드는 기본 중의 기본이다.

아침 일찍 일어나는 일이나, 식전에 냉수 마시기, 화장실 가는 시기 등 모두 이때 습관을 들여야 한다.

세 살 버릇 여든까지 가게 아주 어릴 때부터 좋은 버릇을 길러주도록 해주자. 매너가 사람을 만든다고 하였지만, 버릇은 건강까지도 좌우하는 것을 명심하자.

한 인간의 운명이 성격에 달렸다면, 아이의 장래가 이 시기 어머니 교육에 달렸다는 것을 명심할지어다.

● **소년시절**

학교는 지능을 계발하고 신체를 단련하는 곳이다. 흔히 학교에서 도의교육, 사람교육 소홀히 한다고 말들이 많은데, 그건 잘못된 지적이라고 나는 생각한다. 사람교육은 이미 말했듯이 학교가 아니라 가정에서 하는 것이다. 선생님이 하는 게 아니라 부모가 해야 하는 것이다. 선생님이 하고 학교가 해주면 나쁠 건 없지만 사정이 그렇지 못하고, 또 선생님보다는 부모가, 학교보다는 가정에서 하는 게 마땅하다.

20년 가까이 부모 밑에서 닦지 못한 사람의 근본 교육을 어떻게 부모도 아닌 다른 사람이 가르치길 바라겠느냐?

물론 훌륭한 스승이 있기 마련이고, 또 그 스승을 통해 큰 깨우침을 얻는 경우가 많지만, 그것은 철이 좀 든 이후의 얘기이고, 사람 구실을 하기 위한 기본과 바탕은 역시 학교 아닌 가정에서 해야 한다.

　유아기의 엄마 몫이 큰 것처럼, 학교 다닐 때는 아버지 몫이 크다. 지능이 발달하고, 정신이 발달하고, 학문도 익히고, 키도 부쩍 자라고, 팔뚝에 힘도 오르는 시기가 바로 학교 시절이다. 엄마 말에 공연히 반항하고, 웬만한 엄마는 힘으로도 아이들을 당하지 못하는 시기다. 당연히 아버지가 나서야지. 물론 힘 때문만이 아니다. '아버지'이기 때문이다.

　책을 보면 아이들을 위해 아버지가 해야 할 일이 정말 많구나. 나는 아버지가 되면 식구들의 세 끼는 무슨 일이 있어도 책임져야 한다고 했다. 바쁜 아버지를 위하여 너무 많은 주문은 하지 않겠다.

　양육기의 어머니 소임이 아이들 심성을 키우는 일이라면, 성장기 아이들에게 아버지가 해줄 일은 아이들의 '사회성'을 키워주는 일이다. 친구를 사귀고, 신체를 단련하고, 학문을 닦고, 사회규범을 지키고 하는, 가정 밖에서의 모든 활동은 아버지 몫이다.

　바쁜 아버지가 언제 다 하겠느냐고? 어려울 것 없다. 어릴 때는 같이 놀아준다. 좀더 크면 함께 운동을 한다. 등산, 테니스, 낚시 등 같이 할 수 있는 운동이면 아무것이나 좋다.

　권장할 운동은 역시 테니스겠지. 모든 식구가 다 할 수 있고, 또 다른 사람들도 많이 하는 운동이고, 그리고 스키나 골프보다는 손쉬운 것이니까.

　테니스가 다른 어떤 운동보다 장점이 많은 것은 애크러배틱

(acrobatic) 운동이라서다. 하버드대의 연구에 의하면, 움직이는 공을 쳐야 하니까 공의 거리, 속도, 방향 등을 빨리 판단해야 한다. 어느 운동보다 두뇌활동을 많이 해야 하는 게 테니스의 장점이다. 초등학교 때부터 시키면 일생을 두고 잘 활용할 수 있고, 온 가족이 다 즐길 수 있는 종목이다.

또 하나 중요한 일은 대화이다. 가능하면 많은 시간을 내서 아이들과 얘기를 나누어라. 할 얘기가 얼마나 많으냐? 인간의 용기에 대해서, 위인들의 헌신과 노력에 대해서, 인간의 역사, 산과 바다, 세상의 온갖 아름다운 것들에 대해서….

그런데 공자님 말씀만 들려주면 이다음에 좀 답답한 녀석이 되기 쉽다. 친구에 관한 얘기, 나쁜녀석과 싸운 얘기, 못마땅한 선생님에 대한 불평도 솔직히 털어놓게 하고, 남자끼리면 엄마 흉도 보고 낄낄거리며 같이 웃고…. 문제는 사람이 꽉 막히거나 답답하면 못 쓴다는 것이다.

'네모진 그릇에 담긴 물은 둥근 그릇으로 뜨느니라.'
너희도 익히 아는 나의 아버님 유택(幽宅)에 세워둔 비문(碑文)이다. 매사에 여유를 가지고 살아가야 한다는 뜻으로 생전에 늘 훈계하시던 말씀이다.
아버님은 일흔셋이 되시던 1967년에 돌아가셨다. 우리 형제는 모두 8남매였는데, 나는 남자로서는 막내인 일곱 번째라 아버님께서는 나를 늘 손자같이 생각하셨다. 마흔둘에 나를 보셨으니까 무리는 아니셨을 게다.

육군사관학교에 시험을 보러 갈 때가 1954년, 내 나이 스물이 었는데도 굳이 진해까지(당시는 태릉으로 이사하기 직전이었다.) 나를 데려다 주셨다.

마산에서 하룻밤을 같이 묵으신 후 점심으로 설렁탕을 사 먹인 다음에도 한동안 서 계시면서 나를 배웅하시던 모습은 60년이 지 난 지금도 생생한 그리움으로 남아있다. 지금은 설렁탕이 별것 아 니지만 그때는 귀한 음식이었다.

시사 주간지 〈타임〉은 세계 오피니언 리더들 사이에 가장 많 이 읽히는 잡지다. 지금 세계 200여 개 국에서 2,000만 명이 넘 게 보고 있으니 말이다. 이 잡지의 발행인인 헨리 루스가[84] 중국 산동성에서 선교사의 아들로 소년시절을 보낸 이야기를 쓴 게 있다.

'아버지는 저녁 시간이면 저를 데리고 마을을 벗어나 산책을 했습니다. 그리고 어떤 때는 나를 마치 어른 대하듯 역사와 철학 문제까지도 얘기를 하시곤 했습니다.'

헨리 루스의 회상이다.

많은 얘기를 나누어라. 아버지는 돈만 벌라는 게 아니다.

가족의 세 끼 밥을 챙긴다는 게 쉬운 건 절대 아니지. 그러니까 바쁘다는 것도 잘 안다. 아버지치고 바쁘지 않은 사람 어디 있겠 느냐?

일주일에 한 번 산책이하고, 테니스 같이 치고, 한 달에 한두 번

---

84) 루스(Henry R. Luce, 1898~1967)는 1923년 해든(Briton Haddon)과 함께 시사주간지인 〈타임(Time)〉을 창간하였고, 1930년에는 경제전문지 〈포춘(Fortune)〉, 1936년에는 〈Life〉를 창간함으로써 타임사 를 최대 언론 재벌로 키웠다.

불고기 같이 먹는 일도 못할까?

'자식을 가르치지 않는 부모는 자식이 도둑 되기를 바라는 것과 같다.' 《탈무드》의 말이다.

대화는 왜 하는가?

공자님 말씀 들려주자는 것이 아니다. 정구선수 만들자는 것도 아니다. 꿈을 키우기 위함이다. 이 시기 아이들의 중요한 정신발달 과정에서 가장 필요한 게 '꿈'이기 때문이다.

동양에는 '입지(立志)'라는 말이 있다. 뜻을 세운다는 말이다. 뜻을 세운다는 것은 목표가 있어서이다. 또 세상을 사는 가치와 신념은 자기 나름대로 목표에 대한 확신에 달려 있는 것이다. 뜻을 세우지 않는다는 것은 세상에 대한 가치와 신념이 없다는 뜻이기도 하다.

오늘날 청소년의 문제를 두고 많은 사람이 한탄하고, 어른도 원칙도 없어진 세상을 개탄하지만, 따지고 보면 우리 아버지들의 책임이다.

아버지는 아이들과 많이 놀아주고 많은 얘기를 나누기만 해도 된다. 꿈과 희망, 신체 단련, 지능과 지식, 사회성, 용기와 희생, 또, 우리가 헌신하고 일할 대상이 가족 외에도 민족과 국가가 있다는 – 이 모든 것을 일깨워 주는 게 이 시기 아버지의 소임이다.

2. 아버지의 고집

아버지는 한 집안의 가장이다. 한 아내의 하늘이다.

얼마나 우뚝한 권위인가. 권위는 아이들 교육과 훈육에 절대

필요하다. 현대 사회에서 어른과 권위가 없어졌다. 큰일이다.

사람이 사는 사회에는 어느 분야이건 어른이 있어야 한다. 권위가 있어야 한다. 그래야 질서라는 게 선다. 그게 사람이 사는 세상이다.

그런데 문제는 사회에만 어른이 없는 게 아니라 집안에서조차 아버지가 흔들린다는 현실이다.

사람 사회의 최소 단위가 가정인데, 이제 그 가정에서조차 아버지가 권위를 지키지 못한다면 큰일 난다. 아버지의 권위는 절로 주어지는 게 아니다. 아버지로서의 자각이 선행되어야 하고, 아버지의 소임이 무엇인가를 깊이 따져야 한다. 그리고 아버지 노릇을 제대로 해야 한다. 한마디로 아버지다워야 한다는 말이다.

아버지가 지킬 일을 두고 할아버지는 여러 말을 않겠다. 그러나 이것만은 알아두자. 아버지의 고집이다. 몇 가지 원칙을 세우고 그것을 고집스럽게 지키는 것이다. 어른에게 인사하기, 거짓말 안 하기, 밖에 나갔다 돌아오는 귀가시간 지키기, 부모에게 말대꾸 안 하기 등 자기 나름으로 적당한 것을 정하여 아이들이 지키도록 해야 한다.

권위란 그저 생기지 않는다. 모범을 보이고, 단호하고, 당당해야 권위도 따른다.

오래 전 우연히 읽은 일본 학생운동의 주모자 수기다.

〈오늘은 결전의 날이다. '다녀오겠습니다.' 현관에 서서 나는 아버님께 인사를 드렸다. 나의 가슴속은 공권력과 기존질서에 대한 용솟음치는 적개심과 전의(戰意)로 가득하였다. 그런데 한편, 나의 내면 깊은 곳에서는 지금의 나의 행동이 과연 옳은 것인가? 하는 한 가닥 회의(懷疑)가 없지 않았다.

사실 나는 내심 아버지가 호된 따귀와 함께 단호히 나를 저지하기를 바랐다. 그런데 아버지는 힘 빠진 소리로 '얘야, 몸 조심해라'였다.

나는 너무도 나약한 아버지의 태도에 찬물을 바가지로 뒤집어쓴 듯한 절망감을 느꼈다. 그 길로 나는 거리로 뛰쳐나왔다. 나는 귀신의 화신(化身)같이 싸웠다. 나는 정말 죽기로 싸웠다.〉

1960년대 일본 대학가의 소요는 '80년대 우리 사회가 무색할 정도로 격렬하였다. 오죽하면 세계적 명문 동경대학이 일 년 동안 문을 닫고, 대학 전 학생을 일제히 유급 조치하였을까.

아버지는 필요할 때 매 들기를 주저하지 말라.
《명심보감》에 '아이를 사랑하거든 매를 많이 때리고, 아이를 미워하거든 먹을 것을 많이 주라'[85] 고 하였다.
'매를 들지 않음은 그 자식을 미워함이니라.' 《성서》에도 있는 말이다.

3. 사춘기

아이들 교육에서 부모가 가장 당황하고, 쩔쩔맬 때가 이 시기이다.

아이들이 거칠어지고, 덤비고 또 기분이 수시로 변해 걷잡을 수 없다. 부모가 깨끗한 걸 좋아하면 일부러 어지럽히고, 예절을 강조하면 짐짓 무례한 행동을 하고, 나가 싸우다 눈두덩이 멍들고, 개를 때리고…, 정말 갈피를 못 잡는다.

---

85) 憐兒多與棒 憎兒多與食-(인아다여봉 증아다여식).

그러나 너무 염려할 것 없다. 모두가 다 크는 증거니까. 누구나 다 한 번은 겪어야 하는 폭풍의 계절이다. 다만 그 정도에 차이가 있을 뿐. 문제는 대응책이다. 이럴 때 정면으로 부딪치면 서로 상처만 입는다. 우선 부모는 상대가 지금 비정상이라는 걸 이해해 주어야 한다.

술수 중의 상수가 전쟁하는 기술이다. 중국대륙을 석권한 모택동의 전술과 같이 상대가 잔뜩 벼르고 나올 때는 일단 물러서는 게 상책 중 상책이다. 이건 세상을 사는 지혜이기도 하다. 내칠 준비가 다 되어 있어도 한두 발짝 물러섰다가 내쳐야지, 그냥 부딪치면 설사 상대를 물리칠 수 있더라도 내 상처가 작지 않다.

아이들 경우에도 마찬가지이다. 반항하고 거친 행동을 평소와 똑같이 되받으면 아이들에게 상처만 남긴다. 참으로 부모의 인내와 지혜가 필요한 시기이다.

중요한 것은 우선 부모가 이해를 하여야 한다. 바로 문제의 사춘기라는 것을…. 그러면 마음의 여유가 생기고 해결방법이 떠오를 것이다.

먼저 몰아세우기 전에 아이들 편에 서 주는 것이다. 잘못된 행동도 사랑과 용서로 그냥 받아준다. 하루나 이틀이 지난 다음에 조용히 타이른다. 냉정을 되찾은 아이는 이미 내심으로 후회하고 있다. 이 정도만으로도 착한 우리 아이들은 금방 돌아설 것이다. 그 동안 쌓아온 아이들과의 신뢰와 사랑의 바탕이 꼭 그렇게 해 줄 것이다.

학교가 없는 중동(中東)에서 할아버지가 근무하는 통에, 효정이 아범이나 고모는 그 어려운 시기를 부모를 떠나 외국에서 보내야만 했다. 우리한테 반항다운 반항 한 번 못 해 보고 혼자 방황하며 그 폭풍의 나이를 보냈을 테니 - 생각하면 어린 나이에 얼마나 괴로워했을까, 지금도 마음에 걸린다. 그러니까 할아버지도 이 문제에 대해서는 얘기할 자격이 없구나. 해보지 않은 선생이니 말이다.

매사에는 원리가 있고 원칙이 있는 법이다. 그래서 여기서도 큰 원칙만을 몇 가지 얘길 해보겠다.

첫째, 잔소리 안 하기이다.

사춘기의 심리적인 특징은 반항 심리이다. 저지르는 일이라는 게 본인이 몰라서 하는 일은 절대로 없다. 야단맞을 줄 뻔히 알면서, 잘못하고 있다는 걸 훤히 알면서, 심지어는 부모의 야단을 맞기 위해서 고의로 하는 짓이다. 거기다 대고 야단을 친다는 게 얼마나 무모한 일이겠느냐? 뻔히 다 알고 하는 일에 '앞뒤가 이런데 왜 이러느냐?'는 식의 잔소리가 얼마나 성과가 있겠느냐 말이다.

나는 지금도 생각나는 게 어릴 적 우리 반 아이들 가운데 가장 말썽꾸러기가 존경받던 교육자의 집안 아이였다는 사실이다.

차라리 한 대를 때리는 게 낫지, "내가 네 나이 적에는…"으로부터 시작하는 잔소리는 오히려 불길에 기름 붓기이다.

엉뚱한 짓을 할 때 나 같으면 우선 찬찬히 노려본다. 말을 해서는 안 된다. 그리고 나직이, 그러나 들릴 정도로 힘주어 이름을 부른다. "아무개야!" 마음을 닦은 아버지의 얼굴에는 감히 범접할 수 없는 위엄이 서려 있다. 바로 기상이다.

이렇게 딱 한 번만 부르고 찬찬히 노려보기만 한다. 호통을 예상했던 아이는 의표가 찔려 마음에 동요가 일기 시작한다. 또 언제 주먹이 날아올지 몰라 마음 한구석에 두려움이 인다.

일을 저지를 때 이미 가슴 깊은 곳에서는 후회와 양심의 가책을 느끼고 있는 터이다. 불안, 두려움, 미안함…, 복잡한 심리에 사로잡힌다. 단 5초면 충분하다. 아이는 5분 정도의 시간을 느낄 때다. 이름을 한 번 더 부른다. "아무개야!" 아까보다 더 나직이…. 이어서 "이리 오너라!"

자석에 끌리듯 비실비실 다가온다. 그때 조용히 일어서며 가슴으로 꼭 껴안아 준다. 양팔에 힘을 더 준다. 말을 해서는 안 된다. 침묵의 시간 - 단 1분. 그 사이에 아이는 안도와 감사와 후회와 복잡한 생각으로 떨고 있을 것이다.

"네 방으로 가거라." 아이의 마음을 이해하며, 같은 아픔을 느끼면서 조용히 말한다. 품속에서 아이는 울음을 터뜨릴 때도 있다. 말이 필요 없는 것은 마찬가지. 팔에 힘을 좀 더 줄 뿐이다. 그리고 머리를 쓰다듬거나 다독거려 준다. 이윽고 흐느낌으로 변한다.

"네 방으로 거거라."

두 번째는 간섭을 하지 말아야 한다.

사춘기는 이성에 눈뜨기 시작하고, 어느 때보다 호기심에 차는 시기이기도 하다.

불안한 부모는 아이의 편지도 훔쳐보고 전화도 엿들으려 한다. 눈치 없는 부모는 노골적으로 옆에서 서성거리며 전화 거는 곁을 떠나지 않는다. 사춘기는 어릴 적과는 달리 나의 것, 나의 세계를 가지려 든다. 모든 것을 부모에 의존하고, 물건도 공유하려 했던 어릴 때와는 사뭇 다른 것이다.

대개 간섭이라는 것은 아이교육뿐 아니라 사람을 부릴 때도 안 하는 게 현명한 용인술이다. 자기 세계를 동경하면서 가슴 설레는 그 시기에 간섭을 한다면, 아무리 착한 아이라도 역정을 내는 것은 당연한 일. 특히 이성문제는 일단은 감추고 싶어 하는 것이 사람의 심리다. 편지를 뜯어본다, 전화까지 엿듣는다면, 폭발할 것은 당연한 일.

간섭하기 시작하면 아이들은 부모를 속이려 든다. 당연한 귀결이다. 아이들이 속이기 시작하면 큰일 난다. 더구나 이성문제를 속이기 시작하면 아주 고약한 일까지 생길 수 있다. 간섭을 안 한다는 것은 방임과는 다르다. 그냥 풀어주는 게 아니라 말이나 행동으로 막거나 방해를 안 한다는 것일 뿐. 실은 더 조심스럽게 관찰할 때이다. 거동 하나 하나, 입는 옷가지, 전화의 빈도, 편지의 왕래, 외출, 친구 등을 정말 면밀히 관찰해야 한다. 그러면서 신중하게 판단해야 한다.

아이에게 일어나고 있는, 과거와는 다른 변화는 어떤 것들인가? 성적(成績) 문제인가? 친구 문제인가? 혹은 이성 문제인가?

아이의 행동을 조심스럽게 관찰하면 대개는 그 상황과 원인을 알 수 있다. 그래서 그 상황에 맞는 지도나 조치를 하는 것이다. 무슨 조그만 징후가 있다고 해서 금방 아이에게 '이게 어찌된 일이냐'는 식의 반응은 아무 소용이 없다. 상황에 따라서는 선생님과 의논하고, 또 어떤 때는 전문가와 상의를 하는 게 좋다. 사람의 지도나 교육은 참으로 어려운 일이라, 한 사람의 지혜로는 못 미칠 때가 허다하기 때문이다. 전문가나 선생님에게서 꼭 정확한 해답이 안 나와도 좋다. 상의하는 과정에서 자기에게도 좋은 생각이 떠오르는 수가 많다.

다음으로 어려운 일이 이성 문제이다.

시대가 바뀌어 우리 도덕기준도 달라지는 세상이라 자신이 없구나. 그러나 큰 원칙은 시대가 변해도 지켜야 할 것은 지켜야 한다.

첫째, 아이들 이성교제는 어디까지나 부모의 감독 아래 이루어져야 한다.

누구는 되고 안 되고 식의 간섭이 아니라, 적어도 교제하기 시작하면 자주 만나게 될 아이들 상대는 꼭 집으로 데려와서 부모와 인사를 시켜야 한다. 가능하면 우리 집이나 저쪽 집에서 교제하고 시간을 보내도록 하여야 한다.

두 번째는 결혼 전까지는 순결을 지켜야 한다는 것이 나의 주장이다. 다른 의견이 있을 수 있다. 따질 일이 아니다. 오직 지키도록 하는 것이 우리 가법(家法)이다.

성교육은 하는 것이 좋다. 부모가 하든 전문가와 상의해서 하든, 그것은 형편대로 하면 될 것이다. 사춘기 탈선을 막는 한 방법이 있다면, 아이들의 직접적인 충동을 간접적인 방법으로 풀어주는 일이다.

가슴의 피가 끓을 때이다. 팔뚝에 힘도 올라 공연히 힘자랑도 해보고 싶은 때이다. 멀쩡한 콘크리트 담을 발길질로 넘어뜨리는 게 이때가 아니냐? 분출하는 에너지를 발산시켜 주어야 한다. 공자님 말씀으로 훈계만 할 게 아니다. 그러자면, 격렬한 운동에 흥미를 갖도록 유도(誘導)한다. 검도, 유도, 럭비, 미식축구, 다 좋은 운동이다.

무도(武道)를 몸에 익히는 건 필수요, 단체경기 하나는 해보아야 한다. 테니스는 이미 초등학교 때부터 시작한 것이라 상당한 수준에 와 있을 것이다. 주말에 아버지는 테니스 상대를 해주어라. 운동과 대화의 이중효과를 얻을 수 있다.

클럽활동을 장려해서 산악훈련이나 해양훈련에 참가하게 하는 방법도 있다.

어렵지만 해외여행을 하게 하는 방법도 있다. 두세 사람이 조를 짜서 방학 때 외국에 가게 하는 것이다.

아범이 영국에 있을 때 로마까지 혼자 무전여행을 한 것은 큰 도움이 되었을 것이다. 무전여행이란 돈 한푼 없이 여행을 떠난다는 말이 아니라, 돈을 거의 안 쓰고 하는 여행을 말한다.

할아버지는 아범이 런던-로마를 혼자 다녀오게 하면서 비행기는 못 타게 하였다. 즉, 기차나 버스로만 다녀오도록 육로 여비에다 굶지 않을 정도의 밥값만 더 얹어 주었다. 호텔비는 물론 빼고. 잠은 기차나 버스에서 자란 뜻이지. 아마 무척 고생을 하였을 것이다. 자기 말로도 이틀인가를 꼬박 기차와 버스를 번갈아 탔다니까. 끼니도 피자 조각이나 핫도그로 때웠을 것이다.

무전여행은 요즘 유행하는 배낭여행과는 내용과 목적이 다르지. 배낭여행은 유람(遊覽)이지만 무전여행은 첫째 목적이 견식을 높이기 위한 것이요, 두 번째는 가난 체험을 하기 위한 것이다. 왕복 최저 교통비에 빠듯한 식비만 준다. 용돈은 물론 없고, 결국 몇 끼는 굶다시피 해야 여행을 마칠 수 있는 것이니까 고생길이지.

젊어서 고생은 사서라도 하라는 게 어른들의 가르침이다. 고통과 역경은 피하지 말라. 역경 없이 사람은 성장할 수 없다.

4. 사랑과 모범

교육의 근본은 뭐니뭐니 해도 사랑과 모범이다.

사랑이 수반되지 않는 가르침은 혼을 뺀 사람과 다를 게 없다. 모범이 앞서지 않는 교육도 모래성과 같은 것이다. 어느 성현은 '임금은 신하의 본보기가 되고, 아버지는 아들의 본보기가 되고, 남편은 아내의 본보기가 되는 것이다'[86] 라고 하였다. 모든 교육에서 사랑과 모범이 앞서지 않는다면 지금까지의 모든 얘기가 모래 위에 쓴 약속과 다를 바 없다.

또 매사가 다 때와 시기가 있듯이, 아이들 교육도 시기를 놓치면 안 된다.

'인생의 계획은 어릴 때에 있고, 1년의 계획은 봄철에 있고, 하루의 계획은 새벽에 있다. 어릴 때 배우지 아니하면 늙어서 아는 것이 없고, 봄철에 밭 갈지 아니하면 가을철에 거둘 것이 없고, 새벽에 일어나지 아니하면 그날에 할 일이 없다.'[87] 공자님 말씀이다.

아이들 교육에서 당면하는 어려운 문제는 역시 시작의 실마리를 어디서 찾느냐 하는 문제이다. 무엇을 택할 것인가 하는 선택의 문제, 어느 정도까지 밀고 가야 하는 정도의 문제, 궁극의 목표를 어디다 두어야 할 것인가 하는 목표의 문제이다. 이것은 비단 교육의 문제뿐만 아니라 세상의 어떤 문제에서나 당면하는 어려운 문제리라.

나는 문제에 부닥치면, 우선 원칙과 교훈을 생각하였다. 원칙

---

86) 君爲臣綱 父爲子綱 夫爲婦綱-(군위신강 부위자강 부위부강).

87) 一生之計 在於幼 一年之計 在於春 一日之計 在於寅 幼而不學 老無所知 春若不耕 秋無所望 寅若不起 日無所辦-(일생지계 재어유 일년지계 재어춘 일일지계 재어인 유이불학 노무소지 춘약불경 추무소망 인약불기 일무소판).

은 책에 있고, 교훈은 역사에 있다. 원칙도 교훈도 적용할 성격이 아니라면, 문제의 핵심은 무엇인지를 따졌다. 핵심을 잡으면 답은 보이게 마련이다. 그래도 답이 안 보이면 상대방 또는 반대 입장에서 나를 본다. 그래도 안 보이면 그때는 간절히 기도한다. 기도는 언제나 내게 큰 힘이 되었다. 많은 문제를 푸는 데 실마리를 주었기 때문이다.

아범을 처음 외국 학교에 두고 오면서 신경을 쓴 문제는 어떻게 하면 담배를 못 피우게 할까 하는 것이었다. 외국 고등학교라 대부분의 남학생이 담배 피우는 걸 보고 내심 나는 걱정이 많았다. 사내들 세계란 자기 뜻과는 관계없이, 오기(傲氣)나 영웅심이 작용한다. 손가락질 받기 싫어서, 쪽팔리기 싫어서 하는 일이 비일비재(非一非再)다. 아범도 필경 피우게 될 것이다. 못 피우게 해야 할 텐데…. 어떻게 막을까? 외국에 있는 녀석을 어떻게 감독한단 말인가. 내가 뭐래도 본인이 하려고 들면 방법이 없다. 자발적으로 안 하게 하려면 내가 강요를 안 하는 길밖에 없다고 생각했다.

"담배를 피워도 좋다. 그 대신 내게 언제부터 피우겠다고 알려는 달라. 네 용돈은 한도가 있으니까, 담배 값을 따로 송금해 줄게 아니냐?" 내가 떠나오면서 남긴 말이다.

그때만 해도 아범과 고모가 다녔던 보딩 스쿨은 학칙이 까다로웠다. 병영과 같은 기숙사 생활에 평일 외출은 사감의 허락이 있어야 하고, 심지어 용돈도 일정 한도를 정해 부모가 더는 못 주게 하였다. 내 기억으로는 한 학기에 약 50 파운드? 50파운드면 지금 우리 화폐 가치로 약 7~8만 원 정도니까 한 학기를 5개월로 쳐서 한 달에 10 파운드 꼴이 되는 셈이다. 한 달에 만오륙천 원이면 용돈으로는 정말 빠듯했을 거다.

아범한테서는 다음 방학이 되도록 아무 연락이 없었다. 그때부터 오늘까지 아범은 담배를 입에 대지 않는다. 만일 그때 "너 저 애들처럼 담배 피우면 안 된다. 머리가 나빠지고 건강에 해롭고, 돈도 더 들고, 백해무익하다. 절대로 피우지 말아라" 라고 했다면 아마 상황은 달라졌을지도 모른다.

할아버지는 아범과 고모가 대학을 마칠 때까지 두 사람의 발을 가끔 씻어 주었다. 우선 대야와 수건을 준비하고 주전자로 물을 따뜻하게 데워 한 사람씩 발을 내밀게 한다. 어릴 적에는 씻겨 주면 신도 나고 장난기도 살아나 막 장난을 치고 야단법석을 떨더니, 조금 나이가 들면서 아주 조심스러워지더구나. 조심스러울 뿐 아니라 내가 처음 한 발을 손으로 잡으면 움찔 하고 놀라는 걸 역력히 느낄 수 있었다. 죄송하고, 감사하고…. 그리고 발을 통하여 퍼져오는 뿌듯한 사랑으로 저들의 가슴을 메우는 감격을 나는 손끝으로 느낄 수 있었다.

교육의 근본은 사랑이다.

제8장 예절

1. 예(禮)는 정(情)이지
2. 가정에서의 예절
3. 사회예절
4. 고전을 통해 본 예절

1. 예(禮)는 정(情)이지

"예는 정이지, 법이 아니야."

할아버지가 존경하는 스승의 말씀이다. 내가 예법, 예법 하고 따지는 걸 한동안 참으셨던 듯, 평소와는 다르게 좀 단호한 어조로 하신 말씀이다.

예가 어찌 정일까? 나는 한동안 이해를 못하였다.

공자가 '예는 마음의 근본'이라 하였으니까 좀 비약한 것이려니 하던 참이었다.

어떻든 예절은 사람과 사람 사이에 해야 할 일과 해선 안 될 일을 두고 정한 규범이나 약속이 아니겠느냐?

부모를 공경하고, 어른을 알아보고, 벗과 신의를 지키고 하는, 우리의 공동생활에서 마찰이나 불편이 없도록 널리 지켜야 하는 마음가짐이겠지. 그렇다면 이건 규범에 속하지 정은 아닐 텐데….

우리나라는 예로부터 '동방예의지국(東方禮義之國)'이라고 해서, 자존심 강한 중국 사람들까지도 우리를 예절이 바른 백성으로 보고 있었다.

《후한서(後漢書)》에는[88] '동방 사람을 이(夷)라고 하는데, 이(夷)

---

88) 《후한서》는 중국 후한(後漢)의 열두 임금의 사적을 적은 역사책으로, 남조 송나라 범엽(范曄)이 지은 것을 양(梁)나라 유소(劉昭)가 보충하여 완성

는 근(根)을 뜻한다. 사람들의 성품이 어질고 생육(生育)하기를 좋아한다. 그것은 마치 만물이 땅에 뿌리를 내려 생육함과 같다. 중국에서 예의를 잃었을 때에는 동이(東夷)에 가서 배워야 할 것이다' 라고 하였다.

또 동방삭(東方朔)이란 사람의 《신이경(神異經)》에 따르면 우리를 가리켜 '그들은 서로 칭찬하기를 좋아하고 헐뜯지 않으며, 사람이 환난을 당하면 죽음을 무릅쓰고 구해낸다' 고까지 하였으니. 우리의 옛 조상들은 예의범절과 사람으로서 지켜야 할 도리, 그리고 용기까지도 겸비한 훌륭한 분들이었음을 알 수 있다.

예부터 우리나라에는 중국에 못지않게 예절에 관한 훌륭한 가르침이 많다.

성종(成宗) 6년(1475년) 소혜왕후(昭惠王后) 한씨(韓氏)가 쓴 《내훈(內訓)》이나, 율곡(栗谷)의 격몽요결(擊蒙要訣)》,[89] 또 지금부터 200여 년 전인 정조(正祖) 때의 실학자 이덕무(李德懋)가 지은 《사소절(士小節)》은[90] 모두 우리의 전통예절을 잘 체계화한 좋은 책들이다. 시간 있을 때 이들을 섭렵하면 선조들의 오랜 지혜와 가르침도 배우고 옛 풍속도 많이 알게 되어, 옛것을 상고하는 데 참고가 될 것이다.

했다. 전 120권

89) 율곡 이이(李珥, 1536~1584)는 조선 중종~선조 때의 학자요, 정치가로 이황(李滉)과 더불어 조선 유학의 양대 주봉이다. 자는 숙헌(叔獻). 신사임당(申師任堂)이 바로 어머니이다. 《격몽요결(擊蒙要訣)》은 이이가 아이들에게 읽히기 위하여 한문으로 지은 책으로 선조 10년(1577년)에 간행되었다.

90) 《사소절》은 조선 정조 때의 실학자인 아정(雅亭) 이덕무가 도덕적인 사회생활을 통하여 잘 지켜야 할 예절에 관해 저술한 수신서이다.

할아버지의 고전 사랑을 못마땅해 하는 이도 더러 있다. 특히 중국 것을 높이 사는 데 반감까지 갖는다. 이해는 한다. 사대(事大)에 대한 저항이다. 사대는 잘 가려야 한다는 생각은 일리 있기 때문이다. 그러나 좋고 나쁜 것 가리지 않고 남의 것이라고 내치는 것은 용렬한 태도이다.

지금 우리가 배우는 학문은 9할이 서양 것이요, 인문학의 뿌리는 모두 고대희랍에서 시작된 것이다. 나는 희랍이나 중국과 같은 학문과 유산이 없었던 우리를 외려 부끄럽게 여긴다. 좋고 훌륭한 것은 그것이 어디 것이 건 배우고 경의를 표하는 게 겸손이다.

그러나 고전을 읽을 때는 그 시대 상황과 지금을 비교하면서 성현의 말씀을 새겨야 한다. 사리에 안 맞는 말씀도 적지 않기 때문이다. 그렇다고 그 근본정신까지도 부정하는 것은 잘못이다. 마치 갈릴레이의 지동설이 증명되었다 해서 하나님 말씀이 틀렸다고 우기는 것과 같은 어리석음이다.

또 하나, 고전을 잘못 받아들이면 가르침의 근본정신을 놓치고, 완고해지거나 엉뚱한 길로 빠지기 쉬우니 각별히 조심하여야 할 것이다. 우리 선조들도 한때 형식과 절차에 얽매여 명분에만 치우친 나머지 고전의 근본정신과는 동떨어진 공론으로 허송했던 일을 상기할 필요가 있다.

이 글을 쓰기 시작한 요즘에 와서야 할아버지는 "예는 정이지!"라고 하신 선생님의 말뜻을 문득 알게 되었다. 할아버지는 이 스승을 뵐 때마다 이상한 점을 느낀 일이 한두 번이 아니다. 선생님은 우리 문학사상 가장 큰 거목의 한 분이신 데도 세간에 그리 알려지지 않은 점이 첫째요. 둘째, 누가 보아도 볼품없는 왜소한 체구가 내게는 다시없는 거인으로 보이는 것이요. 셋째, 말씀은 늘 봄날같이 훈훈하신데 어디서 그런 바위 같은 위엄이 나오는지 늘 궁금하였다.

얼마 전에도 '비싼 데는 안 간다'는 고집에 밀려 또 막걸리를 대접해 드렸는데, 취기가 거나해지자 상소리를 마구 하시는데도 그게 귀에 하나도 거슬리지 않은 게 이상하고, 나오신 후 '대로에 방뇨'하신 것 또한 눈에 전혀 거슬리지 않으니 참으로 이상한 일이었다.

선생님의 기행(奇行)은 지나친 예법으로 사람의 영혼이 억압되는 것을 경고하신 것이다. 형식과 절차에 얽매여 사람의 근본이 사라지는 것을 한탄하신 것이다. 속없는 겉치레보다, 속 있는 무례가 얼마나 아름다운지 몸소 보여주신 것이다. 선생의 존함은 김영탁(金永卓)이요, 자는 구용(丘庸)이다.[91]

'예는 정'이라는 말씀이 이제는 백 번 옳은 것 같다.

2. 가정에서의 예절

● 조상경배(祖上敬拜)

가정에서 지켜야 할 예절은 너의 어머니가 쓴 〈우리 집 예절〉이 잘 되어 있어 그걸 보면 되겠다.

---

91) 김구용(金丘庸, 1922~2001) 시인은 경북 상주에서 태어나, 유년시절 불교와 한학을 공부한 뒤 1953년 성균관대 국문과를 나와 육군사관학교 강사, 성균관대 교수 등을 지냈다. 1949년 김동리의 추천을 받아 시 '산중야(山中夜)'로 등단, 《구곡(九曲)》《송백팔(頌百八)》 등의 시집을 남겼다. 또 《동주열국지》《수호지》《삼국지》 등 중국 고전 번역가로도 큰 업적을 남겼다. 2001년 제36회 월탄문학상 수상.

여기서는 핵가족시대와 함께 소홀해진 친족 관계만 얘기해 두겠다.

우리나라는 예로부터 남성우위의 사회라 부계혈족의 8촌 이내를 친족이라 한다. 또 옛날 씨족집단의 기본단위로 이를 당내(堂內)라고도 불렀다. 또 고조부의 복을 입은 범위로 제사를 지내는 4대 봉사(四代奉祀)도 여기에 기준을 둔 것이다.

우리나라는 세계에서도 유례가 없는 족보라는 것이 있어 같은 혈족의 계보를 아주 정확하게 기록하여 대대로 전하고 있다.
예컨대 할아버지는 밀성(密城) 박씨 은산공파로 시조 박혁거세의 63대손에 해당된다. 대대로 장손을 종손이라 하고 그 집을 종가라고 한다. 제사는 종가에서 맡아 한다. 우리 종가는 제성이 오빠네가 된다.

제사는 돌아가신 부모에 대한 애정과 존경의 표시를 연장한 것으로, 사람의 아름다운 도리 중 하나이다.

일찍이 《예서(禮書)》[92]에 '제왕은 하늘을 제사 지내고, 제후는 산천을 제사 지내며, 사대부는 조상을 제사 지낸다'고 하여 사람의 지위에 따라 제사의 대상을 다르게 하였다. 모두가 경천애인(敬天愛人)의 정신을 따른 것이다. 이는 곧 창조주를 경배하고 사

___

92) 조선 후기 학자 남도진(南道振)이 1888년에 엮은 예서차기(禮書箚記)를 말한다. 26권 13책으로 되어 있으며 가례도(家禮圖), 입묘(立廟)·입묘(入廟)·별묘(別廟)에서의 예식과 절차, 적서(嫡庶)의 계통과 후사(後嗣)·봉사(奉祀), 제사·절사(節祀)·천신(薦新) 때 고하는 의식절차, 혼례에 관한 절차, 상례 등 의식절차와 축식(祝式) 24편이 실려 있다.

람을 사랑하는 지극히 아름다운 마음의 발로라 할 것이다.

특히 효(孝)는 우리 동양에서 으뜸으로 삼는 사람의 도리라, 돌아가신 후에도 살아 계실 때와 똑같이 부모를 사랑하고 기린다는 점이 아름답다. 제사는 온 가족과 친족의 친목을 도모하는 데도 큰 몫을 하고 있어 오래도록 보전하여야 할 우리의 아름다운 풍속의 하나이다.

기제사(忌祭祀)의 대상은 예법에 따르면 고려 때는 증조부까지 3대를 모시다가 조선조에 와서는 고조부까지 4대를 모시게 된다. 아무나 4대조를 모시는 게 아니라 신분이 3품관 이상이어야 하고, 6품관 이상은 3대 봉사. 7품관 이하 선비들은 조부모까지 2대 봉사, 서민은 부모만 제사를 지내라고 《경국대전(經國大典)》에서[93] 규정하였다.

이러한 신분의 봉사 차별은 근세까지 전해왔었는데, 1894년 갑오경장(甲午更張)으로 신분제도가 폐지되면서 너도나도 다투어 모두가 4대 봉사로 모시게 된 것이다. 민심의 흐름을 읽을 수 있는 재미있는 일이다.

기제사의 대상을 3대로 하느냐 4대로 하느냐 하는 것을 따질 일은 아니라고 나는 생각한다. 더구나 4대조까지 모신다고 해서 새삼스러이 3품관 벼슬을 하는 것도 아니니 말이다.

문제는 부모에 대한, 또 조상에 대한 사랑과 경모(敬慕)의 정신이 아니겠느냐?

선조들이 애초에 3대다, 4대다 하고 정한 것도 사실은 우리 수명으로 미루어 증조부나 고조부는 생전에 뵐 수 있었기 때문일 것

---

93) 《경국대전(經國大典)》은 조선왕조의 세조가 최항 등에 명하여 종래의 법전을 정리하여 육전(六典)의 체제를 갖춘 법전이다.

이다. 그러고 보면 생전에 뵌 어른을 사후에도 추모하는 것은 너무나 자연스러운 사랑과 존경의 표현이라 하겠다. 그런 것을 법으로 묶고 신분으로 차별을 두고 하니까 존경과 경모는 뒤로 처지고, 또 법도가 앞자리를 차지한 꼴이 된 게 아니겠느냐?

내 생각에는 3대다, 4대다 굳이 고집할 게 아니라 생전에 뵌 어른만을 제사의 대상으로 함이 마땅하다고 본다. 여기서도 내 스승의 가르침처럼 법이 아니라 정이 아니겠느냐? 정(효도) 때문에 하지, 법 때문에 하는 일은 아닌 것이다. 그래야 제사를 지내는 참뜻이 될 것이다.

제례의 종류도 옛 법도에 따르면 기제사(忌祭祀: 돌아가신 날), 세일사(歲一祀: 10월에 한 번 하는 기제사 윗대에 대한), 시조제(始祖祭: 동짓날에 성씨의 시조 한 분만 모시는), 선조제(先祖祭: 입춘 날 시조와 기제사 외의 조상에 대해), 니제(禰祭: 사당의 조상위패 중에서 자기 부모만 따로 9월에 모시는) 등이 있었다.

현대생활과 또 합리성을 생각할 때, 제례의 종류도 기제사와 차례로 한정함이 마땅할 것이다.

차례(茶禮)란 옛 법도에는 따로 없던 것인데도, 지금은 명절이면 으레 지내고 있다. 차례란 굳이 따져 본다면 송대(宋代) 주자(朱子)의 《가례(家禮)》에 위패를 모신 사당에서 정월 초하루, 동지, 그리고 매달 초하루와 보름에 참배를 하도록 하였는데, 매달 보름에는 술잔을 놓지 않고 찻잔만을 놓아 모신다고 하였다. 차를 상용하지 않는 우리로서는 간략한 제례라는 뜻만 살려서 차례를 지내게 되었을 것이다.

어떻거나 차례는 매우 합리적인 제례라고 나는 생각한다. 그리고 그 횟수를 민속명절에만 하게 한 것도 참으로 잘한 일이라고 생각한다.

제상의 위패는 내 생각에는 사진으로 바꾸는 것이 좋을 것 같다.

이것도 주자(朱子) 이전에는 사당에 신주(神主) 대신 화상(畫像)을 모셨던 것을 까다로운 주자가 그림이 퇴색하면 불효가 된다고 하여 그림 대신 문자로 신주를 모시기 시작한 것이다. 그때부터 영당(影堂)이라는 명칭도 사당(祠堂)으로 바뀌고.

기제사와 차례 외에 한식과 추석에는 성묘를 하는 게 좋겠다. 사정이 허락하면 꼭 무슨 때만이 아니라도 형편대로 좋은 날을 택해 아이들과 함께 선영(先塋)을 찾는 것도 좋다. 성묘도 하고 준비한 음식을 함께 나누면서 고인을 회상하는 것은 교육적으로 큰 효과가 있다.

● 친인척의 호칭
인척이란 혼인으로 이루어진 외족, 처족 등을 말한다. 이 책 부록에 있는 도표에서 친인척의 관계를 일목요연하게 볼 수 있다.

호칭 문제도 요즘 크게 혼돈을 일으키고 있는 일 중 하나다. 말하는 상대에 따라 높임과 낮춤이 다 다르기 때문이다.

가령 부모의 경우에도 남 앞에서는 낮추고 남의 부모는 높여서 불러야 한다. 내가 다른 사람에게 나의 아버지를 말할 때 가친, 엄친이 되고, 다른 사람이 내게 말할 때는 춘부장, 대인이 된다. 돌아가시면 '가친'이 아니라 '선친'이 되는 것이다.

형제자매의 배우자 호칭은, 남자의 경우 형제의 아내는 '형수' '제수'이고, 부를 때는 '아주머니', 자매의 남편은 '매부', 그 위는 '매형'이 된다.

여자의 경우, 오빠와 동생의 아내는 '올케', 위는 '언니', 아래는 '새댁'이거나 '누구 엄마'로 부른다.

자매의 남편은 '형부' '제부' 또는 '서방님'으로 부른다.

부부간의 호칭은 서로 '여보' '당신', 요즘의 '자기'도 무방하겠다. '나의 와이프' 같은 서양식은 아직 어색하게 들린다.

남 앞에서는 '바깥양반' '바깥사람' '남편' '그이' 정도가 무난하고, 그냥 '아빠'는 안 된다. '누구 아빠'로 해야지.

부모 앞에서는 '아비' '어미'가 된다. '아범' '어멈'은 옛날 서민 사이에서 쓰던 것이나, 지금은 애칭으로 쓰이고 있어 장려할 일이다.

남의 부부를 부를 때 남의 남편은 '바깥어른' '현군'이고, 남의 아내는 '부인' '내상'이지, '사모님'은 잘못된 것이다. 사모님은 엄연히 스승의 부인이다.

호칭도 촌수가 복잡해짐에 따라 수도 없어, 일일이 들 수 없구나. 이 책 부록에 있는 도표를 참고하여라.

3. 사회예절

먼저 옷차림이다. 옷이 날개라는 말이나 옷차림은 제2의 인품이라는 말이 있듯 의복은 사회생활에서 매우 중요한 역할을 한다.

원래 옷이란 추위나 비바람을 막자던 것이었는데, 이제는 승용차를 이용하고 건물 환경이 좋아지고 또 생활수준이 많이 올라가, 옷의 본래 목적 이외에 기능적, 장식적인 목적이 한결 커졌다.

집안에 있을 때 입는 옷이 다르고, 외출할 때에도 작업이냐, 사무냐, 연회냐, 운동이냐에 따라 각각 다른 기능과 목적에 맞추어 옷을 입게 된 것이다.

옷차림의 기본은 첫째 조화이고, 둘째 개성이다.

조화란 주위 분위기와 목적에 알맞은, 또 자기 분수에 맞는 옷차림이어야 한다. 비싸고 사치스런 옷차림은 물론 금물이다. 사치하면 추하거나 천해 보이기 십상이다.

옷차림은 우선 아름다워야 한다. 미는 조화에 있다지 않더냐? 그러니까 그 분위기에 맞고, 색깔이 맞고, 분수에 맞아 조화를 이루어야 아름답게 보인다. 따라서 자기가 좋아하는 색조, 디자인, 또는 액세서리 등으로 자기의 특징과 개성을 부각시켜야 하는 것이다. 옷차림은 색의 조화, 디자인, 액세서리 등 다소 전문성을 요하니까 한 번은 전문가의 조언을 들어두는 게 좋다.

직장에서 혹은 공공장소에서, 또 외국여행을 할 때 지켜야 할 예절에 대해서는 그 방면의 책이 많다. 따로 보아 두는 게 좋을 것이다.

대인관계에서 지켜야 할 인사 소개, 방문, 초대와 접대 그리고 선물을 주고받는 법에 대해서는 앞서 말한 〈우리 집 예절〉에 잘 나와 있다.

그런데 사회예절에서 다소 소홀히 되고 있는 일이 하나 있다.

국기와 애국가, 그리고 국가원수에 대한 예절이다. 국가원수에 대해서는 요즘 각종 행사에서 사회자가 진행을 잘 하고 있어 별 실수는 없는 것 같다. 그러나 국기에 대한 예절이나 애국가가 연주될 때의 예절은 아직도 많은 계몽과 교육이 필요한 듯 싶다. 국기에 대해 경례하는 법이나 애국가가 연주될 때의 예절을 알아두어야 한다.

한 가지 방법은 1년에 한 번 정도 화랑대에 있는 육군사관학교의 열병과 분열식을 참관하는 것이다. 이때 국기와 국가에 대한 예절을 익히고 열병식도 구경하면서 나라를 생각하게 하는 것이다. 매주 금요일이면 화랑대에서 생도 1,000여 명이 참가하는 열병과 분열이 있다. 우리나라에서는 유일한, 정말 볼 만한 의식의 하나이다.

할아버지가 태릉에 있는 육군사관학교에 입교한 것은 1954년 7월 1일이었다. 지금은 서울특별시의 화랑대이지만 그때는 경기도 태릉이라 불렀다. 명종(明宗)의 어머니인 문정왕후(文定王后)를 모신 능의 이름을 따서 그렇게 부르게 된 것이다.

'54년 초만 해도 육사는 진해 육군대학 자리에 있었다. 사관학교 창설을 한국전쟁이 한창이던 1952년 1월 20일 진해에서 했기 때문이다. 당시의 수도 서울 지역은 중공군과의 치열한 전쟁터였고….

지금도 할아버지가 놀랍게 생각하는 일의 하나는 선배들이 어떻게 그 치열한 전쟁 중에 육사(陸士)를 창설해야겠다는 생각을 가졌는가 하는 점이다.

그 당시에는 육군 소위를 '소모품'이라 불렀다. 총알이나 대포알같이 쉽게 소모된다고 해서 붙은 끔찍한 이름이다. 소대장 전사율이 얼마나 높았던지 한창 전투가 치열할 때는 연대장에게 경례를 부치며 '아무개 소위, 가라캐서 왔습니다' 하고 부임 신고를 하고 돌아서서 고지로 올라가기가 무섭게 시체가 되어 내려오곤 하였다. 이렇게 희생이 심하니까 장교 교육도 길어야 3개월, 바쁠 때는 한 달 만에 임관을 시켰는데도 소위가 달려 쩔쩔매던 때이다. 끔찍한 일이다. 이런 고귀한 희생 위에 이 나라가 세워졌음을 우리는 잊어선 안 된다. 이 어려운 시기에 4년씩이나 걸리는 4년제 정규 육사를 만들다니? 참으로 깊은 생각이요, 놀라운 결단이다.

1954년 태릉의 여름은 정말 더웠다. 지금도 그렇지만 사관학교를 처음 입학하면 두 달 동안을 '동물훈련(Beast Training)'이라고 해서 사람을 동물같이 취급하고, 이루 말로 형언키 어려운 심한 훈련을 시킨다. 이 훈련 때 학교를 그만두거나 때로는 목숨을 잃는 불상사가 일어나기도 한다. 해마다 20여 명이 탈락하는 것만 보아도 훈련의 정도를 알 만할 것이다.

지금 생각하면 사람을 죽게 한다는 것은 크게 잘못이다. 전투도 아닌 훈련에서 사람을 상하게 하는 것은 생각이 부족한 탓이다. 사람에 따라서는 심장이나 다른 기관이 심한 고통에 견디지 못할 수도 있다. 시를 쓸 꽃 같은 나이에 사랑도 한 번 제대로 못해 보고 죽는다는 게 얼마나 안타까운 일이냐?

할아버지도 평생 흘릴 땀의 반은 그때 흘렸다. 평생 흘릴 눈물도 그때 다 흘렸던 것 같다. 그렇게 땀을 흘리면서 우리는 나라 사랑을 다짐했고, 그렇게 울면서도 목숨을 바치리라 맹세를 하였다. 모두가 순수하고 정의에 불타는 젊은 때였다. 지금도 할아버지는 그 4년을 그리워하고 군인이었음을 자랑스럽게 생각한다.

4. 고전을 통해 본 예절

우리나라는 금년 중에 세계 일곱 번째로 5030 클럽(국민 5천만 이상, 1인당 국민소득 3만 불 국가)의 일원이 될 전망이다. 국제 스포츠 상으로도 1988년 올림픽을 포함하여 축구 월드컵(2002), 세계육상선수권대회(2011), 동계올림픽(2018)까지, 소위 세계 4대 스포츠행사를 세계에서 다섯 번째로 모두 치러 겉 모양은 선진국으로 자부할 수 있게 되었다. 그럼 국격(國格)으로나 문화민족으로도 세계 10위권 내의 국가로 자부할 수 있는가.

유감스럽게도 할아버지는 이에 동의할 수 없다. 유감이다. 왜? 할아버지가 누누이 일러 온 사람의 근본문제 - 정직, 질서, 예절 같은 일들이 아직도 부끄러운 수준에서 벗어나지 못하고 있기 때문이다.

멀리 갈 것도 없다. 가까운 일본에 가 보아라. 할아버지의 말 뜻을 금방 알 수 있을 것이다.

불행했던 과거 역사 문제로 일본과는 불편한 사이이긴 하지만, 좋은 점은 배우고 인정할 것은 인정하는 게 문화인의 금도(襟度)이다. 적어도 그 사람들의 질서의식, 남을 배려하는 마음, 청결 같은 것은 우리가 본받아야 할 일들이다.

이제 우리는 삼만 불 시대를 자랑할 게 아니라, 세계가 우러러볼 품위 있는 국민, 문화민족이 되기 위해 스스로를 돌아 볼 때가 되었다.

지금 세계 질서는 강대국들의 논리와 그들의 뜻에 따라 유지되고 있다. 정치 경제나 일반 사회관행도 대개 서구의 것을 따르고 있다. 돈 많고 힘도 세기 때문이다. 그렇다고 정신문화까지 우리가 밀려서야 되겠느냐.

할아버지가 굳이 옛것을 상고(詳考)하는 것은 뛰어났던 우리의 학문적 전통과 문화를 알고, 그 기초 위에 서양의 것을 받아들이자는 생각에서이다. 그래야 그들을 앞서는 새로운 시대의 질서와 문화를 갖게 될 것이 아니겠느냐.

너희들 시대가 되면 지금 세상을 풍미(風靡)하는 서양문명이나 관행, 예절을 그대로 따를 게 아니라 빛났던 우리것과 조화시켜 행하고 처신한다면 품위 있는 문화민족으로 국제사회에서 존경받을 것이다.

서양 예절에 대해서는 좋은 책이 많이 나와 있으므로 여기서는 우리의 옛것만을 간략하게 소개하는 게 좋겠다.

혜준아, 효정아, 그럼 어떤 가르침인지 한번 살펴보자.

● 전인교육(全人教育)

우리 동양에는 어머니 뱃속에서부터 무덤에 이르기까지 무얼 배워야 한다는 가르침이 있다. 《소학》에 보면 앞서 말한 태교 외에 나이에 따라 읽기와 셈하기, 활쏘기, 말타기, 심지어는 시와 음악과 무용까지도 언제 하는지를 제시하고 있다. 이런 것이 전인교육이라는 것이다. 너무도 깊은 지혜라 그냥 넘길 수 없구나. 지루하더라도 읽고 마음에 새겨 둘 일이다.

'자식이 능히 밥을 먹을 수 있게 되면 오른손으로 밥을 먹도록 가르치고, 능히 말을 할 수 있게 되면 사내는 빨리(唯·유) 대답을 하도록 하고, 여자애는 느리게(兪·유) 대답을 하도록 한다. 그리고 사내는 가죽으로 된 주머니(鞶·반)를 차게 하고, 여자애는 실베로 만든 주머니를 차게 한다.'

여기서 유(唯)는 빨리, 유(兪)는 느리게라는 뜻도 있지만 때로는 단단한 것과 부드러운 것을 의미하기도 한다. 또 반(鞶)이란 작은 주머니에 수건을 담는 것이나, 사내가 가죽을 사용하고 여자애는 비단을 사용한 것 역시 단단한 것과 부드러움을 뜻하는 것이다.

'나이 여섯 살이 되면 셈 수와 방위의 이름을 가르치고, 일곱 살이 되면 사내와 여자애를 같은 자리에 있지 못하게 하며, 음식을 같이 먹지 못하게 한다. 여덟 살이 되면 출입을 할 때나 자리에 앉을 때나 음식을 먹을 때에 반드시 웃어른 다음에 할 것이니, 비로소 사양하는 것을 가르치는 것이다. 아홉 살이 되면 날짜 세는 법을 가르치게 된다.'

유명한 남녀칠세부동석(男女七歲不同席)이라는 말도 여기서 나온다. 물론 시대에 안 맞는 얘기다. 그러나 덮어놓고 시비를 하는 것은 다 용렬한 일이다. 언젠가도 얘기했듯이, 옛것을 상고할 때는 그 시대의 형편을 잘 살펴 생각하여야 한다고 하였다. 기록으로 남은 글자만 볼 게 아니라 그 시대정신을 읽어야 한다.

'나이 열세 살이 되면 악(樂)을 배우고 시(詩)를 외워 읽으며, 작(勺)으로 춤추게 한다. 나이 열다섯 살 이상이 되거든 상(象)으로 춤추며 활쏘기와 말타기를 배우게 한다.'

여기서 작(勺·구기 작)은 악부로서 《시경》 주송(周頌)이라는 시를 노래하는 풍류 춤으로 부드러운 춤인 문무(文舞)를 말하는 것이고, 상(象)은 역시 주송의 무시(武詩)인데, 코끼리를 노래하는 풍류 춤으로 무무(武舞)라 한다.

'나이 스무 살이 되면 관례(冠禮)를 행하고 비로소 예를 배우며 갑옷과 비단옷을 입고 대하(大夏)의 춤을 출 수 있다. 효도와 우애를 돈독히 실행해 나가고, 널리 배우되 남을 아직 가르치지 못하며, 그 미덕을 마음속에 지니되 드러내 보이지 못한다.'

여기서 비로소 예를 배운다는 것은 성인의 도리로서 제사 지내는 길례(吉禮), 상을 당했을 때의 흉례(凶禮), 군에 갔을 때의 군례(軍禮), 손님을 대할 때의 빈례(賓禮), 관례·혼례인 가례(家禮) 등 오례(五禮)를 다함께 익혀야 한다는 것이다.

그리고 대하는 하(夏)나라의 우(禹)가 지은 음악인데, 문과 무를 겸비한 것이다. 남을 가르치지 아니한다는 것은 배운 것이 아직 성숙하지 못하기 때문에 스승이 될 수 없다는 말이다. 속에 지니되 보이지 못하게 하는 것은, 마음속에 깊숙이 그 미덕을 쌓아두기는 하되, 그 능력을 스스로 드러내 보이지 아니한다는 것이다.

'나이 서른 살 때 아내를 갖고 비로소 남자의 할 일을 처리하며, 학문을 닦되 널리 배우고 친구를 공손하게 대하여 그 뜻을 받는다.'

여기서 남자의 할 일이란 토지를 받고 정치에 참여하며 부역에 나가는 것이다. 토지를 받는다는 것은 주나라 때에는 토지가 모두 국유(國有)로 농가 한 집이 백무(百畝: 1만 평)를 받아서 경작하게 되었는데, 새로 한 집을 만들면 새로 백무를 받게 된다.

'나이 마흔 살에 비로소 벼슬을 하게 되고, 일을 맡아서 지모를 짜내며 생각을 발표하여 도리에 합치할 것 같으면 복종을 하고, 옳지 아니하면 그만 두고 떠나간다.

나이 쉰 살에 명을 받아 대부(大夫)가 되고, 벼슬자리에 올라 정사(政事)를 맡아 보며, 나이 일흔 살에 치사(致仕)한다.'

여기서 치사(致仕)란 치사(致事)로 벼슬에서 물러난다는 뜻이다. 얼마나 훌륭한 전인교육이냐?

일찍이 희랍의 플라톤이 내세운 철인왕(Philosopher King)교육 방법에 조금도 손색없는 인재양성법을 보면서 고래로 사람 교육은 동서가 다르지 않은 데 놀라움을 금할 길 없다.

● 식사예절

〈곡례(曲禮)〉에서는 이렇게 말하였다.

'남과 함께 음식을 먹을 때에는 배부르도록 먹지 말아야 하며, 손을 적시지 말아야 한다.

밥을 몽치지 말며, 밥숟가락을 크게 뜨지 말며, 물 마시듯 들이마시지 말아야 한다.

음식을 혀 차지 말며, 뼈를 깨물어 먹지 말며, 먹던 고기를 도로 그릇에 놓지 말며, 뼈를 개에게 던져주지 말며, 어느 것을 굳이 자신이 먹으려고 하지 말아야 하며, 빨리 먹으려고 밥의 뜨거운 기운을 제거하기 위하여 밥을 헤젓지 말며, 기장밥을 젓가락으로 먹지 말아야 한다.

나물 있는 국을 국물만 혹 들이마시지 말아야 하고, 국에 조미(調味)하지 말아야 한다. 이를 쑤시지 말아야 하며, 젓국(蟹·게해)을 마시지 말아야 한다. 손(客·손 객)이 국에 간을 맞추면 주인이 맛을 알맞게 잘 끓이지 못하였다고 사과의 말을 하며, 손이 젓국을 마시면 주인은 잘 조미하지 못하였다고 사과하는 말을 해야 한다.

젖은 고기는 이로 끊고, 마른 고기는 이로 끊지 않는다. 불고기를 한 입에 넣어 버리는 일이 없어야 한다.'

또 《사소절》에서는, 음식을 먹을 때는 귀천(貴賤)이 없이 모두가 함께 나누어 먹기를 권장하였다.

'집에 때 아닌 음식이 생기면 비록 적더라도 늙은이, 젊은이, 귀한 사람, 천한 사람 할 것 없이 고루 나눠 맛보게 하여야만 화목한 기운이 넘쳐흐를 것이다.'

'생선회와 무를 먹을 때는 재채기를 하거나 눈물을 흘려서는 안 되고, 또한 무를 많이 먹고 남을 향하여 트림을 하지 말 것이다.' 역시 《사소절》에 있는 말이다.

또 쌈 먹는 법을 이르되, '상추, 참취, 김에 밥을 싸서 먹을 때는 함부로 손가락이나 손바닥을 쓰지 말 것이다. 이는 깨끗하지 못함을 꺼리기 때문이니, 반드시 밥을 숟가락으로 뭉쳐 밥그릇 위에 걸쳐놓은 다음, 젓가락으로 쌈 쌀 채소 두세 잎을 밥 덩어리에 가지런히 덮은 후에 비로소 숟가락을 들어 입에 넣고는 곧장을 찍어 씹어 먹을 것이다. 너무 크게 싸서 입 안에 넣기가 어렵게 하지 말 것이다. 이는 볼을 크게 부르게 함이 예도에 어긋나기 때문이다.'

정말 자상한 가르침이지?

또 음식을 먹을 때 조심하고 가려 먹을 일로는 '고기 뼈는 빨지 말며, 씹지 말고, 꿩의 다리도 씹어 먹지 말라. 이는 그 뼈에 찔릴까 염려되기 때문이다. 쇠갈비를 물어뜯지 말라. 이는 그 즙이 옷에 묻는 것을 꺼리기 때문이다. 게장 딱지에 밥을 비벼 먹지 말라. 이는 군색스런 짓이다.'

밥 먹을 때 소리에 대해서는 '무나 배나 밤을 먹을 때는 사각사각 씹는 소리를 내지 말고, 국수나 국이나 죽을 먹을 때는 갑자기 들이마셔 후루룩 소리를 내지 말고, 물을 마실 때는 목구멍 속에서 꿀꺽꿀꺽 소리가 나지 않게 한다. 무릇 밥을 먹을 때는 아주 느리게, 먹기 싫은 것같이 하지 말고, 아주 급하게 빼앗아 먹는 것같이 하지 말며, 젓가락을 밥상에 내어 던지지 말고, 숟가락이 그릇에 닿아 소리 나게 하지 말 것이다.' 라고 가르친다.

어떠냐? 서양 예절보다 더 자상하고 격이 높지 않으냐?

《사소절》에서는 술 마시는 일에 대해서 이렇게 말한다.

'어른을 모시고 술 마실 때는, 술이 나오면 일어나 술 단지가 있는 곳으로 가서 절하고 받아야 한다. 어른이 그렇게 하지 못하게 말리면 젊은이는 제자리로 돌아와서 마시되, 어른이 술을 아직 다 마시지 않았으면 젊은이는 감히 마시지 못한다.'[94]

'술이 비록 독하더라도, 눈살을 찌푸리고 "카!" 하고 숨을 내쉬어서는 안 되고, 빨리 마셔서도 안 되며, 혀로 입을 빨아서도 안 된다.'

지금도 술꾼들 사이에 '카!' 하면 벌주로 한 잔씩 더 먹이는데, 그 근원이 무엇인지 알고나 하는지?

● 몸가짐

우리 동양에서는 장유유서(長幼有序)라고 해서, 웃어른 모시는 일을 오륜 가운데 하나로 삼고 있는데 참으로 아름다운 도리이다.

자기와의 나이 차이를 두고 20세나 위인 아버지뻘은 존자(尊者), 10세 위로 형님뻘 되는 이를 장자(長者), 나와 비슷하게 적거

---

94) 侍飲於長者 酒進則起 拜受於尊所 長者辭 少者反席而飲 長者擧未釂 少者不敢飲-(시음어장자 주진즉기 배수어존소 장자사 소자반석이음 장자거미조 소자불감음).

나 많은 사람을 적자(適者), 10세 아래를 소자(小子), 20세 아래를 유자(幼子)라 한다.

우리 예절이 얼마나 발달하였나 하는 것을 한번 살펴보면, 지금 말한 다섯 등급의 사람을 두고도 인사법을 각각 다르게 하도록 되어 있다.

가령 존자가 먼 길을 떠날 때 찾아가 절하는 것을 '사(辭)', 먼 길에서 돌아왔을 때 가 뵙는 것을 '견(見)', 경사에 찾아가 절하는 것을 '하(賀)', 호의를 베풀었을 때 찾아가 절하는 것을 '사(謝)'라고 하였다.

뿐만 아니라 인사를 받는 장소가 방이냐, 마루냐, 뜨락이냐, 대문이냐에 따라 달랐고, 또 존유(尊幼) 등급에 따라 달랐으니, 한 예로 존자를 배웅할 때는 대문에서 백 보 이상 걸어간 다음에야 돌아서 오도록 한 것이다. 참으로 예절의 극치가 아닐 수 없다.

《예기(禮記)》에[95] 이르기를 '군자의 얼굴은 여유가 있고 침착하지만 존경해야 할 사람을 보면 곧 공경하여 조심하는 태도를 짓는다. 발의 동작은 무거운 듯이 하고, 손의 동작은 공손하게 하며, 눈의 동작은 단정하게 하고, 입은 함부로 움직이지 아니하며, 소리를 낼 때에는 고요하고, 머리는 곧게 가지며, 호흡을 정제하여 엄숙하게 하고, 서는 모습은 반듯하고 의젓하게 가져 바르게 서며, 낯빛은 장중하게 가진다'고 하였다.

현대인의 매너를 능가하는 수준이 아니냐?

---

95) 《예기》는 오경의 하나로 주(周) 말부터 진한(秦漢) 시대에 이르는 유자(儒者)의 고례 (古禮)에 관한 논설을 수록한 책이다.

또 〈곡례〉에 말하기를, '남과 나란히 앉았을 때에는 팔을 옆으로 벌리지 말아야 하며, 서 있는 이에게 무엇을 줄 때에는 꿇어앉아서 하지 않으며, 앉은 이에게 무엇을 줄 때에는 서서 주지 않는다'고[96]도 하였다.

'장차 마루에 올라가려고 할 때에는 반드시 안에서 들을 수 있도록 소리를 높여야 하며, 문 밖에 두 사람의 신이 놓였을 때에는 말소리가 들리면 들어가고, 말소리가 들리지 않으면 들어가지 말아야 한다. 문 안에 들어갈 때에는 반드시 시선을 아래로 보내며, 문빗장을 두 손으로 받들 듯 잡는다. 방 안을 휘둘러보지 말아야 하며, 문이 열려 있었으면 또 열어 두고, 문이 닫혀 있었으면 닫는다. 뒤에 들어올 사람이 있으면 다 닫지는 말아야 한다. 남의 신을 밟지 말아야 하며, 남의 자리를 밟지 말아야 한다. 옷을 치켜들고 자리의 모퉁이로 빠른 걸음으로 가서 착석하고, 응대를 반드시 삼가야 한다.'[97]

너무도 섬세하지 않느냐?

'대부(大父)와 사(士)가 서로 만나보는 경우에, 비록 대부와 사의 귀천은 대등하지 않지만, 주인이 손을 존경하면 주인이 먼저 절하고 손이 주인을 존경하면 손이 먼저 절한다.'[98]

---

96) 坐不橫肱 授立不跪 授坐不立-(좌불횡굉 수립불괴 수좌불립).

97) 將上堂 聲必揚 戶外有二屨 言聞則入 言不聞則不入 將入戶 視必下 入戶奉扃 視瞻毋回 戶開亦開 戶闔亦闔 有後入者 闔而勿遂 毋踐屨 毋踖席 摳衣趨隅 必愼唯諾-(장상당 성필양 호외유이구 언문즉입 언불문즉불입 장입호 시필하 입호봉경 시첨무회 호개역개 호합역합 유후입자 합이물수 무천구 무적석 구의추우 필신유락).

98) 大夫士相見 雖貴賤不敵 主人敬客 則先拜客 客敬主人 則先拜主人-(대부사상견 수귀천불적 주인경객 즉선배객 객경주인 즉선배주인).

손과 주인이 서로 대하는 자리에서는 오직 어진 이를 존경할 뿐이고 귀천은 따지지 않기 때문이라고 하겠다. 그렇게도 귀천을 따지던 시절이건만 손님을 예로 대함에는 예외가 있도록 한 것은 참으로 예의 예다움을 지키게 하는 지혜가 아닐 수 없다.

● 말의 예절

《사소절(士小節)》[99]에서도 말을 아껴 할 것을 훈계한다.

'말이 많은 사람은 그 위엄을 상하고 그 정성을 감소시키며, 기운을 해치고 일을 무너뜨린다.'

해서는 안 될 말을 두고, '뜻과 같이 안 되는 일로 인하여 몹시 성내고 불평하며, 문득 하는 말 중의 "나도 마땅히 죽어야 하고 너도 죽어야 한다"든지, "하늘과 땅이 무너져 버려라"라든지 "집이고 나라고 망해 버려라", 또 "떠돌아다니며 빌어먹어라" 하는 따위의 흉한 말을 해선 안 된다'라고 했다.

또 들어서는 안 될 말로, '음란한 말, 도리에 어긋나는 말, 허망한 말, 남을 헐뜯는 말, 잘 속이는 말, 가혹한 말, 과장된 말, 원한에 찬 말을 들으면 절대로 대답해서는 안 된다. 마땅히 조금씩 물러날 것이다.'

대화의 예절로 '남의 말을 들었을 때, 비록 내가 들은 점과 다른 점이 있더라도, 내가 먼저 들었다고 우기고 기를 올려 남의 기를 꺾으며 여러 말을 길게 늘어놓아서는 안 된다.'

또 분별 있는 말을 하도록, '근거 없이 들려오는 분명하지 않은

---

99) 조선 후기의 실학자이며 문신인 이덕무(李德懋:1741~1793)가 후진(後進) 선비들을 위하여 만든 수양서(修養書).

말이나, 길거리에 떠돌아다니는 말이나, 어렴풋한 말, 그럴싸한 말을 듣고서, 문득 친절한 태도로 남에게 전하지 말 것이다. 대체로 자기가 친히 본 것 아니면, 모름지기 자세히 살필 것이다.'

얼마나 훌륭한 가르침이냐?

마지막으로, 요즘 젊은이들 사이에 잘 안 되고 있는 예절의 하나가 '압존법(壓尊法)'이다. 압존법이란 말하는 상대보다 윗분을 두고 얘기할 때 그 높임말이 뒤바뀌는 것으로, 흔히 많은 실수를 하는 것을 본다.

예컨대 나보다 높은 분을 두고 그분보다 더 윗분에게 말할 때는 높이지 않고 낮추는 것이다. "할아버지, 아버지가 오십니다"가 아니라 "할아버지, 아버지가 옵니다"이다.

● 윗사람과 스승에 대한 예절
여기서도 《소학》과 《사소절》의 훈계를 상고해 보자.
먼저 〈곡례〉에서 말하기를, '나이가 자기보다 두 배나 더 많은 사람에게는 아버지 섬기듯 하고, 십 년이 더 많은 사람에게는 형 섬기듯 하고, 오년이 더 많은 사람에게는 어깨를 나란히 하고 걷되 조금 떨어져 따라 간다'라[100] 하였고, '군자를 모시고 있는 자리에서 군자가 무엇을 물을 때에 여러 사람을 한 번 둘러봄이 없이 대답하는 것은 예가 아니다'라고[101] 하였다.

또한 《예기》 〈소의〉 편에서는 어른을 모실 때 이렇게 훈계하고 있다.

---

100) 年長以倍 則父事之 十年以長 則兄事之 五年以長 則肩隨之-(연장이배 즉부사지 십년이장 즉형사지 오년이장 즉견수지).

101) 侍於君子 不顧望而對 非禮也-(시어군자 불고망이대 비례야).

'존장이 자기에 비하여 아버지의 연배이면 감히 그의 나이를 묻지 아니하며, 사사로이 뵈올 때에는 사람을 시켜서 전언하는 일이 없이 직접 들어가 뵈어야 하며, 길에서 우연히 만났을 때에는 어른이 이 편을 보면 곧 가서 뵈옵고, 어디 가시는지를 묻지 아니한다.

모시고 앉을 때에 어른이 시키지 않으면 거문고 비파를 잡지 아니하고, 까닭 없이 땅바닥을 긋지 아니하며, 손짓하지 아니하며, 부채를 부치지 않는다. 어른이 누워 있을 때에 전명할 일이 있으면 반드시 꿇어앉아서 말씀드리고, 서서 내려다보며 말하지 않는다.

모시고 활을 쏠 때에는 화살을 한꺼번에 모아 잡으며, 모시고 투호(投壺)할 때에도 화살을 한꺼번에 모아 안으며, 만약 활쏘기나 투호에서 어른에게 이기면 잔을 씻어 가지고 가 어른에게 술 마시기를 청하여야 한다.'

또 《소학》에서는 어른을 모시고 길을 갈 때 '아버지의 연배 되는 이에게는 뒤따라 걷고, 형의 연배에게는 벌려 서서 걷기는 하나 뒤에 처져서 따라가며, 벗 사이에는 나란히 걷는다. 가벼운 짐은 혼자서 맡고 무거운 짐은 나누어 맡아서 반백된 늙은이가 물건을 들고 다니지 않게 한다'고[102] 하였다.

손님을 응대하고 전송하는 일에 대해서 《사소절》은 이렇게 말한다.

'무릇 높은 손님을 보낼 때에는 마루 아래까지 따라가서 보내고, 동년배일 때는 두 손을 마주잡고 일어서서 그가 뜰에 내려가기를 기다렸다가 자리에 앉을 것이다. 손님이 겨우 몸을 돌려 아

---

102) 父之齒隨行 兄之齒行 朋友不相踰 輕任幷 重任分 頒白者不提挈-(부지치수행 형지치행 붕우불상유 경임병 중임분 반백자부제설).

직 문 밖에 나가지 못하였을 때, 저쪽에서 보지 않을 것이라 생각
하고 곧 앉으면 이는 거만한 짓이다.

　남을 대하였을 때 두 다리를 뻗고 기대앉거나 번듯이 누워 잡
된 말을 늘어놓는 것은 짐승에서 벗어나지 못한 행동이다.

　웃어른이 나이를 물으면 바로 20세, 30세라고 대답하여야지,
무슨 생이라고 그 간지(干支)를[103] 말할 것이 아니다. 이는 그 어
른이 간지로 나이를 쉽게 계산하지 못할까 염려되기 때문이다.'

　참으로 사려 깊은 훈계이다.

　우리의 옛 법도에서는 벼슬이 높아도 집안에서는 행세하지 못
하게 가르친다. 앞서 〈곡례〉에서 얘기한 신분의 귀천도 손님의
예를 웃돌지 못했던 가르침과 상통하는 얘기이다.

　우리가 잘 아는 율곡(栗谷) 선생의 중형(仲兄)이 본래 매사에 서
툴러 무슨 일이든 일이 있을 때마다 율곡 선생을 불러다 시켰는
데, 선생은 한 번도 낯을 찡그리거나 또 일을 게을리 하는 법이 없
었다.

　이때 그의 벼슬이 이상(貳相: 삼정승 다음 벼슬)에 이르렀던 때
라 어느 문생(門生)이 묻기를 "어찌하여 자제로 하여금 이를 대신
하게 하지 않으십니까? 선생님은 그 신분으로 형님께 자제의 예
를 취하시니 좀 지나친 공경이 아니겠습니까?"라고 하니, "부형
께서 나에게 명하시는데, 내 어찌 감히 다른 자제로 하여금 수고
로움을 대신하게 하겠는가? 대체로 부형의 앞에서는 지나칠 정도
로 공경하는 것이 예의. 우연히 닥쳐온 일이지 천성은 아니니

103) 간지(干支)는 십간십이지(十干十二支)의 줄임말로 십간과 십이지를
결합하면 60개의 간지가 얻어진다. 십간은 '甲乙丙丁戊己庚辛壬癸(갑을병정
무기경신임계)'이고 십이지는 '子丑寅卯辰巳午未申酉戌亥(자축인묘진사오미
신유술해)' 이다.

벼슬이 높고 낮은 것을 따질 일이 아니다"라고 훈계하였다.

마지막으로 〈곡례〉에 나오는 스승에 대한 도리 몇 가지를 살펴보자.
'선생을 모시고 앉았을 때에 선생이 무엇을 물으면 묻는 말이 끝난 뒤에 대답하며, 선생에게 수업을 청할 때에는 일어서야 하며, 설명하여 주기를 청할 때에도 서서 말한다.'
또 이런 말씀도 참고해야 할 것이다.
'장차 선생님 앞에서 자리에 가 앉으려고 할 때에는 부끄러워하는 얼굴로 당황해하는 태도를 하지 말 것이며, 두 손으로 하의를 땅에서 한 자쯤 뜨게 치켜들어야 한다. 옷자락이 펄럭이는 일이 없어야 하며, 발은 다급하게 걷는 일이 없어야 한다.
선생님의 책이나 거문고, 비파 같은 것이 자기 앞 통로에 놓여 있으면, 꿇어앉아서 그것을 옆으로 옮겨 놓아 조심하되 타넘지 말아야 한다.
앉는 자세를 반듯이 안정되게 하며, 자신의 얼굴빛을 바르게 가진다.
어른이 말을 마치지 않았으면 그 말과 관계없는 딴 일로 말을 거들어 말을 착잡하게 만들지 말아야 한다.
강론할 때에는 얼굴빛을 바르게 하여 선생의 강의를 공손히 들어야하며, 남의 설을 앗아다가 자기의 설이라고 하지 말며, 남의 말에 무비판하게 찬성하는 일도 없어야 한다. 반드시 옛것을 법으로 하고 선왕의 가르침을 인용하여 논술하도록 한다.'

얘들아, 좀 따분했지?
여기서 할아버지는 일본의 명치유신 때 일화를 들려주고 싶다.

명치유신이란 19세기 초에 일본이 봉건국가에서 근대국가로 다시 태어나는 일대 혁명을 두고 하는 말이다.

이때 일본은 서양의 문물을 배워오는 것이 무엇보다 시급한 때여서 널리 젊은 인재들을 뽑아 서양으로 유학을 보냈다. 선발된 사무라이들은 유학을 떠나기 전에 서양에서 들여온 책을 짓밟고서서는 "우리가 비록 너희 것을 배우러 가긴 하지만, 나는 언제까지나 일본인이다"라고 맹세를 하게 했다는 것이다.

물론 이것은 옹졸한 민족주의로도 보이겠지만 할아버지는 달리 생각한다.

서양 것을 무작정 들여왔다가는 자기들의 정통성에 문제가 생길 것을 두려워했던 당시 일본의 지도자들이 나라의 장래를 생각해서 취한 현명한 조치로 보는 것이다.

일본은 너희도 알다시피 그 작은 나라가 오늘날 세계 최고의 선진국이요, 경제력도 독일과 프랑스를 합친 것과 거의 같은 크기로 얼마 전까지 미국에 이어 두 번째 부자나라에서 근래 중국에 그 자리를 내준 이웃이다. 그런 선진국이면서도 자기의 고유한 전통을 가장 많이 간직하고 있는 나라가 일본이라고 생각할 때, 일본의 선각자들의 지혜와 안목에 새삼 놀라움을 금할 길 없다.

할아버지가 따분한 옛 가르침을 길게 늘어놓았던 것도 우리의 뿌리를 알리기 위함이다. 그렇다고 그 뿌리를 무조건 지키라는 뜻은 아니다. 뿌리를 알고 남의 것을 배워 더 좋은 것을 만들라는 뜻에서이다.

우리가 살아가면서 늘 조심해야 할 일의 하나가 자기 것만 옳다는 고집이요, 또 자기 것은 모두 버리고 남의 것만 좇는 헤픔이 아니겠느냐?

　'예(禮)는 정(情)이지' 라고 말씀하신 할아버지 은사의 말씀처럼 어느 한쪽에 치우쳐 근본과 큰 원리를 잃어버리는 일은 없어야 하지 않겠느냐?

제9장 가정경제

1. 모자라지도 넘치지도 말자
2. 돈이란
3. 분수를 아는 사람
4. 고기 낚는 법부터 배워야

1. 모자라지도 넘치지도 말자

심한 폭풍으로 배가 길을 잃었다. 산 같은 파도가 언제 배를 집어삼킬지 모르는 공포의 밤과 낮이 며칠 계속되었다.

어느 날 갑자기 폭풍은 멎고 밝은 해가 솟았다. 멀리 섬까지 보인다. 선원과 승객들은 '이젠 살았다!' 하고 환호한다. 섬은 푸른 수목이 우거지고 꽃이 만발하여 싱그러운 향기와 무르익은 과실로 사람들을 유혹한다.

마침내 선원과 승객들은 세 패로 갈라진다.

첫째 패는 "우리는 배에서 떠나지 말자. 언제 순풍이 불어와 떠날지 모르니까. 안전을 위해서도 배에 남아 있자"고 하며, 그들은 향기로운 꽃과 싱그러운 과일을 바라보기만 할 뿐. 답답한 배 안에서 바람 불기만을 기다린다.

둘째 패들은 배에서 내려 우선 맑은 샘물에 목을 축이고 아름다운 꽃과 싱그러운 과일을 마음껏 즐긴다. 그리고 배가 닻을 올리기 시작하자 모두 배로 돌아온다.

셋째 패들은 꽃과 아름다운 경치에 정신을 잃고 몇 날을 즐긴다. 신기한 과일을 따라 점점 섬 안으로 깊이 들어가 배가 떠나는 줄도 모른다.

사람에게는 분수라는 게 있다. 옛 성현들은 이 분수 지킬 일을 여러 가지로 훈계하였다. 그러나 그게 참으로 어렵더구나.

분수 지키기가 어려운 것은 사람의 욕심 때문이다. 맛있는 음식을 한없이 먹고, 화려한 옷과 풍성한 돈으로 흥청거리고, 명예와 세도를 끝없이 누리려 한다. 이 욕심이 사람에게 없었다면, 어쩌면 사람은 이 세상에서 살아남지 못했을 것이다. 욕심도 필요했다는 말이다. 그러나 그 욕심 때문에 분수가 필요하고, 또 그 욕심 때문에 분수 지키기가 어렵기도 한 것이다.

　세상만사 양단이 있게 마련이다. 장단(長短)이 있고, 용겁(勇怯)이 있고, 빈부(貧富)가 있다. 너무 길어도 못 쓰고, 너무 용맹해도 못 쓰고, 너무 돈이 많아도 못 쓴다. 마찬가지로 너무 짧아도 못 쓰고, 너무 겁쟁이도 못 쓰고, 너무 가난해도 못 쓴다.

　'취하여도 되고 취하지 않아도 되는데 취하는 것은 청렴을 손상시키는 짓이요, 주어도 되고 주지 않아도 되는데 주지 않는 것은 은혜를 손상시키는 짓이며, 죽어도 되고 죽지 않아도 되는데 죽는 것은 용기를 손상시키는 짓이다.' [104] 맹자의 말이다.

　그래서 옛 성현들은 중용(中庸)을 가르쳤다. 넘치지도 모자라지도 않은 중정(中正)이, 다시 말해 중용이 분수가 아니겠느냐?

　또한 맹자는 중용을 다음과 같은 비유로 설명하였다.

　'백이(伯夷)와 이윤(伊尹)은[105] 처세하는 방법이 같지 않았다. 백이는 자기 임금이 아니면 섬기지 아니하고, 자기 백성이 아니면

---

　104) 可以取 可以無取 取傷廉 可以與 可以無與 與傷惠 可以死 可以無死 死傷勇-(가이취 가이무취 취상렴 가이여 가이무여 여상혜 가이사 가이무사 사상용).

　105) 백이는 은(殷)나라 고죽군(孤竹君)의 아들이자 숙제(叔齊)의 형으로, 주(周)의 무왕(武王)이 주(紂)를 정벌하자 수양산에 들어가 고사리를 캐먹다가 죽는다. 이윤은 은의 탕왕(湯王)을 도운 명신(名臣)으로 처음 걸(桀)을 섬기다가 뒤에 탕왕을 돕는다.

부리지 아니하며, 나라가 태평하면 나아가 벼슬하고, 혼란하면 물러나 들어앉았는데, 이윤은 "누구를 섬긴들 임금이 아니며, 누구를 부린들 백성이 아니겠는가?" 하고, 나라가 태평해도 나아가 벼슬하고, 혼란해도 나아가 벼슬하였다. 그런데 공자는 나아가 벼슬할 만하면 벼슬하고, 그만두어야 할 만하면 그만 두며, 오래 있을 만하면 오래 머물고, 빨리 떠날 만하면 바로 떠났다.'[106]

맹자는 세 분 모두를 성인이라 일컬으면서, 그러나 소원은 오로지 공자를 본받는 것이라고 하였다.

백이의 결백을 추앙하면서도 그 융통성 없음이 맘에 걸렸던 것이고, 이윤의 인의(仁義)에는 존경을 표하면서, 그 지조에 흠이 있음을 꺼린 것이다.

그러나 공자만은 물러날 시기와 있을 자리와 떠날 처지의 도(道: 중용)를 터득한 인류 최대의 성인으로 보았던 것이다.

만사에 양단이 있다면 중정(中正) 또한 만사에 있으리라. 그리하여 분수는 만사의 도리가 되고 사리가 되는 것이다.

음식에 분수를 지키고, 돈에 분수를 지키고, 명예와 권세에도 분수를 지키는 게 순리에 따르는 삶이다. 순리를 따르면 위태롭지 않은 게 세상이다.

꽃과 과일에 취해 배를 놓친 사람들은 분수를 모르는 사람들이다.

답답한 배 안에서 바람 불기만 기다린 사람들도 분수를 모르는 사람들이다.

---

106) 不同道 非其君不事 非其民不使 治則進 亂則退 伯夷也. 何事非君 何使非民 治亦進 亂亦進 伊尹也 可以仕則仕 可以止則止 可以久則久 可以速則速 孔子也-(부동도 비기군불사 비기민불사 치즉진 난즉퇴 백이야. 하사비군 하사비민 치역진 난역진 이윤야 가이사즉사 가이지즉지 가이구즉구 가이속즉속 공자야).

2. 돈이란

돈은 요물이다. 야누스같이 한 몸에 두 얼굴을 갖고 있는 게 돈이다. '돈은 사나운 주인이요, 훌륭한 종이다.' 베이컨의 말이다. 돈은 쓰기에 따라 주인도 될 수 있고 종도 될 수 있는 물건이다.

그런데 어떤 작가는 '돈은 모든 악의 근원이요, 비애와 번뇌의 근원이다'라고 아주 몹쓸 물건으로 취급하는가 하면, 괴테는 '무거운 지갑은 마음을 가볍게 한다'고 후하게 봐 준다. 한편 영국 속담은 '돈으로 노크하면 안 열리는 문이 없다'고 아주 치켜세운다.

또, 서양의 한 격언은 '돈이 많으면 벗이 많고, 돈이 있는 동안 사람들은 나를 형제라고 불렀다'고 하였는데, 또 다른 격언은 '돈 때문에 얻은 친구보다 돈 때문에 잃은 친구가 더 많다'고 딴 소릴 한다. 이렇게 사람마다 돈을 다르게 얘기하여 순진한 사람들을 혼란스럽게 만든다.

그러나 얘들아, 분명히 말해두지만 돈은 좋은 것이다. 중요한 것이다. 귀한 것이다. 돈이 없으면 당장에 먹지도, 입지도 못할 게 아니냐? 먹지도 못하는 처지에 체면과 위신을 어디서 찾겠느냐? 그래서 돈을 외면해서도 안 되고 천하게 보아서도 안 되고 배척을 해서는 더더구나 안 된다.

그래서 감리교 창시자인 요한 웨슬리[107] 같은 청빈한 어른도 '돈은 벌 수 있는 데까지 벌어라. 모을 수 있는 데까지 모아라. 줄 수 있는 데까지 주어라'라고 했던 게 아니겠느냐.

---

107) 요한 웨슬리(John Wesley, 1703~1791)는 옥스퍼드대학을 졸업하고 22세 때 성공회 목사가 된 감리교(Methodist)의 창시자이다.

문제는 허황되게 돈의 좋고 나쁨을 따질 게 아니라, 어떻게 쓸지를 따질 일이다.

러시아 속담에 '쌓인 거름은 악취를 풍기고, 뿌려진 거름은 땅을 비옥하게 한다'고 했듯이 돈이란 써야 하는 것이다. 저 하나만을 위해 쓰는 게 아니라 남을 위해 뿌리라는 것이다. 잘 쓰라는 것이다. 그러면 땅이 비옥해지듯 사회가 밝아지고 돈의 가치가 빛나게 된다.

사람들은 물건을 서로 빌리기도 하고 빌려주기도 한다. 책을 빌리고 차를 빌리고, 심지어 집도 빌린다. 그러나 돈을 빌리는 일은 한번 생각해 보아야 한다.

'친구를 원수로 만들려면 돈을 빌려주어라.' 서양 속담이다.

왜 그럴까? '돈을 빌려주면 친구와 돈을 함께 잃는다.' 《탈무드》에 나오는 말이다.

그러니 돈은 빌리지도, 빌려주지도 않는 것이 옳다. 정 빌려주지 않으면 안 될 처지가 되면 형편에 따라 아주 주어버리는 게 낫다.

'부(富)는 요새요, 빈곤은 폐허다.' 《탈무드》에 있는 말이다. 돈은 남에게 신세지지 않을 만큼은 갖고 있어야 한다. 그러자면 열심히 벌어야 한다. '열심히'란 땀 흘려 벌라는 뜻이다. 성실하게 벌라는 말이다. 그리하여 네 집을 요새(要塞)로 만들라.

3. 분수를 아는 사람

분수를 따르는 게 세상 순리에 따르는 것이라 하였다. 분수를 알면 위태롭지 않다고 하였다. 돈은 귀한 것이다. 또 무서운 물건이라는 것도 알았다. 그러기에 돈에는 더욱 분수가 따라야 한다. 분수에 맞게 벌어야 하고 분수를 알고 써야 한다.

첫째, 돈의 분수는 검약(儉約)에 있다. 검(儉)이란 질소검박(質素儉朴)함을 이르는 말이다. 약(約)이란 절약하고 긴축한다는 말이다. 질소(質素)하면 돈이 많이 들지 않을 것이다. 절약하니까 낭비할 게 없다. 그러니까 분수를 지키게 마련이다. 검약은 실로 마음의 기풍(氣風)이다.

옛날 은(殷)나라 주왕(紂王)이[108] 상아로 젓가락을 만드니 그 친척인 기자(箕子)라는 사람이 '주왕이 상아로 젓가락을 만들었으니 반드시 옥잔을 만들 것이고, 옥잔을 만들고 나면 반드시 수레와 말과 궁실을 사치하려 할 것이다' 라고 걱정하였다.

과연 얼마 지나지 않아 주왕은 기자 말대로 온갖 사치를 다 하다가 은나라 최후의 왕이 되었다. 주왕이 역사상 그 유명한 폭군의 제1호가 된 사람이다. 상아와 옥배가 문제가 아니라, 기풍과 마음에 문제가 있었던 것이다.

검약을 외면하고 분수를 어긴 탓이다.

둘째, 돈의 분수는 저축에 있다. 저축이 좋은 것은 모아 쓰는 재미보다 저축하는 마음이 아름답기 때문이다. 저축하는 사람은 돈 아까운 줄 아는 사람이다. 돈 아까운 줄 아는 사람이 헤프게 쓸 리가 없다. '작은 구멍이 큰 배를 가라앉힌다'는 이치를 아는 사람이다.

셋째, 돈의 분수는 자선에 있다. 나는 나누어 쓸 줄 아는 사람은 돈이 아무리 많아도 좋다고 생각한다. 많은 게 허물이 아니라 나

---

108) 주왕은 중국 은(殷)나라의 마지막 임금으로, 포학한 정치를 하여 인심을 잃어 주(周)의 무왕에게 멸망된다.

누어 쓰지 못하는 욕심과 분수 없음이 문제인 것이다.

톨스토이는 '부(富)는 분뇨와 같아 그것이 축적되면 악취가 풍기고, 뿌려지면 땅을 비옥하게 한다'고 했다. 좀 어려운 말이지만 '어진 사람은 재물로써 몸을 일으키고, 어질지 않은 사람은 몸으로써 재물을 일으킨다.'[109] 《대학(大學)》에[110] 나오는 말인데, 돈의 주인 노릇을 하라는 가르침이다.

먼저 집안을 돕고, 이웃을 돕고, 또 불우한 사람을 도우라. 물론 태만한 자, 분수를 모르는 자는 예외이다.

《탈무드》에서는 '고아를 웃기면 하늘이 웃는다'고 했다. 유대인은 고아를 신의 아들로 생각하는 전통이 있다. 불쌍한 사람에게 행한 선행은 하늘에 닿는다는 뜻이다.

교회의 십일조는[111] 다 뜻이 있는 일이다.

할아버지가 중동에 있을 때 보니까 '라마단'이라고 하여 그 사람들은 음력으로 삼복(三伏) 더위에 해당하는 한 달 동안, 해가 떠 있는 시간에는 일체 먹지를 않았다. 물은 물론, 심지어 담배까지도 금하는 완전한 단식(斷食)이다. 해가 뜨면 금식을 시작하여 해가 질 때까지 지키는 것이다.

아랍 친구에게 "왜 그런 걸 하느냐"고 물어 보았더니, 굶주리는

---

109) 仁者 以財發身 不仁者 以身發財-(인자 이재발신 불인자 이신발재). 어진 사람은 재물로써 몸을 일으킨다는 뜻으로, 재물은 모든 사람이 공통으로 소유하고자 함을 알고서, 재물을 남들과 함께 공유하여 명성을 얻는다는 의미.

110) 《대학(大學)》은 사서(四書)의 하나로 유교의 삼강령(三綱領)과 팔조목(八條目)을 기록·설명하였다. 증자(曾子) 또는 자사(子思)가 지었다고 전해진다.

111) 십일조(十一條)는 교인들이 자기 수입의 10분의 1을 헌납함을 일컫는다.

사람의 고통을 이해하기 위해서라고 하였다. 평소에 이기적으로만 보았던 그 사람들에게 그런 면도 있었나 싶어 놀랐다. 이후로 나는 회교도(回敎徒)를 다시 보기 시작하였다.

세상에는 밥 때문에 고통 받는 사람이 얼마나 많으냐? 밥을 굶주리다니…. 아마 그것은 죽는 것 다음으로 사람을 슬프게 하는 일일 것이다.

중동에서 돌아온 후 한동안 한 주에 한 끼만은 조식(粗食)을 하기로 작정을 했었다. 그러나 뜻대로 하질 못하고 흐지부지되고 말았다. 아범과 고모가 모두 출가를 하고, 나 또한 거의 집에서 저녁을 먹지 않게 되자, 하고 말고가 없어져 버렸기 때문이다.

그러나 너희들은 이걸 한 번 되살려 주길 바란다. 굶는다는 것은 좀 무엇하지만, 한 주가 너무 잦으면 한 달에 한 끼 정도 아주 험한 밥에 양도 줄여서 온 식구가 끼니를 때우는 것이다. 껄끄러운 꽁보리밥이나 조밥에 반찬을 따로 하지 말고 집에 있는 밑반찬만을 먹는 것이다. 너희들은 들어보지도 못했던 '보릿고개'라는 우리의 어려웠던 날을 생각하며, 지금도 많이 있을 어려운 이웃의 고통을 생각하며, 거친 밥을 먹는 것이다.

베풀어 보라. 많은 사람이 행복해지고 주위가 환하게 밝아 온다. 이때 느끼는 마음의 위안과 평화는 무엇과도 바꿀 수 없는 축복이 되리라.

4. 고기 낚는 법부터 배워야

먼저 가르쳐야 할 일은 노력의 대가로 받는 돈이다. 돈은 노력과 땀에 비례한다는 것을 먼저 배워야 한다. 그래야 귀한 것을 안다. 귀한 것 다음으로 돈의 기능과 힘에 대해 얘기해 주어야 한다.

또 돈의 무서움과 해독에 대해서도 얘기를 해주어야 한다.

어릴 때는 돈을 알게 하는 게 사실상 어렵다. 그래도 돈은 그저 생기지 않는다는 것, 반드시 노력의 대가로 얻어진다는 것을 몸에 익혀두어야 한다. 심부름, 착한 일, 잔디 깎기 등 무언가 노력을 했을 때에만 돈을 주도록 습관을 들이자.

흔히 서양 사람들은 우리 동양인들의 헤픈 씀씀이와 흐린 셈에 대해 흉을 본다. 할아버지도 여기서 예외는 아닐 것이다. 나부터 돈을 알지 못하였고, 또 돈에 대해 아무도 얘기해 주지 않았기 때문이다.

우리의 오랜 전통은 너희도 알다시피 '황금 알기를 돌같이 하라'였다. 점잖은 사람 사이에서는 으레 돈 거래는 고사하고, 얘깃거리로 삼기조차 꺼려했다. 모두가 돈이란 세뱃돈 주듯 그저 주는 것으로, 또 돈을 외면하다 못해 천한 것으로까지 치부해버린 데서 온 습관 탓이다. 이제는 그럴 수 없는 시대가 되었다. 더 설명이 필요 없을 것이다.

'어리석은 자는 돈의 주인 노릇 하기 힘들다.' 서양의 격언이다. 돈을 지배하고 돈의 주인 노릇을 해야지, 돈에 눌려 사는 신세가 되어서야 되겠느냐?

다음으로 용돈을 주어서 돈 쓰는 법을 알게 하는 것이다. 용돈은 지나치게 주어서는 안 되지만, 쓸 만큼은 주는 게 좋다. 너무 적게 주면 아이에 따라서는 남의 것을 탐내고 욕심내는 나쁜 버릇까지 생길 수 있다. 갖고 싶은 게 있으면 분에 넘치지 않는 한 갖게 하는 게 좋다. 물론 노력의 대가로 사게 해야 한다. 생일 같은 때 선물로 줄 수도 있지만, 갖고 싶은 물건일수록 자기 노력으로 벌어서 사게 해야 한다.

유대인들은 어릴 적부터 자기 물건은 가능한 한 스스로 사게 해서 돈의 씀씀이를 훈련한다고 하였다. 세계 경제가 그 사람들 손에 좌우되고 있는 까닭이 다 있는 것이다.

용돈을 주면 사후관리를 잘 해야 한다. 아이들은 월말에 자기의 씀씀이를 기록했다가 부모에게 얘기하도록 하여야 한다. 우리 속담에 '집을 이룰 아이는 거름 아끼기를 금같이 하고, 집을 망하게 할 아이는 돈 쓰기를 쓰레기처럼 한다'고 하였다. 귀담아 들어야 할 말이다.

《탈무드》에 보면 '고기를 주기보다 고기를 낚는 법을 가르치라'는 말이 있다.

동양에서도 태공(太公)이란 이가 '좋은 밭 만경이, 박한 재주를 몸에 지님만 못하다'[112]고 하였으니 박한 재주만이 아니라 큰 재주를 갖도록 가르치자.

'돈이 황제다'는 아니다. '황금이 돌이다'도 심하고.

세상에는 돈으로 살 수 없는 소중한 것이 많이 있다는 것도 가르칠 필요가 있다. 돈이 사람의 양심을 잠시 마비시킬 수는 있어도, 사람의 영원한 심성만은 바꾸지 못할 것이다. 돈 때문에 사리(事理)가 잠시 흐려질 수는 있어도, 진리는 영원히 변하지 않을 것이다.

명예는 돈으로 살 수 있을지 모르나, 참다운 친구, 참된 신의는 돈으로 살 수 없다.

---

112) 良田萬頃 不如薄藝隨身-(양전만경 불여박예수신).

제10장 인생을 즐겁게 살자

1. 건강이 역시 제일이다
2. 취미와 기호품
3. 술은 악마의 사자인가?
4. 지적(知的) 생활
5. 아름다움의 추구
6. 이 물건이 어찌 또 왔는고
7. 이 말[馬]을 날게 할 수 있는가
8. 일기일회(一期一會)

1. 건강이 역시 제일이다

우리 집에서 '먹는 게 힘이다' 라는 말을 자주 주고받는다. "이건 우리 가훈이다" 라고 농반으로 얘기하는 사람도 보았을 것이다. 농으로가 아니라 정말 가훈으로 삼아도 훌륭한 것이다. 가훈이라면 으레 성실이다, 근면이다 해서 너무 관념적인데, 나는 그게 싫다.

늘 하는 얘기지만 사람에게 중요한 것은 행동이요 실천이다. 실천하기가 막연한 가르침은 좋은 가르침이라고 할 수 없다. 잘 먹고 잘 자는 사람은 우선 건강한 사람이다. 잘 먹고 잘 자야 건강해진다는 말이기도 하다.

건강은 인생의 첫째 요건이요, 또 사람에게는 건강해야 할 의무까지 있다고 하지 않았더냐?

아무리 부자라도 몸이 아프면 행복을 못 느낀다. 아무리 학문이 뛰어나도 건강이 나쁘면 그 인생이 즐겁지 못하다. 건강하자면 잘 먹어야 한다. 먹는 게 즐겁고, 잘 먹으니 건강해진다. 아침이면 힘이 넘치고 종일 뛰어다녀도 지칠 줄 모른다. 사람이 잘 먹을 수 있다는 것 하나만으로도 인생은 즐겁다.

음식을 먹을 때 음식 자체를 즐기는 행복이 그 첫 번째라면, 두 번째 즐거움은 새로운 지식을 얻고 지혜로운 사람과 교우할 수 있다는 점일 것이다.

식사를 자기와 분야가 다른 사람과 함께 하면, 일찍이 경험해 보지 못한 자극과 함께 때때로 좋은 친구까지도 얻게 된다. 늘 만나는 상대에게서는 그런 기회를 얻기가 힘들다. 되도록 새로운 상대와 사귀고, 형편이 허락하면 그와 식사를 함께 하라.

칸트의[113] 어김없는 산책시간은 누구나 아는 유명한 일화이지만 그의 점심시간이 긴 것은 사람들이 모른다. 보통이 3시간이요 길 때는 6시간이나 끌 때도 있었다. 지적(知的) 생활에 지장이 있다고 독신으로 일관한 칸트가 어쩌자고 아까운 시간을 밥 먹는 데 그토록 헤프게 썼겠느냐?

그건 다 이유가 있었기 때문이다. 먹는 시간이 아니라 얘기하는 시간이다.

칸트는 유명한 철학자 이상으로 화려한 좌담가였다. 각계의 인사로부터 초청을 받고 또 많은 사람이 동석을 희망하여 그의 식사시간은 토론회가 되다시피 하였다. 칸트는 이를 통해 자기 지식도 많이 전파했지만, 한편 많은 대화를 통해 자기의 지적 활동에 큰 도움을 얻기도 했다.

세 번째, 먹는 즐거움의 이점은 좋은 친구를 사귀고 그 우정을 깊게 해주는 일이다. 여러 번 되풀이했듯이 함께 식사를 하는 것처럼 좋은 인간관계를 만드는 일도 없을 것이다. 먹으면 건강해지고, 먹으면 인생이 즐거워지는데, '먹는 게 힘이다'라는 말이 그냥 농담이 아님을 이제는 알겠느냐?

---

113) 독일의 철학자 칸트(Immanuel Kant, 1724~1804)는 종래의 사변철학(思辨哲學)과 경험론을 통합하여 인식능력의 비판을 근본정신으로 하는 비판철학을 확립했다. 저서에 《순수이성 비판》《실천이성 비판》《판단력 비판》 등이 있다.

세상에는 잠 못 자는 사람이 많다. 불면증이라는 병이다. 그래서 숫제 병으로까지 치부하고 있다.

잠 못 이루는 사람의 인생이 즐거울 수 없다. 잠 못 자는 사람은 우선 그 걱정거리를 없애야 한다. 문제는 걱정도 없는 사람이 잠을 못 자는 것일 게다. 그러나 따지고 보면 그게 그리 치유하기 어려운 병이 아니다. 몸이 고달프면 잠은 오게 마련이다. 피곤하면 잠이 온다. 하루 만 보를 걷든가 테니스를 한 시간 치든가, 수영을 30분 동안 하든가 - 방법은 여러 가지가 있다.

그래도 잠이 안 오면 운동량을 늘리는 것도 방법. 그리고 자기 전 따뜻한 우유를 한 잔 마셔라. 나이가 들면 백포도주 한 잔도 좋은 약이지.

따뜻한 우유가 효험이 있는 것은, 어머니 젖을 빨며 자던 상태를 우리 몸이 익혔기 때문이다. 어려운 심리학 용어로 유아체험퇴행이라고 한다.

흔히 약을 쓰는데, 그것은 하수 중의 하수이다. 운동과 우유가 효험이 없으면, 약을 쓸 게 아니라 운동을 배로 늘려라, 약은 되도록 피한다.

침대에 누워 심호흡을 하고 마음을 가라앉힌 다음, '푸른 초원에 누이시며, 쉴 만한 물가로 인도하시도다'(시 23:2)를 소리내어 왼다.

그래도 효험이 없으면 마인드 컨트롤을 한다. 잠시 심호흡을 한 후 '나는 이제 깊은 잠에 빠진다' 라고 세 번 소리내어 외운다. 말을 할 때는 정말 깊은 내면의 자기에게 얘기하듯 정성들여 속삭인다.

한편, 자기 속의 깊은 자기는 이 말에 따르겠다고 관대한 마음으로 받아들인다. 심호흡은 물론 제4장에서 훈련한 복식호흡이다.

노는 것도 중요하다. 일만 하는 것은 안 좋다. 일은 안 하고 놀기만 하는 것이 나쁘지. 열심히 일하고 열심히 노는 것이 사는 재미다. 그러니까 놀 줄도 알아야 한다.

세상에서 가장 일 잘하는 동물이 개미라는 것은 누구나 아는 일이다.

곤충학자의 관찰에 따르면 개미가 부지런히 다니는 것으로 보아 종일 쉬지 않고 일만 하는 것 같지만, 실은 노는 시간이 많단다.

여왕개미의 몸을 머리로 쿡쿡 찔러 보고, 집 밖으로 나와서는 신기한 물건이나 지형(地形)이 있으면 그 주위를 빙글빙글 돌며 찬찬히 관찰도 하고, 어떤 때는 먼 산을 물끄러미 바라볼 때도 있다는 거다.

그런데 놀라운 것은 놀지 않은 개미는 적응력이 없다는 실험결과이다. 이렇게 실컷 놀던 개미를 여러 마리 채집하고, 또 열심히 일하던 개미, 놀 기회를 안 준 개미를 여러 마리 모아 두 그룹을 집에서 멀리 떨어진 곳에 풀어 주었더니, 많이 놀던 개미는 망설이지 않고 자기 집을 찾아가는데, 놀 기회가 없었던 개미들은 집을 찾지 못하고 방황하더라는 것이다.

놀 때는 열심히 놀아라. 노니까 즐겁고, 또 놀면 일도 잘 한다는데 망설일 게 뭐냐? 신나게 놀아보자.

2. 취미와 기호품

우리 생활을 풍부하게 하고, 또 하루하루를 즐겁게 해주는 것으로 취미생활과 기호품이 있다. 취미는 정말 다양하고 광범하다. 자기 적성과 형편에 따라 취미생활을 하면 된다.

서양 속담에 '바보는 방황하고 현명한 사람은 여행을 한다' 라고 하였으니, 시간과 형편이 허락하면 여행을 하고, 마음이 울적하면 등산을 하여라. 등산도 철따라 하는 것이 좋다.

진달래꽃이 피는 산길이 좋은가 하면, 불타는 단풍도 좋고, 눈이 쌓인 설악산도 좋다. 카메라를 메면 훌륭한 사진사요, 그림을 그리면 훌륭한 화가라, 사진작가와 화가가 따로 있겠느냐?

모으는 취미도 좋지. 책을 모으고, 화폐를 모으고, 우표를 모으고, 돌까지 모으니, 모으는 일도 한둘이 아니구나.

운동은 건강까지 더해주니 일거양득(一擧兩得)이다. 수영은 정말 좋은 운동이지. 테니스는 또 얼마나 재미있는 운동이냐?

연극이나 영화를 즐겨보다가 동호인끼리 무대에 서 볼 수도 있고, 음악도 듣는 음악에서 연주하는 음악으로까지 갈 수 있는 게 다 취미활동이다.

화가가 되는가 하면 사진작가가 되고, 운동선수가 되는가 싶더니 연극배우에 음악가까지 되는 게 다 취미활동이라는 말이다. 아마추어이면 어떠냐.

30년도 넘은 얘기지만 할아버지가 군을 떠나 하루 놀고 또 하루 쉴 때, 기타가 없었다면 아마 그 어려웠던 시절을 그렇게 쉽게 넘기지는 못하였을 것이다. 기타를 할머니도 배우고 나도 배워서 유행가 장단에 맞추어 노래를 불렀다. 울적했던 밤과 낮들을 위로 받으며 지낼 수 있었던 게 다 취미 덕분이 아니었나 싶다.

일본 속담에 '악취미라도 무취미보다는 낫다'는 말이 있다. 악취미까지야 가질 게 있겠느냐마는, 인생에서 취미가 갖는 비중이 그만큼 크다는 것을 말해주는 속담이리라.

  기호품의 대표적인 것은 역시 담배와 술이다. 요즘은 담배 피우는 자체가 흉이 될 정도로 괄시를 받고 있는 게 사실이다. 이제는 애연가들이 갈 곳이 없을 정도로 금연구역이 확대되었다. 항공기, 식당, 공공장소, - 발 붙일 곳이 없어졌다. 할아버지는 30여 년 전에 끊었다. 건강을 위해. 우리 천사들은 말할 것도 없이 금연이다. 남자들 담배는 권장까지는 안 하겠다. 금연을 권장할 뿐.
  '담배 피우는 사람치고 자살한 자는 없다.' 영국의 극작가 맥킨이 한 말이다.
  담배의 해독이 분명한 것은 사실이지만, 담배가 정신위생에 끼친 좋은 영향 또한 무시할 수 없다. 실제로 담배를 피우는 집단과 안 피우는 집단을 두고 오랜 임상실험을 해본 결과 피우는 사람들의 노이로제 현상이 현저히 낮았다는 게 여러 차례 증명이 되었다. 이것은 애연가들의 주장이고.
  담배가 암의 발생률을 30% 이상을 높인다는 시험결과도 정확하다는 사실은 상식이지. 우리 집 사내들에게 금연까지 강요는 않겠다.

  제2차 세계대전의 영웅인 처칠 수상과 몽고메리 원수가 우연히 자리를 같이 하였다.
  수상이 장군의 건강을 칭송하자 몽고메리는, "각하, 저는 평생에 술 한 방울, 담배 한 모금 한 적이 없습니다. 그게 저의 건강 비결이지요" 라고 은근히 자기의 금주 금연을 자랑했겠다.
  평소에 여송연을 입에서 뗀 적이 없는 술꾼 처칠, 슬그머니 비위가 상해 "장군, 나는 말이요, 평생에 이 담배를 입에서 뗀 적이 없고, 위스키 또한 단 하루를 건너뛴 적이 없는 데도 이렇게 건강하게 수상직을 맡고 있소이다."

몽고메리 원수는 불세출의 명장이라는 독일의 롬멜을 아프리카의 엘 알라메인에서 무찌른 군인이다. 나폴레옹을 워털루에서 무찌른 웰링턴 장군에 비견하여 존경받는 장군이기도 하다.

장군의 금주, 금연도 좋은 일이지만 처칠의 애연, 호주(豪酒)도 나쁠 것은 없으리라.

요즘 밝혀지기로는 담배 피우는 당사자도 문제지만 주위의 사람에게도 해악이 된다니 주위에 누가 있을 때는 절대로 삼가할 일이다.

이 집안 여자들은 절대 금연이라는 걸 잘 알렷다.

'파이프는 철학자의 입에서 지혜를 끌어내고, 어리석은 자의 입을 다물게 한다.' 영국의 작가 대커리의 말이다.[114] 그래서인지 칸트의 아침은 홍차 두 잔에 담배 한 대가 전부였다.

"담배 없는 삶은 살 가치가 없다." 프랑스 극작가 몰리에르의[115] 극언이다.

그런가 하면 '불행한 자일수록 담배를 피우고, 담배를 피울수록 더 불행해진다'는 서양의 격언도 있다.

우리 집안에서 담배를 꼭 피우겠다면, 한 가지는 명심할 것 –

---

114) 영국 소설가 대커리(William M. Thackeray, 1811~1863)는 뛰어난 풍속작가로서 자유 활달한 문장의 교묘한 표현이 특색이다. 대표작으로 《허영의 거리(Vaniry Fairs)》가 있다.

115) 몰리에르(Moliere, 1622~1673)는 프랑스의 위대한 희극작가이자 배우로 각양각색의 복잡한 성격을 묘사, 인간사회의 허위를 폭로하였다. 《인간혐오》《수전노》 등의 작품이 있다.

'담배로 주위에 해를 끼치지 말라.'

　할아버지한테는 50만 불짜리 파이프가 있다. 놀라지 마라. 파이프 값이 그렇다는 게 아니라, 그 정도의 값어치를 가진 물건이라는 말이다. 어떻게 그런 파이프를 갖게 되었는가?

　'70년대에 할아버지가 중동에 처음 나간 곳은 카타르라는 토후국(土侯國)이었다. 국토 면적 1만 1,000㎢, 인구는 당시 25만(지금은 230만), 수도는 도하라는 아주 작은 나라이다.

　당시 왕은 중동 국가들 중 최초의 제철소 건설을 할 정도로 이재(理財)에 밝은 사람이었는데, 승용차를 탈 때는 언제나 운전석 옆에 자기가 앉고 경호원들은 뒷자리에 앉게 하는 이상한 취미를 가진 사람이었다.

　우리 회사가 제철소 건설을 하던 중에 시내 부자 한 사람으로부터 빌딩을 지어 달라는 부탁을 받았다. 한 달 이상 협상을 벌인 끝에 어느 날 오후에 계약서에 도장을 찍기로 겨우 합의를 하고, 점심을 먹고 다시 만났다. 그곳은 알다시피 매우 더운 나라라 점심시간이 상당히 길다. 점심을 하고 다들 한숨씩 자기 때문이다. 대개 12시부터 3시나 4시까지.

　그런데 오전에 모든 사항에 합의를 보고 도장만 찍기로 한 사람이 오후에 나타나서는 태도가 돌변, 부득부득 50만 불만 깎자는 것이다. 상대 입장을 이해는 하면서도 소행이 괘씸해 나는 입을 다문 채 그때 애용하던 파이프를 꺼내들었다. 담배쌈지를 꺼내 천천히 담배를 채우고는 불을 붙여 물었다. 보통 담배를 태우는 데는 길어야 3분을 넘지 못한다. 파이프는 이렇게 불을 붙여 한 번 물면 20분 정도는 보통이고, 그 이상도 피울 수 있다. 파이프는 원래 꺼뜨리지 않고 피우는 것도 재주라고 세계적으로 시합까지 있다.

나는 상대가 뭐라고 떠들건 파이프를 문 채 물끄러미 바라보기만 했다. 그동안 불을 두어 번 다시 붙였으니까 20분 이상의 시간은 족히 흘렀으리라. 담배 맛이 쓰기 시작한 것으로 보아 30분은 족히 되었을 때다. 바로 그때, 더 이상 참지 못한 상대가 벌떡 일어서며 "좋다. 내가 양보했다!"

그 친구 이름이 오벨디로 기억한다. 그 빌딩은 22층이라 당시 4층 이상이라곤 없던 도하(카타르 수도)에 그야말로 명물이 잉태하는 순간이었다. 5년 전에 갔을 때 50층 이상의 건물만 100여 채가 보였다.

연인 사이면 몰라도, 두 사람이 서로 말없이 3분 이상을 마주보고 있어야 하는 일은 피차 고역이다. 그러나 나는 파이프 덕분에 침묵의 30분이 전혀 부담스럽지 않았던 것이다.

50만 불짜리 파이프는 지금도 잘 간직하고 있다. 내 평소에 참을성을 자랑할 만한 사람은 못 되는지라 그 파이프가 더 고마운 것이다.

파이프는 보통 사람의 참을성을 돋보이게 하고, 성급한 호주머니를 털게 하는구나.

3. 술은 악마의 사자인가?

인간의 기호품 중 술이라고 하는 것은 참으로 신묘한 것이다. 지금도 알코올 중독이나, 술 때문에 빚어지는 사회적 문제는 매우 심각하다.

이태리의 어떤 이는 '바쿠스(Bacchus·술의 신)는 넵튠(바다의 신)보다 더 많은 인간을 익사시켰다'고까지 하였으니까.

그렇다고 술을 당장에 없애라는 여론이나 법으로 이를 금하는 나라는, 중동의 몇몇 회교국가 외에는 아직 없다. 일반적으로 술을 금한 나라의 경우, 다른 범죄나 사회문제가 더 커진 사례가 많다. 유명한 알 카포네도 금주령이 한창일 때 시카고에서 활약한 갱 두목이었다.

술의 역사는 인류가 원시생활을 할 때부터 시작된 게 분명하다. 희랍신화가 그렇고, 우리 신화에도 술에 관한 얘기가 나오니 말이다.

《고삼국사기》에는 고구려 시조 주몽의 탄생도 술과 관계가 있다고 하는데, 내용인즉 천제(天帝)의 아들 해모수가 하백의 딸 세 자매를 술로 취하게 하여 웅심연의 수궁으로 못 돌아가게 한 다음, 그 세 처녀 중 큰 딸 유화를 취하여 주몽을 낳았다는 것이다.

술은 이때부터 이미 여자를 사로잡는 데 이용하였으니 여자들은 조심할지어다.

희랍신화에서 술의 신은 바쿠스(디오니소스)이다. 그런데 바쿠스의 출생은 매우 비극적이다. 제우스신과 사람인 세멜레 사이에서 태어난 게 바쿠스인데 저 유명한 제우스의 아내 헤라가 세멜레를 질투해서 제우스의 손으로 세멜레를 태워 죽게 하였다. 아버지 제우스 덕분에 바쿠스는 겨우 목숨만은 건져 세상 빛을 보게 된다.

바쿠스는 불의 아들로 태어나, 비에 의해서 길러졌기 때문에 뜨거운 열로 포도를 익게 하고, 또 물을 내려 식물을 자라게 하였다. 성장한 바쿠스는 각 지방을 유랑하며 포도 재배법을 가르쳐 준다. 이리하여 술(포도주)이 생기고 또 술은 세계로 퍼져가게 된 것이다.

《탈무드》에서는 술의 기원을 다음과 같이 말한다.

'이 세상에서 최초의 인간이 포도를 재배하고 있었다. 어느 날 악마가 양과 사자, 돼지와 원숭이를 데리고 찾아와 자기도 한몫 끼워달라고 청하였다. 인간이 허락하자 악마는 네 짐승을 죽여 그 피를 부어 비료로 삼았다. 이렇게 해서 포도가 열리고 포도주가 생겼다.'

그때부터 술을 마시면, 시작할 때는 양처럼 순하고, 좀 더 마시면 사자처럼 사나워지고, 좀 더 마시면 돼지처럼 더러워지고, 또 좀 더 마시면 원숭이처럼 춤을 추고 노래를 부른다. 그러니까 술의 일부는 악마가 준 선물인 셈이다.

자, 어떠냐. 술이란 말도 많고 사건도 많지 않느냐? 그래서 술이란 생각하며 마셔야 한다는 것이다.

술 마실 때 제1원칙은 절도(節度)이다.

세상사 절도가 불필요한 데가 어디 있겠느냐만 특히 술은 절도가 중요하다. 첫째, 마시는 양에 절도가 있어야 하고, 둘째, 마시는 상대에 절도가 있어야 하고, 셋째, 마시는 장소에 절도가 있어야 하고, 넷째, 마시는 술의 종류에 절도가 있어야 하고, 다섯째, 마시는 멋에도 절도가 있어야 한다. 술이란 이처럼 까다롭게 마셔야 한다.

'원, 술맛 다 떨어지겠다!'라고 사람들은 푸념을 하겠지만, 그만한 기개도 안 가지고서야 술을 마실 자격이 있겠느냐?

술이란 기분 좋아 마시고, 슬퍼서 마시고, 먹고 싶어 마시고, 화가 나서 마시고, 심지어는 억지로도 마신다. 그러기에 언제 절도를 다 따지며 마실까마는, 앞에서 말한 다섯 가지 절도는 한번쯤 생각해 보고 마셔야 한다. 신화시대(神話時代)부터 얘기지만 자칫하면 사자가 되고, 돼지도 되고, 또 때로는 원숭이도 된다는 것을 남자들은 명심할지어다.

사람이 주도(酒道)라는 말을 하도 많이 해서 할아버지도 '그런게 정말 있을까' 하고 조사를 좀 해보았지만 별다른 것은 없는 것같았다.

한번은 옛 스승을 만나 뵌 김에 "고래(古來)의 주법에 대해 가르침을 주십시오" 했더니 한동안 대답이 없으시다가 딴 화제로 슬그머니 돌리시기에 '내가 아직 제자감이 못 되어서 그러시나' 하고 더는 묻기를 삼가하였다.

원래 그 어른은 상대가 시원찮으면 말씀을 안 하시는 걸로 대답을 대신하는 분이라, 아직은 내가 감히 주법을 논할 자격이 없다고 여기시는 것 같아서 더 여쭙기를 단념하였다.

어느 날인가 월탄(月灘) 선생님이 생전에 하시던 주연(酒宴)에 대해 말씀해 주셨다.

"선생님은 손님을 청하여 주안상을 가져오는데 언제나 술잔은 하나만 놓는단 말이야. 주인이 먼저 한 잔을 하시고는 객에게 차례로 돌리지. 순배라는 거야. 양이 저절로 조절되어 과음하는 법이 없지."

담담히 말씀하는 그 찬찬한 눈매에는 타계하신 옛 스승을 그리는 모습도 분명 보였지만, 그보다는 그 선생님 댁의 미주(美酒)를 실컷 못 마신 아쉬움 때문이었다면 내 착각일까?

"그럼 잔을 단잔으로 돌리는 게 우리 주법입니까?"

"이 사람아, 법은 또 무슨 법이야. '예는 정'이랬지 않아."

법이나 따지고 있는 내가 선생님은 답답하셨겠지만, 나대로는 스승의 생략법이 더 답답하였다.

원체 말수나 설명도 시처럼 생략해 버리시니, 나 같은 범인은 늘 당할 도리밖에.

남자 아이들이 중학교 1학년이 되면 아버지는 마땅한 날을 잡아 술상을 차려오게 하여 단둘이 마주 앉아라. 술 따르는 법과 마시는 법을 가르치는 것이다. 술의 효능과, 앞서 말한 술의 절도에 대해 얘기를 해주는 것이다.

중학교 1학년이면 빠르지 않다. 아이들은 중학교에 들어가면 저희끼리 호기심으로 다 마시게 되어 있다. 친구끼리 마시기 전에 가르치는 데 뜻이 있는 것이다. 그러니까 대작하며 실제 술맛을 보게 하고, 마셨을 때 인체의 변화를 몸소 체험하게 하는 것이다.

아버지 앞의 술이다. 얼마나 좋은 교육이 되겠느냐?

나를 포함해서 세상에 많은 사람들은, 술 마시고 실수하는 사람을 한 축에 넣어 주지 않는다는 사실을 명심하여라.

중국에서 주정을 부리면 사회적으로 매장을 당한다. 미국에서도 주정뱅이는 공직을 부지하기 어렵고…. 아마 몰라서 그렇지, 동서가 이 점은 같을 것이다. 술을 이기지 못하는 사람은 일도 이기지 못한다. 큰일도 못 맡긴다. 서양 속담에 '술이 입으로 들어가면, 비밀이 입으로 나온다'고 하지 않더냐?

사정이 부득이하여 과음했을 때는 어떻게 한다? 중간에라도 집으로 돌아가거라. 그게 여의치 않으면 옆방이나 방 윗목에 칭병하고 드러누워 버린다. 실수보다는 차라리 남의 손가락질을 택하는 것이다.

하고 보니 술맛 떨어지는 얘기만 하였구나.

본래 술은 좋은 것인데, 잘못 마시는 사람이 버려 놓은 것이다.

무슨 술이 좋은가? 술은 다 좋다. 곡주, 과일주, 증류주, 모두 다 좋은 술이다. 특히 맥주와 포도주는 이제 우리 식생활 속에 깊이 들어와 자리를 차지한 듯하다.

막걸리, 소주, 위스키는 너무나 잘 아는 술이라 뒤로 미루자.

포도주는 까다로운 술로 생각들 하는데, 사실은 그냥 마시는 술이다. 까다로워야 할 이유가 없는 음식이다. 포도주에 대한 약간의 지식만 있다면 서양 사람처럼 얼마든지 즐길 수 있다. 좋은 책이 많이 나와 있다.

포도주는 역사도 길지만 참으로 신묘한 술이다. 모든 술이 다 산성인데, 유독 포도주만 알칼리성이라는 것은 누구나 다 아는 일이고…. 포도주의 여러 가지 특성 중 독특한 것은 두뇌활동을 돕는 일이 아닌가 싶다.

알코올이 뇌세포를 파괴한다는 연구가 여러 차례 발표된 것은 사실이지만, 지적 활동을 한 사람들, 특히 그 업적이 뛰어난 분들 가운데 포도주를 애음하였다는 기록이 많다.

괴테는 생전에 독일산 흰 포도주를 매일 2병씩 마셨다는 얘기가 있다. 칸트는 저녁을 먹지 않았지만, 늘 푸짐한 점심에 꼭 불란서 적포도주를 마셨다. 두 분 다 아주 노년까지 지적 생활을 계속한 분들이다.

반면에 맥주는 포도주와는 반대 작용을 하는 것으로 알려져 있다. 영국인들이 비교적 흥분을 잘 하지 않는 이유는 수백 년 동안 맥주를 마셔왔기 때문이라는 것이다. 맥주는 분명히 사람의 기질을 부드럽게 한다는 말이 맞을 것이다. 그러니까 마음에 휴식이 필요할 때에는 포도주가 아니라 맥주를 마셔라.

술은 언제나 조심하여야 한다. '악마가 직접 사람을 찾아가기에는 너무 바쁠 때, 자기의 대리자로서 술을 보낸다.' 서양 격언이다.

4. 지적(知的) 생활

안다는 것은 기쁨이요, 희열이다. 하나의 지식을 얻으면 배고플 때 밥 먹는 이상의 만족을 얻고, 하나의 깨우침으로 우리 마음이 밝아지면 시원한 냉수로 갈증을 푸는 이상의 기쁨을 맛본다. 그래서 지(知)적 생활은 그 자체가 즐겁다.

즐거움이란 멀리 있는 게 아니다. 행복의 씨앗이, 희열의 보고가 바로 너의 곁에 있다. 그것은 다름 아닌 너의 서가(書架)요, 네 서재다.

책을 가까이 하여라. 술이나 돈과는 달리, 아무리 가까이 해도 나쁠 게 없는 것이 책이다. 책이 네게 무엇을 요구한 일이 없듯이, 부담을 주는 일도 없을 것이다. 책은 성실한 친구요, 훌륭한 선생이다. 평생을 두고 읽어도 보고 싶은 책을 다 읽을 수는 없다. 그러니까 선택에 신경을 써야 한다. 고전이면 틀림이 없고, 근간으로도 많이 읽히는 것이면 무난하다. 책이라고 다 좋은 것은 아니라는 점도 알고 있어야 한다.

책은 많이 읽어야 하니까 속독(速讀)하는 게 좋다. 두 줄씩 읽는 것이다. 훈련이 되면 불편을 느끼지 않는다. 좋은 구절이나 대목은 줄을 치고, 난외에 간단히 메모를 한다. 다음에 참고하기 위함이다.

좋은 책, 마음에 드는 책이 있게 마련이다. 그때는 정독을 한다. 필요하면 정독뿐 아니라 한 번 더 읽는다. 좋은 책일수록 여러 번 읽어야 하는 이유는, 읽을 때마다 느낌이 다르고 깨우침의 깊이가 달라지기 때문이다. 좋은 책은 여러 번 읽어라.

한 가지 주의할 점은 책을 읽을 때는 반드시 불을 밝게 하는 일이다. 어두우면 눈이 상한다. 내 시력이 나빠진 이유의 하나도 육군 소위로 부임하던 그 해 겨울을 강원도 산중에서 호롱불 아래서 책을 읽은 탓이다.

때때로 서점에 들르는 것도 즐거움의 하나이다. 산더미 같은 책 속에 묻혀 보는 게 좋고, 운이 좋으면 훌륭한 책까지 살 수 있으니 또 좋다.

교외나 시골 책방도 지나치지 말고 들러보는 게 좋다. 시내 큰 서점과는 달리 묵은 책을 살 수 있는 곳이기 때문이다. 절판이 된 책 중에도 좋은 책이 많은데, 큰 서점에서는 신간을 위주로 다루고, 또 너무 가게가 커서 책 찾기가 산만하다.

5. 아름다움의 추구

《소학》〈입교(立敎)〉편에 '열세 살이 되면 음악을 배우고 시를 읽고 외우며 부드러운 춤인 작(勺)을 추고, 열다섯 살부터는 씩씩한 춤인 상(象)을 추고 활쏘기와 말타기를 배워야 한다'라고 하였다.

공자도 뜰을 지나가는 아들 리(鯉)를 보고 "시를 배웠느냐?"라고 물어, "아직 배우지 않았습니다"고 하자, "시를 배우지 않았으면 말할 것이 없느니라" 하였다.

모두가 2,000년 전의 가르침이다. 그때 이미 노래를 권장하고 춤을 배우게 한 것이다. 공자의 위대함이 새삼스럽다.

세상에는 아름다움이 너무도 많다. 그 아름다움을 찾아내는 일은 사람이 사는 큰 기쁨의 하나이다.

떠오르는 아침 해, 밤하늘엔 찬란한 별들이 있는가 하면, 땅위에는 홀로 피는 민들레와 설악산의 웅장한 단풍 교향곡도 있다. 또 - 혜연이 효성이도 있고.

홀로 핀 민들레를 그냥 지나치면 골짜기에서 홀로 시든다. 아침 해가 아무리 찬란해도 누군가 찬양하지 않으면 낙일(落日)로 끝난다.

설악산의 단풍이 아름다운 것은 내가 있어서다. 내가 그 아름다움을 노래하기 때문이다. 우리가 사는 푸른 지구도 사람이 없으면 허공을 떠도는 별일 뿐이다.

아름다움은 진리다.

할아버지가 진해 육군대학 다닐 때다.

문득 대구에 가고 싶은 생각이 나서 무작정 길을 나섰다. 누굴 보러 가는 것도 아니다. 일이 있어서도 아니다. 그냥 떠나 본 것이다. 나그넷길이다. 택시와 버스를 번갈아 타며 호젓한 교외를 몇 시간인가를 달렸다. 바라보는 산과 들이 어쩌면 그렇게도 아름다울까. 그때가 마침 가을철이라서 그런 게 아니다. 단풍이라면 강원도에 있을 때, 눈에 빨간 물이 들 도록 불타는 단풍을 보아 온 할아버지다. 황금벌판 가장자리로 높게 또는 낮게, 앞서거니 뒤서거니 손잡고 다가오는 산과 들 - 위로는 푸르게 빨려 들어가는 하늘이 어쩌면 그런 조화를 이룰까?

자동차가 달리고 나도 움직이니 황금빛 들은 언덕과 강으로 변하는가 싶더니, 어느새 앞자리를 사양하던 산이 지금은 성큼 다가와 자태를 뽐낸다. 평범한 야산의 단풍이 너무도 아름답지 않은

가. 단풍이라면 내장산으로만 알았고, 설경이라면 으레 설악산으로만 알았던 할아버지였다. 단풍이 따로 있고, 설경이 따로 있는 것으로 여겨온 나였던 것이다. 그날 이후로 나는 평범한 들과 개천에서, 그리고 어딜 가나 수없이 대면하는 평범한 산에서 더 없이 큰 아름다움을 느낀다.

산이라면 강원도의 준봉(峻峰)이어야 하고, 또 히말라야의 영봉(靈峰)이어야만 하는가? 아니다. 강원도 준봉은 강원도의 아름다움이다. 히말라야 영봉은 히말라야만의 장관이다. 평범한 들에도 그들만의 아름다움이 있다. 잘나고 못 하고가 따로 없다. 좋고 나쁜 것은 나의 문제지 산의 문제는 아니다.

제철소 계약 때문에 독일 프랑크푸르트를 한창 다니던 때이다.

당시 유능한 두 부장과 함께 기차를 타게 되었다. 독일은 박람회가 유난히 많은 곳이라, 성수기에는 시내 호텔을 잡기 힘들 때가 있다. 그런 때는 아예 기차로 한두 시간 거리에 있는 소도시의 호텔을 잡는다. 아마 그때도 그런 상황이었을 게다.

두 사람은 기차를 타기가 무섭게 지루해하기 시작했다. 대개 외국 출장은 비행기 아니면 자동차지, 기차여행은 좀체 안 하는 게 상례다. 두 사람이 지루해 하는 건 당연한 일, 10시간 이상 장거리 비행을 마친 다음 호텔로 직행해야 하는 걸, 기차로 바꿔 타니 짜증이 날 만도 하지.

나는 육군대학 이후로 멀리 차창 밖을 보며 독일의 시골풍경을 즐기고 있었다. 비행기로 가서 시내로 직행하던 내겐 시골풍경이 정말 좋았기 때문이다. 앙상한 나목이 퍽 좋아 보였던 것으로 보아 겨울이었겠지? 몸을 비꼬는 두 사람을 보다 못해 할아버지는 일장 강연을 하지 않을 수 없었다.

우선 독일의 흔한 숲을 가리키며 "저기 나무들을 유심히 보라. 우리 나무들과는 좀 다르다. 둥치와 가지가 얼마나 아름다운 균형을 이루고 있는가? 저 독립수를 찬찬히 관찰해 보라. 알맞은 굵기의 둥치에서 전후좌우 그리고 위로 올라가며 적당한 크기와 적당한 길이, 적당히 내뻗은 가지들의 균형미를 잘 보라. 완벽한 미(美)가 아닌가? 차창 밖 숲과 마을과 그리고 멀리 지평선으로 이어지는 정경은 그대로 그림이 아니냐?" 두 사람은 좀 지루했는지 모르지만 나는 심심치가 않았다.

얼마 안 있어 우리는 기차를 내렸지만…, 그 후로는 두 사람 다 여행 얘기만 나오면 그때를 회상하며 진심으로 고마워했다.

인생의 즐거움이란 어디 가나 있다.

오래 거처하는 방에는 오디오 설비를 해두는 게 좋겠다. 그리고 사정이 허락하는 한, 이왕이면 좋은 걸로 두기를 권장한다. 요즘 테이프나 디스크의 음질은 옛날과 비교할 수 없는 고성능이다. 그야말로 콘서트홀을 거의 재현할 수 있다. FM방송은 다 좋은데, 사설이 많은 게 흠이더구나.

음악을 들을 때는 청중이 되지 말고 연주자가 되어라. 나도 머릿속으로는 교향악단의 일원으로 같이 연주를 한다. 첼리스트도 좋고 나팔수가 되어도 좋다. 이왕이면 제1바이올리니스트가 좋겠지.

할아버지는 늘 북치기이다. 나도 악단의 일원이 되어 연주하는 기분으로 북을 친다. 선율 가락에 자기 마음을 얹고, 음절의 마디마다 내가 관여한다. 높고 낮게 흐르는 선율 속으로 마침내 영혼은 빨려든다. 음악은 사람의 손을 빌려 내는 신의 목소리이다.

내 사랑하는 효정이는 두 돌이 되기까지는 비발디의 〈4계〉만 듣고 자랐다. 이상하게도 그것만 틀어주면 울음을 멈춘다는 게 네 엄마의 말이었다.

생활의 즐거움이 어찌 음악뿐이냐? 공자 말씀처럼 춤도 있다.

오래 전 88올림픽을 전후해서 우리 문화계에 충격을 준 사건은 역시 소련의 예술 활동이었다. 노래가 그랬고 춤이 그랬다. 합창단도 대단했는데 볼쇼이 발레는 사람을 완전히 압도하였다. 그때만 해도 우리 발레는 한참 뒤졌던 시절이다. 넬리 리라는 교포의 노래에 청중들 모두가 울었다. 그만큼 러시아 예술은 감동을 주었다.

그러나 내가 받은 충격은 문화적인 게 아니라 정치적인 충격이다. 청중을 울리는 그 수준도 문제지만, 굳이 울리고 간 무대 뒤 기획자의 음모가 무서운 것이다. 지금은 소비에트 러시아가 사라졌지만 중국과 이북 몇 나라가 아직도 건재하고 있다. 공산주의는 무서운 것이다. 세상이 아무리 변해도 그 사람들의 본질과 유물사관은 변할 수 없고, 세계 지배라는 목표 또한 절대로 변치 않기 때문이다. 마치 사자나 호랑이가 양이나 사슴으로 변할 수 없는 것과 같고, 그들이 풀이나 나무가 아닌 꼭 딴 짐승을 잡아먹어야 사는 것과 조금도 다를 게 없다.

노래와 춤, 문학까지 모두가 공산주의 선전의 한 수단이다. 스포츠도 예외가 아니다. 20년 가까이 국제육상을 맡아 봐서 내막을 조금은 안다. 그 사람들 정치목적을 위해선 수단방법을 가리지 않는다는 걸 늘 조심해야 한다.

히틀러는 바그너 음악을 끔찍이도 사랑하였다. 그런데 끔찍할 정도로 사람을 많이 죽였다. 독재자들에겐 음악도 정치수단

이다.[116]

아름다움을 추구한다는 것은 우리 생활의 기쁨이요, 환희이다. 풀 한포기, 나무 한 그루부터 무심히 있는 돌에 이르기까지, 바라보면 아름답지 않은 게 어디 있느냐? 세상의 아름다움이란 한도 끝도 없다.

아름다움의 현장에는 내가 있어야 한다. 무심한 돌 곁에도 내가 있어야 하고, 설악산의 아름다움은 내가 바라보아야 한다. 내가 없다고 설악산의 아름다움이 더하고 덜 할 거야 없지만, 아름다움을 감상하는 주체는 나다. 돌이 거기 있어 아름다운 게 아니라, 내가 아름답게 느끼기 때문이다. 바라보는 나무의 아름다움도 화폭에 담으면 새로운 다른 아름다움이 된다.

느끼는 미(美)도 즐거움이지만, 창조하는 미는 희열이다. 보고 듣는 것이 기쁨이라면 창조는 더 큰 환희다. 아름다움의 현장에 내가 있어야 할 까닭을 알겠느냐?

6. 이 물건이 어찌 또 왔는고

'일' 이란 사람에게 크나큰 축복이다. 일을 도모하고 싸우며, 일을 이룰 때 성취감은 이 세상을 사는 보람이다. 할아버지는 사람은 일하기 위해 살고, 남을 이롭게 하기 위해서 사는 것이라고까지 하지 않았더냐?

사람에게는 적당한 긴장이 있어야 한다. 긴장은 의욕을 불러오

116) 바그너(Wilhelm R. Wagner, 1813~1883)는 독일의 작곡가. 오페라 외에도 거대한 규모의 악극을 여러 편 남겼는데 모든 대본을 손수 썼고 많은 음악론과 예술론을 집필했다. 《혼례》《파르지팔》《트리스탄과 이졸데》 등의 작품을 남겼다.

고, 사람을 분발케 한다. 의욕과 분발이 없으면 사람은 송장과 다름없다.

"5년 내 죽지 않으려면 매일 뛰기라도 하여라." 할아버지 친구들 사이에서 주고받는 말이다.

건강하고 멀쩡하던 사람이 정년으로 일을 놓으면서 어느 날 갑자기 노인이 되어 나타났는가 싶더니, 얼마 안 있어 부고가 날아온다.

일이 있어야 사람은 긴장한다. 직장을 떠나면 일을 자기가 만들어서도 하라. 일이 없으면 긴장이 풀리고, 긴장이 풀리면 빨리 하직(下直)한다.

다음은 할아버지가 좋아하는 현주 아버지가 언젠가 한 얘기다.

캐나다 서부, 그러니까 태평양지역의 물고기를 동부에 있는 수족관으로 수송을 했는데 도착해 보니 모두 죽어 있더라는 거다. 같은 나라라고는 하지만, 미국은 서에서 동까지 3,000마일이나 되니 무리도 아닐 것이다. 별별 수단을 다 써 보았으나 신통치가 않았다. 그래서 궁리 끝에 사나운 고기 몇 마리를 함께 넣어 보냈더니 거의가 다 살아서 도착하더라는 것이다. 긴장 시킨 탓이다. 잡아먹겠다고 덤비니 살자고 도망친다. 심심하고 답답해서 죽었는데, 심심할 시간이 없다. 죽을 시간도 없다. 이것이 생명이다.

생명이라는 것은 이렇게 늘 자극이 있어야 하고, 자극이 긴장을 부르고 긴장해야 일 잘하고 건강해진다. 일하기 위해 산다는 할아버지 얘기가 백번 옳지 않으냐?

사람의 마음 가운데는 양심이라는 게 있다.

할아버지가 안 일러도 너희가 절로 아는 게 양심이다. 하나님이 너희 가슴에 진즉에 심어 주신 것이다. 양심은 언제나 은근하게 속삭인다. 할 일과 안 해야 할 일이 무엇인가를.

좋은 일은 사람을 즐겁게 한다. 양심 때문이다. 나쁜 일을 하면 우울해진다. 양심 때문이다.

마음이 개운하고 즐거우려면 언제나 양심의 소리에 귀를 기울여라. 양심을 따르면 살맛이 난다.

일을 하다 보면 잘 될 때도 있고, 안 될 때도 있다. 언제나 성공만을 기대해서는 안 된다. 누구나 성공하려고 최선을 다한다. 그러나 뜻대로 안 되는 게 세상사다. 선과 악이 늘 붙어 다니는 듯, 일의 성패도 다정한 친구 사이다. 그래서 승패는 병가의 상사(常事)라는 말까지 있는 게 아니겠느냐. 실패를 두려워 말라. 실패를 해야 배우고, 성공하는 비결을 터득한다.

1973년에 할아버지는 군대생활을 그만두었다.

승승장구하던 내 인생에 처음 맛보는 좌절이었다. 많이 울었다. 또 많이도 배웠다.

그때나 지금이나 할머니는 한 번도 내 실패를 원망하지 않으셨다. 가정에서 남편이란, 아버지란 권위와 자존심을 먹고 사는 사람이다. 조금만 건드려도 쉽게 상처를 입는 게 남자라는 인간이다.

실패를 한 당사자의 좌절감을 생각해보라. 실패 자체가 이미 더 없이 큰 질책(叱責)으로 본인을 짓누르고 있다. 다른 사람의 비판이나 원망이 무슨 소용이 있겠냐.

남의 실패는 건드리지 말라.

혜준이와 효정이도 훗날 가정을 이루게 되면 이 점을 명심해 두어야 한다.

남편의 실패는 입에 절대 올리지 말라. 항상 격려하고 용기를 줘라. 할아버지가 패자전을 시작으로 오늘에 이른 것은 전적으로 할머님의 격려 덕분이다.

시카고 대학은 동부의 아이비 리그(Ivy League)와 어깨를 겨루는 명문대학이다. 대학을 그렇게 키운 총장이 28세의 괴짜로 소문난 허친스(Robert M. Hutchins)란 사람이다. 20대에 대학 총장으로 부임한 것부터가 이례(異例)요 파격인데, 일의 추진이 대담하고, 개혁을 너무 과감하게 추진하자 주위에서 수많은 불만이 터져 나왔다.

미국인이 그렇게 좋아하는 미식축구 구장인 솔저스 필드(Soldier's Field)도 폐쇄하고, 거기다 세계 최초의 원자로를 건설했다. 학교를 위하는 일이라면 물불을 안 가린 것이다. 미식축구의 인기를 생각할 때, 보통 사람들은 이해하기 힘든 배짱이다.

어느 날, 참지 못한 저명인사 한 사람이 허친스 총장의 아버지를 찾아 갔다.

"자제분을 좀 말려야겠습니다. 개혁은 좋지만 분별력이 있어야지요."

"그래요? 아들놈이 진짜 거물이 되었군!(Nobody kicks around a dead dog!)" 한마디와 함께 손님을 쫓아 버렸다.

아버지는 외려 아들이 대견스럽고 자랑스러웠던 것이다. 그 아버지의 그 아들이다.

일을 좀 하면 불평이 따르게 마련이다. 잘 하는 만큼 소리도 커진다.

절대로 물러서지 말라. 이 말 저 말 다 들으면 '배가 산으로 올라간다.'

할아버지도 한창 일할 때는 주위의 불평은 물론 모함도 수없이 받았다. 그러나 할아버지는 내 방식대로 밀어붙였다. 오랜 세월이 지난 지금은 그 많던 욕들이 칭송으로 바뀌었다. 내가 뛰어나서가 아니라 내가 옳았기 때문이다.

사표를 던지고 며칠 지나지 않은 어느 날, 나는 전라도 송광사에 갔다. 마침 존경하는 방장(方丈)인 회광스님이[117] 계시다기에 찾아뵈었다.

대뜸 하시는 말씀이 "이 물건이 어찌 또 왔는고?"였다.

원래 회광 같은 고승의 논리는 너무 비약하기 때문에 우리 같은 범인은 혼란할 때가 많다. 나는 대답할 말을 잃고 어리둥절했다. 우선 큰절부터 했다.

"저 구름 따라 왔습니다."

엉겁결에 한 대답이다.

송광사에 가면 조계산의 자생녹차가 맛있다. 스님이 손수 끓이신다. 차를 마시며 지난 일과 그동안의 사정을 말씀드렸다. 다 듣고 난 스님, "일 합네, 하고 소리가 나면 쓰나. 일 잘 하고도 소리가 안 나야지, 그게 지혜라는 거야."

소리가 안 나면서 일 잘 하는 법을 아직은 모르겠다. 스님 말씀처럼 더 지혜로운 방법이 있을 것이다. 내 수양이 아직은 부족함

---

117) 당시 방장(方丈)은 회광(廻光) 스님으로 속명은 김인건(金寅健). 1924년생. 본적은 평남 개천. 1947년 출가 수계(受戒)하여 송광사 주지, 조계총림 방장을 역임하시고, 1996년에 입적하셨다.

을 반성하고 있다.

● 물소리

송광사에 가면 사천왕문을 들어서기 직전에 개울을 건너야 한다. 아담한 돌다리 위에서 내려다보면 언제 보아도 맑고 소리가 아름다운 개울이 흐른다. 개울에는 12세기 초 도둑을 물리친 보조국사의 이적(異蹟)의 고기들이 노는 것도 보인다.

주지 현호(玄虎) 스님의[118] 말씀으로는 도둑들이 보조국사를 욕보일 양으로 익은 물고기를 억지로 먹이자, 천연스럽게 그 고기를 다 받아 잡수시고는 잠시 개울가에서 바지를 내리고 용무를 보셨겠다.

그런데 익어서 입으로 들어간 물고기들이 다시 살아서 펄떡거리며 나오자 도둑들이 혼비백산해서 국사 앞에 꿇어 엎드렸다는 것이다.

지금 놀고 있는 물고기들도 그때 고기가 씨를 뿌린 중태기라는 이름의 고기라는 것이다.

얘기하는 현호스님의 표정은 진지했다.

어느 여름인가, 그 다리를 함께 건너던 법정(法頂) 스님이[119] "물소리가 아름답지요?" 한다.

"물소리도 소리입니까?"라고 되물었다.

그러자 앞서가던 법정 스님이 걸음을 멈추고는 돌아서서 나를

---

118) 현호(玄虎) 스님은 송광사 주지로 속명은 윤정수(尹正洙). 1942년 전남 나주 출생. 1960년 출가 수계(受戒)를 받았다.

119) 법정(法頂, 1935~2010) 스님의 속명은 박재철(朴在喆). 전남 해남 출생. 1953년 출가 수계(受戒) 이후, 불교신문 편집국장, 송광사 수련원장 등 역임. 1997년 길상사 창건. 저서에《말과 침묵》《물소리 바람소리》《무소유》등과 많은 역서(譯書)가 있다.

물끄러미 쳐다본다.

손님방에 이르러 "물소리가 소리가 아니라니?"하며 다시 묻는다.

유명한 《물소리 바람소리》라는 책을 쓴 스님, 무소유 철학으로도 널리 알려진 법정이다. 분위기가 그냥 넘어 갈 것 같지가 않았다. 나는 그저 무심결에 한 말인데 – 일이 묘하게 됐구나 싶었다.

"물소리가 소리가 아니라면…" 법정이 정색을 하고 되묻는다.

이제 답을 안 할 수 없게 되었다. 나는 잠시 마음을 가다듬었다. 그리고 천천히 자연과학 하는 사람 입장에서 이렇게 대답했다.

"물소리는 소리가 아니지요. 저는 한때 건축업을 해서 배운 일인데, 건축학적으로 그렇다는 것입니다. 분수(噴水)는 원래 더운 중동에서 시작하였는데, 사막의 뜨거운 더위를 식히고, 정원의 완전한 정적(靜寂)을 연출하기 위해 마당 가운데 설치하는 것입니다. 물리적으로 정적을 연출할 수는 없지요. 그러니까 역설적으로 소리가 나는 분수로 정적을 대비시킨 겁니다. 흰색을 설명하기 위해 검은색을 대비시키는 것과 같은 이치지요. 그런데 문제는 하필이면 왜 물소리로 정적을 연출하는가 하는 점이지요. 그건 물소리는 소리가 아니기 때문입니다. 젊은이들이 개울가에 캠핑을 하면서 개울물 소리로 잠을 설쳤다는 말은 들은 적이 없지 않습니까?"

근엄한 법정의 얼굴이 한층 엄숙해진다. 법정 스님이 그때 내 말을 어떻게 받아들였는지는 모르겠다. 굳이 자기 거처인 '불일암(佛日庵)'까지 나를 이끈다. 손수 끓인 차 맛이 좋았다.

그날 방장스님께서 꼭 묵고 가라고 붙드신다.

"내일도 구름 따라 그냥 가겠습니다. 작별인사 지금 드립니다" 하고 큰절을 하고 물러 나왔다.

그런데 다음날 아침이 되자 급히 찾으신다기에 불이문(不二門)을 지나 거처하시는 방에 들렀다.

'심마물(甚麼物)'이란 글귀를 써 놓았다. '이것이 무엇인가' 라는 뜻이다. 이런 글귀를 화두(話頭)라고 한다. 화두란 스님들이 명상을 할 때, 끝까지 파고드는 주제다. 깨우치기 위한 것이다.

자세히 보니 '物'이란 글자를 '牣' 이라고 잘 못 쓰셨다. 없어야 할 획이 하나 더 있다.

옆에서 현호 스님이 "스님, '牣' 자가 틀렸습니다" 라고 일깨워 드리자 그를 물끄러미 뒤돌아보며 "틀렸어? 틀려도 할 수 없지" 하고 조용히 웃으신다.

그리고 나를 보며 "저것은 작년에 내가 쓴 것인데, 여태 표구점에 맡겨두었던 것을 엊그제 찾아 온 것이야." 액자에 든 '佛' 자를 가리키며 하시는 말씀이다.

순간 나는 가벼운 충격을 받았다. 해묵은 표구를 이제야 찾아오다니 - 스님은 내가 어제 서울서 내려올 것을 미리 알고 계셨다는 뜻이다.

"이 '심마물(甚摩物)'을 화두로 삼아 꼬리에 꼬리를 물고 따지고 들라. 정각(正覺)에 이르리라."

게으른 이 중생은 여태 참선도 시작하지 않았다.

소리 안 나게 일하려면 아직도 멀었나 보다.

7. 이 말[馬]을 날게 할 수 있는가

옛날 어떤 사람이 왕의 노여움을 사서 사형선고를 받았다. 그 사람은 목숨을 살려달라고 탄원하며 왕에게 이렇게 말하였다.

"1년의 여유만 주시면 폐하가 제일 아끼는 말에게 하늘을 나는 재주를 가르치겠습니다."

놀랍고 신기하게 느낀 왕이 "1년이 지나도 말이 하늘을 날지 못한다면?" "그때는 기꺼이 죽겠습니다."

탄원은 마침내 받아들여졌다.

"말이 하늘을 난다면야 1년을 못 참을 것도 없지…." 왕은 속으로 쾌재를 불렀다.

같은 방 죄수들이 "말이 하늘을 날다니?" 하고 따지니까, 그 사람의 대답이 걸작이었다.

"1년 안으로 왕이 죽을지도 모른다. 혹은 내가 죽을지도 모른다. 아니면 그 말이 죽을지도 모른다. 1년 안에 무슨 일이 일어날지 누가 알겠는가? 혹은 1년 후에 정말로 말이 하늘을 날게 될지 누가 아느냐?" 《탈무드》에 나온 말이다.

어떤 경우에도 절망은 금물이다. "1년 후에 정말로 말이 하늘을 날게 될지 누가 아느냐?" 얼마나 무서운 말이며, 자신에 찬 배짱인가. 세상을 살다보면 이렇게 어처구니없는 자신과 용기가 먹혀들 때도 있다.

판도라는 다행히 우리에게 최후의 선물인 '희망'을 남겨 주지 않았더냐?

전쟁에서도 군사력보다 싸우고자 하는 '의지'가 먼저라고 가르친다. 지휘관이 아직도 싸우겠다는 의지를 버리지 않는 한, 승패는 끝나지 않았다는 말이다. 전사(戰史)상 일일이 들 수 없는 수많은 사례가 있다.

특히 윗사람이 되었을 때 끝까지 용기를 잃지 않는 게 중요하다. 포기하지 말라. 절망하지 말라. 어떤 역경에도 굴하지 말라. 항상 희망을 간직하고 매진하라.

이젠 죽었다고 생각할 때, 그때가 고비다. 그 고비를 한 번 더 마음을 가다듬고 참고 버텨라. 나도 '말을 하늘에 날려 보겠다'는 의지를 불태우며 용기를 내라. 내가 괴로운 만큼 상대도 괴롭고, 내가 더는 못 견딜 것 같은 때가 바로 상대에게도 고비다. 포기하지 말라! 버티면 이긴다.

흔히 누굴 두고 운(運)이 좋은 사람. 혹은 운 없는 사람이라고 한다. 운이 따로 있는 줄 아느냐?

포기하면 운은 안 따른다. 운이 찾기 전에 포기해 버렸는데 운인들 어떻게 하겠느냐? 운은 오는 게 아니라 오도록 하는 것이다. 어떻게 오게 하는가. 기도하라. 절실하게 가도하면 운도 따른다. 언제나 된다고 믿고, 희망을 가지고 기도하며 기다린다.

양지(陽地)와 음지(陰地)의 토끼가 계곡을 사이에 두고 마주보고 있다.

양지에 있는 토끼의 눈에는 눈 쌓인 음지만 보이나, 음지의 토끼에게는 양지바른 언덕만 보인다. 음지의 토끼는 희망을 버리지 않는다. 이윽고 배고픔을 참지 못한 음지의 토끼는 추위를 무릅쓰고 밖으로 나온다. 막 싹트기 시작한 새순을 뜯어 먹는다. 그는 희망을 보고 있었기 때문이다.

양지의 토끼는 언제 눈이 녹으려나 기다리고 기다린다. 건너 음지의 눈은 녹을 기미가 보이지 않는다. 희망이 보이지 않는다. 양지의 토끼는 끝내 굴속에서 굶어 죽는다. 절망만 보고 있었기 때문이다.

우주에는 여러 원리가 있다. 감히 내가 할 얘기는 아니지만 분명한 큰 원리의 하나는 만물이 변한다는 사실이다. 하늘이 변하고, 땅이 변하고, 사람이 변하고, 마음이 변한다. 변하지 않는 것이라곤 이 세상에 하나도 없다. 사람들이 모르는 것은 만물이 변하는 시기와 방법과 그 운행의 흐름이다. 아마도 우리는 이 이치를 영원히 알지 못할 것이다.

그러나 '흥하면 쇠하고 떨어지면 다시 오른다'는 흐름만은 느낄 수 있지 않느냐? 세상만사 바닥을 쳐야 다시 오르기 시작하는 법.

포기하지 말라. 운이 갈 데가 없다.

절망하지 말라. 운이 문 밖에 와 있다.

8. 일기일회(一期一會)

일본의 다도(茶道)에 '일기일회'라는 말이 있다. '일생에 단 한 번의 기회'란 뜻으로 쓰인다.

예컨대 내가 지금 누굴 만난다고 치자, 이 만남은 손님이나 내게 일생에 단 한 번밖에 없는 일이라고 생각하는 것이다. 따라서 주인이나 객이나 단 한 번의 기회라는 엄숙한 마음으로 응대(應待)하라는 가르침이다. 그런 마음가짐이라면 어찌 다도에서만 통용되겠느냐?

이 세상에 사람이 태어나서 그 오랜 세월에 걸쳐 수도 없는 사람이 왔다 갔다.

나의 아버님도 왔다 가셨고, 나의 어머님도 왔다 가셨다. 나 또한 가리라. 모두가 이렇게 왔다가는 가는 것이다. 이같이 사람도 세월도 흘러가는데 우리는 하필이면 이 시대 이 나라에 한 가족으로 함께 살게 되었느냐 말이다. 정말 예사롭지 않은 인연(因緣)이 아니냐. 생각하면 가슴이 두근거리는구나.

사랑하는 나의 천사들아, 너희는 어디서들 왔느냐?

인생의 출발은 이렇게 인륜으로 묶인 우리의 운명을 깨닫고부터 시작되어야 한다. 엄마가 귀하고 아빠가 귀한 게 다 까닭이 있는 것이다. 효도가 사람의 근본이 되어야 할 사연이 여기 있다.

인생이 즐겁고 귀한 까닭은 바로 이런 사랑이 있기 때문이다. 더구나 우리의 삶이 이승에서 단 한 번뿐이라면, 매사를 어찌 한시인들 소홀히 할 수 있겠느냐?

'일기일회' 라는 가르침을 마음에 간직하자. 매사를 그런 마음으로 대하고, 특히 엄마와 아빠를 그런 마음으로 사랑하라.

사람의 근본이 따로 있는 게 아니다. 기쁘고 행복한 인생이 멀리 있는 게 아니다.

신을 사랑하라.

세상을 사노라면 그 무엇으로도 위로 받지 못할 때가 있느니라.

'수고하고 무거운 짐을 진 자들아, 내게로 오라. 내가 너희를 쉬게 하리라.'(마태 11:28)

2018. 정월

▮부 록▮

- 읽어 둘 만한 책
- 친인척 관계
- 친족의 호칭

▌읽어 둘 만한 책

1. 동양의 고전(古典)

	책명	저(편)자		책명	저(편)자
1	春秋(춘추)	孔子(공자)	9	陶淵明集(도연명집)	陶潛(도잠)
2	史記(사기)	司馬遷(사마천)	10	詩經(시경)	孔子(공자)
3	三國志(삼국지)	陣壽(진수)	11	李太白集(이태백집)	李白(이백)
4	老子(노자)	老子(노자)	12	杜工部集(두공부집)	杜甫(두보)
5	論語(논어)	孔子(공자)	13	小學(소학)	朱子(주자)
6	大學·中庸(대학·중용)	子思(자사)	14	菜根談(채근담)	洪自誠(홍자성)
7	莊子(장자)	莊子(장자)	15	明心寶鑑(명심보감)	秋適(추적)
8	孟子(맹자)	孟子(맹자)			

2. 세계의 결정적인 책 15권

다음은 스탠포드 대학원 '과학과 문명' 세미나에서 학생, 일반을 대상으로
고전에서 근대까지 골라낸 책.

	책명	저(편)자		책명	저(편)자
1	聖書(성서)		9	유토피아	모어
2	選集(선집)	루터	10	隨想錄(수상록)	몽테뉴
3	資本論(자본론)	마르크스	11	人間悟論(인간오론)	로크
4	君主論(군주론)	마키아벨리	12	世界史(세계사)의 개념	헤르더
5	種(종)의 起源(기원)	다윈	13	人口論(인구론)	맬서스
6	大革新(대혁신)	베이컨	14	論理學(논리학)	헤겔
7	方法序說(방법서설)	데카르트	15	選集(선집)	니체
8	國家(국가)	플라톤			

3. 세계의 10대 소설

다음은 서머셋 모옴이 근대의 뛰어난 소설 중에서 선정한 책.

	책명	저(편)자		책명	저(편)자
1	톰 존스 이야기	필딩	6	보봐리 부인	플로베르
2	오만과 편견	오스틴	7	百鯨(백경)	멜빌
3	赤(적)과 黑(흑)	스탕달	8	폭풍의 언덕	브론테
4	고리오 영감	발자크	9	카라마조프가의 형제들	도스토예프스키
5	데이비드 커퍼필드	디킨스	10	戰爭(전쟁)과 平和(평화)	톨스토이

4. 클리프트 파티만이 미국의 일반 독자를 대상으로 고른 책

	책명	저자		책명	저자
1	일리어드	호메로스	22	신곡	단테
2	오디세이	-	23	켄터베리 이야기	초오서
3	역사	헤로도토스	24	전집	셰익스피어
4	펠로폰네소스 전쟁사	투키디데스	25	희곡선집	몰리에르
5	선집	플라톤	26	파우스트	괴테
6	윤리학	아리스토텔레스	27	희곡선집	입센
7	정치학	-	28	희곡선집과 서문	쇼
8	오레스테이아	아이스킬로스	29	천로역정	번연
9	오이디푸스왕	소포클레스	30	로빈슨 크루소	디포
10	콜로누스의 오이디푸스	-	31	걸리버 여행기	스위프트
11	안티고네	-	32	빈민구제안	-
12	아르케스티스	-	33	묵상록	-
13	메디아	-	34	노년의 각오	-
14	히포리토스	-	35	트리스트럼 샌디	스턴
15	트로이아의 자녀들	-	36	톰 존스 이야기	필딩
16	엘렉트라	-	37	오만과 편견	오스틴
17	바카이	-	38	엠마	
18	우주론	후크레티우스	39	폭풍의 언덕	브론테
19	아네이스	베르질리우스	40	피크 위의 기록	디킨스
20	자성록	아우렐리우스	41	데이비드 커퍼필드	-
21	고백	아우구스티누스	42	외로운 집	-

	책명	저자		책명	저자
43	위대한 유산	—	81	수학입문	—
44	괴로운 세상	—	82	독서법	J.A.모티마
45	우리들 공통의 벗	—	83	짜라투스트라는이렇게말했다	니체
46	리틀 도리트	—	84	공산당선언	마르크스·엥겔스
47	허영의 시장	대커리	85	선집	프로이트
48	프로스강의 물레방아	엘리어트	86	군주론	마키아벨리
49	이상한 나라의 앨리스	루이스 캐럴	87	수상록	몽테뉴
50	겨울을 빠져나가	—	88	방법서설	데카르트
51	캐스터브리지의 시장	하디	89	팡세	파스칼
52	노스트로모	콘래드	90	미국의 민주주의	토크빌
53	아들과 연인	로렌스	91	월든	소로
54	율리시스	조이스	92	시민의 반항	—
55	마의 산	만	93	선집	에머슨
56	가르강튀아와 팡타그뤼엘	라블레	94	심리학원리	제임스
57	캉디드	볼테르	95	프래그머티즘	—
58	적과 흑	스탕달	96	진리의 의미	—
59	고리오 영감	발자크	97	종교적 경험의 제상	—
60	위제니 그랑데	—	98	인간성과 행위	듀이
61	보봐리 부인	플로베르	99	회의의 동물숭배	산타야나
62	잃어버린 시간을 찾아서	프루스트	100	선집	—
63	단편집	포	101	문명 이야기	듀란트
64	주홍글씨	호손	102	미술 이야기	콘브리치
65	단편집	—	103	실낙원	밀턴
66	백경	멜빌	104	리시다스	—
67	허클베리 핀의 모험	마크 트웨인	105	그리스도 탄생의 아침	—
68	사자들	제임스	106	14행시	—
69	돈키호테	세르반테스	107	출판의 자유	—
70	죽은 혼	고골리	108	시집	존 단
71	부자	투르게네프	109	시집	블레이크
72	죄와 벌	도스토예프스키	110	서시	워즈워드
73	카라마조프가의 형제들	—	111	단시선집	—
74	전쟁과 평화	톨스토이	112	서정민요집	워즈워드 콜리지
75	크리스틴 생애	운세트	113	늙은 선원	콜리지
76	레바이아단	홉스	114	크리스타벨	—
77	시민정부론	로크	115	칭기즈 칸	—
78	인간오성론	흄	116	문학평전	—
79	자유론	J.S.밀	117	셰익스피어론	—
80	과학과 근대세계	화이트헤드	118	전시집	예이츠

	책명	저자			책명	저자
119	극작집	–	132		미국사의 기본문헌	모리스
120	자전	–	133		우주와 아인슈타인박사	바네트
121	시집(풀잎)	휘트먼	134		시집	프로스트
122	민주주의 전망	–	135		음향과 분노	포크너
123	여로를 돌아다보며	휘트먼	136		죽음의 자리에 누워서	–
124	영 시선	오든 · 피어슨	137		단편집	헤밍웨이
125	세계선집	마크 반 도렌	138		인간의 굴레	모옴
126	미국시집	파티만	139		인도에의 길	포오스터
127	영국사	매콜리	140		시집	엘리어트
128	고백	루소	141		극시	–
129	존슨전	보스웰	142		훌륭한 신세계	헉슬리
130	헨리 애덤스의 교육	애덤스	143		평론집	–
131	합중국 소사	네빈스·코메거	144		인간조건	말로

▌친인척 관계

부계혈족(父系血族, 父黨) I

* 아라비아 숫자는 촌수(寸數)

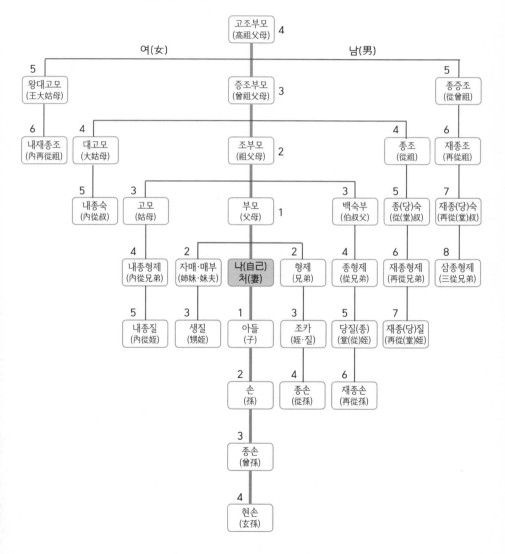

부계혈족(父系血族, 父黨) Ⅱ 여자(女子)

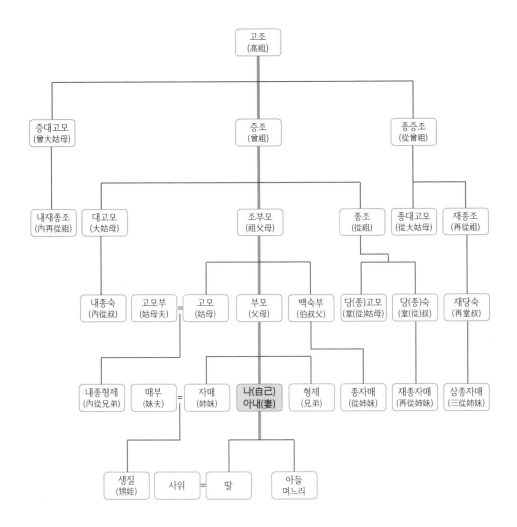

외가(外家)

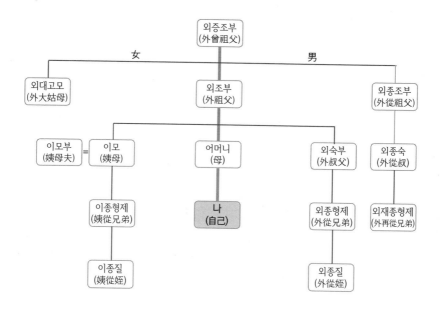

외증조부 (外曾祖父)

女 — 男

외대고모 (外大姑母)　　외조부 (外祖父)　　외종조부 (外從祖父)

이모부 (姨母夫) = 이모 (姨母)　　어머니 (母)　　외숙부 (外叔父)　　외종숙 (外從叔)

이종형제 (姨從兄弟)　　나 (自己)　　외종형제 (外從兄弟)　　외재종형제 (外再從兄弟)

이종질 (姨從姪)　　외종질 (外從姪)

처가(妻家)

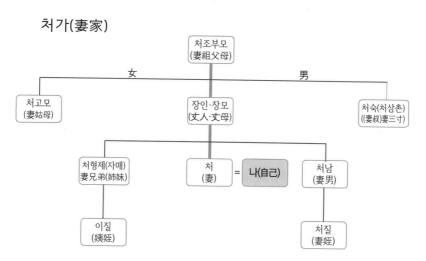

처조부모 (妻祖父母)

女 — 男

처고모 (妻姑母)　　장인·장모 (丈人·丈母)　　처숙(처삼촌) ((妻叔)妻三寸)

처형제(자매) 妻兄弟(姉妹)　　처 (妻) = 나(自己)　　처남 (妻男)

이질 (姨姪)　　처질 (妻姪)

■ 친족(親族)의 호칭

나와의 관계 (그)		그를 내가 부를 때(높임)	그에게 나를 말할 때(낮춤)	그가 나에게 자신을 말할 때(낮춤)	내가 다른 사람에게 그를 말할 때(낮춤)	다른 사람이 나에게 그를 말할 때(높임)
부(父)	生存時	아버지	小子, 저, 不肖子, 不孝子	아비, 아버지	家親, 嚴親, 老親, 家嚴	椿府丈, 大人, 椿堂
	死亡後	考, 顯考	孤子, 孝子		先親, 先考, 先人	先考丈, 先府丈, 先大人
모(母)	生	어머니, 慈主, 어머님	小子, 不肖子	어미, 어머니	老母, 母親, 慈親	萱堂, 慈堂, 大夫人
	死	妣, 顯妣	哀子, 孝子		先妣	先妣丈, 先大夫人
양친 (兩親)	生	父母님, 兩堂			兩親父母	兩堂
	死	兩位	孤哀子		兩位	
조부 (祖父)	生	할아버지, 할아버님, 祖父王	손자, 不肖孫, 小孫, 不孝孫	할아비, 할아버지, 祖父	老祖父, 祖父, 王父	祖父丈, 王尊丈, 王大人
	死	顯祖考, 祖考	孝孫, 孤孫		祖考, 先王父, 先祖父	先祖父丈, 先王大人
조모 (祖母)	生	할머니, 할머님, 祖母主	손자, 不肖孫, 小孫, 不孝孫	할머니, 함미, 祖母	祖母, 老祖母, 王母	王大夫人, 尊祖母
	死	祖妣, 顯祖妣	孝孫, 哀孫		先祖母, 祖妣	先王大夫人, 先祖母
남편	生	당신, 夫, 家君, 夫君	拙夫, 夫		사랑, 바깥양반, 家夫, 家君	바깥어른, 賢君, 夫君
	死	顯僻			亡父	先令君子
아내	生	마누라, 여보, 당신, 아내	妻, 小妻, 荊妻, 拙妻, 愚妻		아내, 집사람, 內子, 家人, 室人, 荊妻	令夫人, 內相, 賢閤, 尊閤, 閤夫人, 夫人
	死	故室, 亡室			亡妻	
형(兄)	生	형님, 伯兄, 큰형님 主, 둘째형 仲兄님, 언니 主	아우, 舍弟, 동생, 家弟	舍兄, 家兄	家兄, 舍伯, 家伯, 舍仲, 舍伯	伯氏, 伯氏丈, 仲氏, 仲氏丈
	死				先舍伯, 先舍仲, 先兄	先伯氏丈, 先兄氏丈, 先仲氏丈
형수 (兄嫂)	生	兄嫂氏, 아주머니	嫂弟	兄嫂	兄嫂	兄嫂氏, 尊兄嫂氏
제(弟)	生	동생, 아우	兄, 舍兄	舍弟, 家弟	舍弟, 仲弟, 季弟, 鄙弟, 阿弟, 家弟	令弟氏, 令仲氏, 令季氏
	死				亡弟, 亡季	先弟氏, 先季氏

나와의 관계 (그)		그를 내가 부를 때(높임)	그에게 나를 말할 때(낮춤)	그가 나에게 자신을 말할 때(낮춤)	내가 다른 사람에게 그를 말할 때(낮춤)	다른 사람이 나에게 그를 말할 때(높임)
제수 (弟嫂)		아주머니, 弟嫂氏	生	弟嫂	弟嫂, 季嫂	令弟嫂氏, 令季嫂氏
누나[姊]		누님, 姊主, 누나, 언니	아우, 동생, 00아비	누이, 누나	누이, 누나, 舍姊	令舍氏
누이동생 [妹]		동생, 舍妹, 00어미 누이	오빠, 舍兄, 오라버님	누이, 언니	누이, 舍妹, 동생, 阿妹	令妹氏, 妹氏
백부 (伯父)	生	큰아버지(님) 伯父主	從者 猶子	큰아비 伯父	舍伯父, 伯父	伯父丈
	死				先伯父	先伯父丈
숙부 (叔父)		작은아버지(님): 仲父主 셋째아버지(님): 叔父主, 季父主	조카, 舍姪, 猶子	작은아비, 叔父	舍叔, 仲父, 季父	院丈(氏), 叔父丈, 仲父丈, 季父丈
백(숙)부 伯(叔)母	生	큰(작은)어머니(님), 伯(叔)母님主	조카, 舍姪		舍伯(叔)母, 伯(叔)母	尊伯(叔)母夫人
	死				先伯(叔)母	先尊伯(叔)母
당숙 (堂叔)		아저씨, 堂叔(主), 從叔(主)	조카, 從叔, 堂叔		鄙從叔, 鄙堂叔	從院丈, 從叔丈, 堂院丈, 堂叔丈
종형 (從兄)		兄님, 四寸兄님, 從兄님	아우, 從弟	兄, 從兄	鄙從兄, 鄙從伯, 四寸兄	從氏, 令從兄氏, 從氏丈, 令從伯氏
종제 (從弟)		아우 從弟	형 從兄	從弟	四寸아우, 鄙從弟	令從氏, 從氏, 賢從氏
아들(子)		아들	아버지, 父母, 아비, 어미	不孝子, 不肖子, 小子	자식놈, 家兒, 愚息, 豚兒, 迷豚	令의, 令允, 胤君, 令胤, 令玉
딸(女)		딸 女兒		小子, 不肖女 不孝女	딸년, 女兒, 女息	따님, 令愛, 令嬌
손자 (孫子)		손자	할아비 祖父	迷孫, 不肖孫 不孝孫	家孫, 孫兒, 孫女	令孫, 令抱, 賢孫
장인		外聘主, 丈人, 장인어른, 聘丈, 岳父, 聘父	사위, 婿, 外甥	婿父,	鄙聘丈	尊聘丈
장모		장모님, 岳母, 빙모, 外姑主	사위, 外甥, 婿	聘姑	鄙聘母	尊聘母
사위[婿]		0서방, 사위	빙부, 빙모, 翁	사위, 小生, 不肖, 外甥, 婿	사위, 女婿, 家婿, 婿兒	愛婿, 婿郎, 令婿郎, 玉潤, 賢潤

[찾아보기]

■ 찾아보기

ㄱ

가례(家禮) 207, 216
가룟 유다 111
간디 23, 33
갑오경장(甲午更張) 206
걸리버 여행기 163, 278
격몽요결(擊蒙要訣) 124, 202
견인자(牽引者) 137
경국대전(經國大典) 206
경영자의 조건 96
경학(經學) 62
계몽주의 21
고린도전서 30
고삼국사기 252
곡례(曲禮) 117, 217
공리(功利) 24
공보문백(公父文伯) 100
공산주의 99, 262
공자(孔子) 19, 28, 43, 46, 53,
    54, 55, 59, 61, 62, 107,
    115, 119, 120, 129, 185,
    187, 194, 196, 201, 233,
    258, 262, 277
괴테 55, 146, 234, 256, 278
교부철학(教父哲學) 47
국제육상연맹 2, 150
군례(軍禮) 216
군사부일체(君師父一體) 62
글래드스턴(William E.
    Gladstone) 121

기전체(紀傳體) 33
길례(吉禮) 216
김구용 204
김범일 대구시장 154
꿀맛 같은 시절 171

ㄴ

나폴레옹 165, 249
낙랑공주 33
남녀평등 157
남북전쟁 2, 112
남을 이롭게 한다 22, 23, 24
내훈(內訓) 202
노래자(老萊子) 28
노붐 오르가눔 61
노자(老子) 105, 277
논어(論語) 19, 46, 55, 59, 60,
    116, 120, 277
뉴 아틀란티스 61

ㄷ

단식(斷食) 237
단전호흡(丹田呼吸) 82
단절의 시대 96
달과 6펜스 160
대영주의(大英主義) 69
대우주의 운행 47
대커리(William M. Thackeray)
    249
대학(大學) 237
데카르트 20, 277, 279
도(道) 53, 123
도덕 격언집(Moral Sayings) 147

도리(道理) 26
도연명(陶淵明) 67
도의교육 183
돈주앙 161
동몽훈(童蒙訓) 115
동물훈련(Beast Training) 212
동방삭(東方朔) 202
동아일보 97, 98
드러커(Peter F Drucker) 96
디아스포라 45
디즈레일리(Benjamin Disraeli)
    69
뛰어난 사람 21

ㄹ

라헬 32
랍비(rabbi) 115
루스(Henry R. Luce) 186
리어왕 55
링컨 84, 112, 138

ㅁ

마라스므스(Marasmus·쇠약병)
    182
맥베드 55
맥아더 112
맹자(孟子) 54, 59, 99, 106,
    108, 175, 232, 233, 277
명륜(明倫)편 27
모차르트의 음악 179
모친업(母親業) 158
몰리에르(Moliere) 249
몽매(蒙昧) 20

몽산(蒙山) 28
무대공포증(舞臺恐怖症) 135
무제(武帝) 33
묵자(墨子) 148
문왕(文王) 178
문정왕후(文定王后) 211
뮐러(Wilhelm Müller) 147
미인박명(美人薄命) 159

ㅂ

바로크 음악 179
바르셀로나 올림픽 127
바이런(Byron George Gordon)
    161
바쿠스(Bacchus) 251, 252
박정희 대통령 94
백사(百事) 79
백이(伯夷) 232
범엽(范曄) 201
법정(法頂) 스님 268
베드로 111
베버(Marx weber) 68
베이브 루스 114
베이컨 61, 234, 277
베토벤 179
복식호흡 71, 82, 83, 245
불일암(佛日庵) 269
브람스 음악 179
비겁한 선인 44
빅토리아 여왕 121
빈례(賓禮) 216
빌헬름 마이스터 55

ㅅ

사기(史記) 33, 75
사단설(四端說) 175
사람교육 117, 176, 177, 178, 183
사람은 어떻게 살아야 하는가 20
사람의 근본 8, 13, 26, 29, 38, 41, 92, 93, 183, 204, 213, 274
사마광(司馬光) 62
사마천(司馬遷) 33
사소절(士小節) 202, 222
사회규범 184
삼강오륜(三綱五倫) 25
삼국지(三國志) 67
상고(詳考) 7, 30, 214
상벌(賞罰) 138, 140
상보성(相補性)의 원리 113
상사(喪事) 149
서(書) 28
서경(書經) 19
서머셋 모옴(William Someset Maugham) 160
석석위호(射石爲虎) 75
선공후사(先公後私) 117
선도(禪道) 86
선영(先塋) 208
성서(聖書) 21, 103, 189, 277
성선설(性善說) 176
성악설(性惡說) 176
세계육상선수권 대회 150
셰익스피어 55, 278, 279
소크라테스 176

소크라테스(Socrates) 176
소학(小學) 25, 26, 27, 30, 35, 37, 54, 60, 105, 108, 123, 178, 214, 223, 224, 258, 277
소혜왕후(昭惠王后) 202
손기정(孫基禎) 98
순(舜) 30
순수이성 비판 244
순자(荀子) 106
슈바이처 22
스위프트(Jonathan Swift) 163
스토아(Stoa) 학파 45
스투트가르트(Stuttgart) 154
시간활용술 125, 130, 132, 142
시편(詩篇) 103
신상필벌(信賞必罰) 139
신앙은 맹목적 47
신이경(神異經) 202
심마물(甚麼物) 270
심청전 81
십간십이지(十干十二支) 225
십일조(十一條) 237

ㅇ

아우구스티누스 47, 278
안도현 23
안씨(顔氏) 61
암흑(暗黑) 53
압존법(壓尊法) 223
애크러배틱(acrobatic) 운동 184
애틀랜타 127

야곱 32
에머슨(Ralph W미애 Emerson) 68
엔돌핀 81
여권운동 157
역경(易經) 146
연탄 한 장 23
예는 마음의 근본 201
예서(禮書) 205
예수님 23, 27, 32
오례(五禮) 216
오셀로 55
온달 33
옹야편 55
요(堯) 30
요가 48, 68, 86, 117, 126, 135, 146, 162, 191, 203, 240
요한 웨슬리(John Wesley) 234
용감한 죄인 44
우애 8, 13, 33, 34, 36, 37, 38, 107, 215
원자력발전소 140
월성 발전소 140
월탄(月灘) 254
유네스코 94
유다 111
유대경전 45
유대인 21, 27, 45, 63, 114, 122, 136, 237, 240
유자징 26
육군사관학교 47, 186, 204, 211

율법사 115
음양(陰陽)의 원리 113
읍참마속(泣斬馬謖) 138
이덕무 202, 222
이봉주 선수 127
이윤(伊尹) 232
이적(異蹟) 268
인(仁) 59
인간의 굴레 160, 280
인도(印度)의 늑대 소년 53
인생론 16
인생이 무엇인지 모르는데 내 어찌 죽음을 알리요 19
인의예지(仁義禮智) 54
인지상정(人之常情) 35
인촌 김성수 선생 97
일장기 말소 98
임어당(林語堂) 31
입지(立志) 187, 234

ㅈ

자강불식(自彊不息) 22
자치통감(資治通鑑) 62
잠재의식(潛在意識) 80
적선(積善) 24
젊은 베르테르의 슬픔 55
정이천(程伊川) 60
제갈공명 55, 139
제갈량(諸葛亮) 67
제논(Zenon) 45
주신중(朱新中) 128
주역(周易) 22, 24, 146
주왕(紂王) 236

주자(朱子) 26, 54, 131, 183,
　　187, 207, 208, 261, 277
주희(朱熹) 26
중앙고보 98
중용(中庸) 62, 232
중용지도(中庸之道) 126
중추(中樞) 137
증자(曾子) 115, 237
지동설(地動說) 20
진수(陳壽) 67
진정한 행복은 마음과 영혼 가운
　　데 있다 21

　　ㅊ

천하위공(天下爲公) 22
청교도(淸敎徒) 45
초(楚) 28
추적(秋適) 102
춘추시대 19, 28, 120
칠태도(七胎道) 179

　　ㅋ

카네기(Andrew Carnegie) 122
칸트(Immanuel Kant) 244
코페르니쿠스 20
키케로(Marcus Tullius Cicero)
　　146

　　ㅌ

탈무드 21, 59, 63, 81, 105,
　　106, 109, 112, 114, 115,
　　116, 122, 124, 148, 158,
　　160, 161, 167, 187, 235,
　　237, 240, 253, 271

토머스 헉슬리 61
톨스토이 16, 237, 278, 279

　　ㅍ

파스칼 21, 279
파우스트 55, 278
파직(罷職) 139
팡세 21, 279
퍼블리우스 시루스(Publius
　　Syrus) 147
프로테스탄트 45, 68

　　ㅎ

하나님 17, 22, 29, 31, 48, 57,
　　76, 84, 103, 115, 125,
　　157, 203, 265
하버드 대학 58
하버드 비즈니스 스쿨 59
한백유(韓伯兪) 28
햄릿 55, 119
허친스(Robert M. Hutchins)
　　266
현호(玄虎) 268
황영조 선수 127
회광(廻光) 267
회교도(回敎徒) 238
효도 8, 13, 24, 25, 27, 29, 30,
　　207, 215, 274
효우(孝友) 105
후한서(後漢書) 201
흉례(凶禮) 216

로마자

B
Beauty is only skin deep 160

D
Disparity 157

E
Equal 157

F
Follow Me 137
Ft. Sill 48

G
Glenn 107, 109
GNP 9, 89, 91, 92, 93, 213

H
Hamilton 48
Honey moon 171

I
Identical 157

M
Moon 171

P
Philosopher King 217

번호
86년 아시안 게임 127
5030 클럽 213